AF471522

PIERRE JÉLYOTTE

DU MÊME AUTEUR

Supplément et Complément à la Biographie universelle des Musiciens de Fétis (2 vol. grand in-8°). — Firmin-Didot, éditeur.

Dictionnaire historique et pittoresque du Théâtre *et des Arts qui s'y rattachent* (1 vol. grand in-8° avec 400 gravures). — Firmin-Didot, éditeur.

Adolphe Adam, *sa vie, sa carrière, ses Mémoires artistiques* (1 vol. in-18 jésus, avec portrait et autographe). — Charpentier, éditeur.

Bellini, *sa vie, ses œuvres* (1 vol. in-18 jésus, avec portrait et autographes). — Hachette, éditeur.

Boieldieu, *sa vie, ses œuvres, son caractère, sa correspondance* (1 vol. in-18 jésus, avec portrait et autographe). — Charpentier, éditeur.

La Jeunesse de Mme Desbordes-Valmore (1 vol. in-18 jésus). — Calmann-Lévy, éditeur.

Albert Grisar, *étude artistique* (1 vol. in-18 jésus, avec portrait et autographes). — Hachette, éditeur.

Méhul, *sa vie, son génie, son caractère* (1 vol. in-8°, avec portrait). — Fischbacher, éditeur.

Rameau, *essai sur sa vie et ses œuvres* (1 vol. in-16). — Decaux, éditeur.

Rossini, *notes, impressions, souvenirs, commentaires* (1 vol. in-8°). — Claudin, éditeur.

Jean-Jacques Rousseau musicien (1 vol. in-8°, avec trois gravures et un portrait). — Fischbacher, éditeur.

Verdi, *histoire anecdotique de sa vie et de ses œuvres* (1 vol. in-18 jésus), avec portrait). — Calmann-Lévy, éditeur.

Viotti et l'école moderne de Violon (1 vol. in-8°). — Schott, éditeur.

Essai historique sur la musique en Russie (1 vol. in-18 jésus). — Fischbacher, éditeur.

Les Vrais Créateurs de l'Opéra français. *Perrin et Cambert* (1 vol. in-18 jésus). — Charavay, éditeur.

L'Opéra-Comique pendant la Révolution, *de 1788 à 1801* (1 vol. in 18 jésus). — Savine, éditeur.

La Comédie Française et la Révolution, *scènes, récits et notices* (1 vol. in-18 jésus). — Gaultier, Magnier, éditeurs.

Acteurs et actrices d'autrefois, *histoire anecdotique des théâtres à Paris depuis 300 ans* (1 vol. in-8° avec 109 gravures). — Juven, éditeur.

Figures d'opéra-comique : *Elleviou, Mme Dugazon, la famille Gavaudan* (1 vol. in-8° avec trois portraits). — Tresse, éditeur.

Le Théâtre a l'Exposition universelle de 1889 (1 vol. in-8°). — Fischbacher, éditeur.

Molière et l'opéra-comique (brochure in-8°). — Baur, éditeur.

Un ténor de l'Opéra au XVIIIe siècle

PIERRE JÉLYOTTE

ET LES CHANTEURS DE SON TEMPS

PAR

ARTHUR POUGIN

PARIS
LIBRAIRIE FISCHBACHER
Société anonyme
33, RUE DE SEINE, 33

1905

PIERRE JELIOTE.

Ordinaire de la Musique de la Chambre du Roy et de l'Académie Royale de Musique.

C. N. Cochin filius del. 1767. — Aug. de S.t Aubin Sculp.

PIERRE JÉLYOTTE

ET LES CHANTEURS DE SON TEMPS

Mon désir est de rappeler ici le souvenir d'un des artistes les plus fameux de son temps, du premier en date de la dynastie des grands ténors de notre Opéra, de l'interprète favori de Rameau et de ses chefs-d'œuvre, du célèbre chanteur Jélyotte, enfin, dont la renommée s'est étendue jusqu'à nous et qui, pendant vingt ans, a été la gloire et l'honneur de notre grande scène lyrique. En retraçant son histoire, en faisant connaître les détails de sa brillante carrière, j'aurai l'occasion de parler aussi de ses camarades, de ses confrères, de ceux — et de celles — qui l'entouraient, aussi bien que de quelques-uns des ouvrages dont il fut le principal interprète et au succès desquels il contribua pour sa part. Il en résultera ainsi comme une sorte de tableau de l'une des périodes les plus intéressantes et les plus importantes de l'histoire même de l'Opéra, celle où précisément Rameau brilla de toute sa gloire et où il tira ce théâtre de la somnolence dans laquelle il languissait et végétait depuis vingt ans. La vie d'un grand artiste est toujours utile à connaître. Celle de Jélyotte l'est peut-être d'autant plus que derrière l'artiste, particulièrement distingué, on trouvait en lui un homme, un homme de cœur, bon, serviable, généreux, plein de sentiments honorables, et dont l'existence pourrait servir de modèle.

I

Avant de commencer le récit de la vie de Jélyotte, il me semble indispensable de reproduire la courte notice que lui a consacrée Fétis. Les faits contenus dans cette notice sont tellement controuvés, si complètement en désaccord avec ceux que j'ai à raconter, que je trouve bon de la faire connaitre dès l'abord en son entier, afin de n'avoir plus à la citer et à la combattre dans la suite à propos de tel ou tel incident.

Voici comment s'exprime Fétis :

Pierre Jéliotte ou Jélyotte (1), chanteur de l'Opéra de Paris, a eu beaucoup de célébrité. Il ne naquit pas dans le Béarn, comme le disent La Borde et tous ceux qui l'ont copié, mais dans les environs de Toulouse, en 1711. Après avoir appris la musique à la maitrise de la cathédrale de cette ville, il fut attaché au chœur de cette église comme haute-contre (ténor aigu). La beauté de sa voix était incomparable : on en parla au prince de Carignan, qui avait l'inspection générale de l'Opéra, et qui le fit venir à Paris. Jéliotte débuta à Pâques de l'année 1733. Voici ce qui est dit de ce chanteur dans des mémoires manuscrits sur l'Opéra, volume très curieux que j'ai acquis à la vente de Boulard en 1833 : « Jéliotte (*haute-contre*). Cet acteur a cousté beaucoup d'argent à l'Académie (l'Opéra) pour le faire venir de Toulouze, où il étoit enfant de chœur (choriste). C'est une voix des plus belles, pour la netteté et les cadences. Il est grand musicien, et joue de beaucoup d'instruments; mais les débauches de toute espèce seront la cause de sa perte. » En 1738 Jéliotte avait douze cents

---

(1) On sait quel peu de souci on avait au dix-huitième siècle, en ce qui concerne l'orthographe des noms propres même dans les documents publics. Celui de Jélyotte, en particulier, a été écrit de vingt façons différentes, tantôt Jéliot ou Jéliotte, tantôt Jéliote ou Jélyotte tantôt encore Géliot et Géliotte. J'ai adopté, pour ma part, la forme la plus élégante et d'ailleurs aujourd'hui la plus usitée, celle de Jélyotte.

livres d'appointements fixes, trois cents livres de gratification annuelle, et environ cinq ou six cents livres de gratifications extraordinaires. Ce traitement fut porté progressivement jusqu'à trois mille francs d'appointements fixes, avec environ deux mille francs de gratification ordinaire et extraordinaire. Après vingt-deux ans de service, Jéliotte se retira, en 1755, avec une pension de quinze cents livres : mais il continua de chanter aux spectacles de la cour jusqu'au mois de novembre 1765. Cet acteur avait le mauvais goût des chanteurs français de son temps et surchargeait la mélodie d'une multitude d'ornements qui en altéraient le caractère : mais outre sa belle voix, il possédait les qualités d'une expression très dramatique et d'une connaissance parfaite de la musique. Il mourut à Paris, en 1782, dans un état voisin de la misère, et n'ayant plus d'autre ressource que sa pension, qui heureusement était insaisissable par ses créanciers. Il était compositeur de quelque mérite. En 1745 il donna à Versailles, pour le mariage du dauphin, père de Louis XVI, un ballet intitulé *Zélisca*, qui fut fort applaudi. Il a aussi composé beaucoup de chansons, dont La Borde fait l'éloge.

C'est précisément, quoi qu'en dise Fétis en voulant corriger La Borde et son *Essai sur la musique*, c'est précisément dans le Béarn que naquit Jélyotte, comme nous allons en avoir la preuve. D'autre part, la date de sa naissance est 1713, et non 1711. La date et le lieu de sa mort ne sont pas plus exacts, car il mourut non à Paris, en 1782, mais à Oloron, en 1797. Quant à ses débauches, nous verrons à quoi elles se réduisent, et elles ne paraissent pas avoir beaucoup abrégé son existence, puisqu'il vécut jusqu'à quatre-vingt-quatre ans. Enfin, il avait si peu de créanciers et il mourut si peu dans la misère que, lorsqu'il quitta Paris pour aller se retirer dans sa province natale, il habita en vrai châtelain une belle propriété qu'il avait acquise à beaux deniers comptant. En ce qui concerne son talent, et pour parler de la multitude d'ornements dont, au dire de Fétis, Jélyotte surchargeait les mélodies, je serais un peu étonné que Rameau, dont il était surtout l'interprète, lui ait ainsi laissé la faculté d'altérer et de défigurer sa pensée. Pour qui connait, d'une part le caractère quelque peu intraitable de Rameau, de l'autre, le respect qu'il avait de son art et surtout la précision avec laquelle il écrivait et voulait voir exécuter sa musique, il me semble difficile d'admettre l'exactitude d'une telle assertion. Quoi qu'il en soit à ce sujet, on voit que la notice de Fétis ne peut être lue qu'avec une certaine défiance, et qu'elle se trouve en contradiction complète avec la réalité des faits.

Voici un document qui ne saurait laisser aucun doute sur les origines de Jélyotte. C'est le texte de son acte de naissance, tiré du registre des baptêmes de l'église Sainte-Catherine de Lasseube (Basses-Pyrénées) :

Pierre, fils légitime de Joseph de Jeliote et de Magdelaine de Mauco, naquit le 13e d'avril 1713 [et a] esté baptisé le 14e du même mois et an, a la presentation de Jeanne de Caselong : — par moy ; — presens les soubs signés. — (Signé :) Jeliote present : — Descoubet, present : — de Portau.

Ce qu'on n'a jamais dit jusqu'ici, c'est que le nom de la famille était non pas Jeliote (comme il est écrit dans cet acte), mais Grichon. Ce fait a été révélé tout récemment, dans une notice anonyme sur le chanteur, publiée à l'occasion des fêtes pour l'inauguration de sa statue à Pau, dans *l'Indépendant des Basses-Pyrénées* des 19, 20 et 21 mars 1901 : — « ... Comme on le verra plus loin, dit l'auteur, dans la notice généalogique, l'ancien nom patronymique de la famille du chanteur était *Grichon.* Le surnom de Jéliote lui venait d'une maison, sise dans le *vic de Larriugran* de Lasseube, et qui appartenait, dès la seconde moitié du XVIe siècle, aux Grichon. Vers la fin du XVIIe siècle ceux-ci ne furent guère connus que sous l'appellation de Jéliote. Ces substitutions de noms, très fréquentes en Béarn, étaient d'ailleurs conformes aux usages de la province. »

Je ne saurais reproduire ici la généalogie très complète dont il est question dans ces lignes, généalogie dressée d'après des actes officiels tirés des archives locales, et qui part des premières années du dix-septième siècle et du bisaïeul de Jélyotte, *Joandin deu Grichon*, marié vers 1635 avec *Agne deu Roma.* Mais j'en extrais ces renseignements relatifs à la propre famille de Jélyotte, c'est-à-dire son père, sa mère, lui-même et ses frères et sœurs :

Joseph de Grichon, *alias* DE JELIOTE, naquit à Lasseube, le 13 novembre 1681. Il fut jurat de cette commune et y épousa, le 5 juillet 1710, Magdeleine DE MAUCO, fille de Pierre DE MAUCO et de Jeanne DE CASELONG, d'Oloron (1). Joseph de Grichon, *alias* de Jeliote, mourut à Lasseube, le 16 janvier 1767, à l'âge de

(1) « *Mauco* est le nom d'une maison qui se trouve encore sur la route de Lacommande, à 2 kilomètres de la ville. Le nom de Jéliote se trouve, dit-on, écrit sur une pierre de la façade. » (Le *Patriote des Pyrénées*, 14 mars 1901.) Cette maison, où naquit Jélyotte, appartient aujourd'hui à M. Lapeyre, négociant à Lasseube.

85 ans. — Magdeleine de Mauco décéda au même lieu, le 1er mai 1763, à l'âge de 82 ans, environ. — Ils avaient eu de leur mariage :

1° Jean de Jeliote, né à Lasseube le 17 mars 1712 :
2° Pierre de Jeliote (le chanteur) ;
3° Jean-Baptiste de Jeliote, né à Lasseube le 7 juillet 1715 ;
4° Jean-François de Jeliote, né à Lasseube le 7 août 1724 ;
5° Catherine de Jeliote, née à Lasseube le 26 septembre 1718 ;
6° et Marie-Anne de Jeliote, née à Lasseube le 9 avril 1721.

Lasseube, où naquirent Jélyotte et ses frères, et dont toute la famille était originaire, forme aujourd'hui un joli chef-lieu de canton du département des Basses-Pyrénées, situé entre Pau et Oloron et peuplé d'environ 2.000 habitants. Le père de Jélyotte était, dit-on, marchand de laines, et on ajoute que la famille était peu aisée, ce qui se conçoit, avec six enfants à élever et à nourrir. Il est probable qu'on dut s'ingénier de bonne heure à les mettre à même de gagner leur vie. En ce qui concerne notre Jélyotte, il est supposable qu'il se fit remarquer dès ses jeunes années par sa jolie voix et son instinct pour la musique, car il ne tarda guère à entrer comme enfant de chœur à l'église Sainte-Catherine de Lasseube, après quoi il alla à Bétharram.

Il y avait alors et il existe encore, non très loin de Lasseube, c'est-à-dire au gentil village de Lestelle, une chapelle dès longtemps célèbre, la chapelle de Bétharram, fondée en 1475 par Gaston IV, vicomte de Béarn, et fameuse dans toute la contrée comme lieu de pèlerinage, en souvenir d'une pieuse légende devenue populaire. On ne parvenait à cette chapelle, située entre le Béarn et la Bigorre et bâtie sur les bords du Gave, qu'en franchissant un pont hardi d'une seule arche. La légende en question rapportait qu'une jeune paysanne étant tombée accidentellement dans le Gave, dont, malgré ses efforts, les flots mugissants l'entraînaient avec rapidité, et se voyant en péril de mort, au plus fort du danger implora la sainte Vierge avec ferveur. Aussitôt un rameau se serait trouvé miraculeusement sous sa main, pour la retenir et la sauver. De là, selon la tradition populaire, le nom de Betharram (*beth arram*, beau rameau), donné à la chapelle construite en ce lieu et devenue fameuse par le miracle qui lui avait donné naissance (1).

(1) Dans son *Voyage aux eaux des Pyrénées*, Taine parle ainsi de la chapelle où

Là vivait une congrégation de prêtres, chargés surtout d'entretenir la dévotion au pèlerinage qui attirait annuellement une foule de fidèles. Ils entretenaient dans l'église une maîtrise excellente et renommée dans tout le pays. On a dit que parmi ces prêtres se trouvait un oncle du petit Jélyotte, qui, tout naturellement, attira l'enfant à la chapelle ; d'autres ont ajouté que sa famille voulait le faire entrer dans les ordres. Pour ceci, je ne sais ce qu'il en faut penser. Quant à l'oncle qui le protégea, on verra plus loin que celui-là n'était pas prêtre, et que s'il y en eut un en effet parmi les missionnaires de Betharram, du moins n'est-ce pas celui qui lui facilita la carrière (1). Quoi qu'il en soit, il est certain que Jélyotte devint pensionnaire de Betharram, qu'il y reçut une solide instruction littéraire et qu'il y commença sa véritable éducation musicale. Il est présumable que c'est son oncle qui, au bout de quelques années, voyant les heureuses dispositions dont il faisait preuve sous ce rapport, l'envoya et le recommanda à la maîtrise de Saint-Étienne, à Toulouse, pour y parfaire et y compléter ses études musicales, et ce, en l'aidant personnellement de sa bourse, ce qui contribue à laisser supposer que les parents de Jélyotte n'étaient rien moins que fortunés.

A la maitrise de Toulouse Jélyotte étudia non seulement le chant, mais aussi le clavecin, l'orgue, le violon, la guitare, et jusqu'à la composition. On sait de source certaine, en effet, que Jélyotte, comme plusieurs chanteurs de son temps (que n'en

---

Jélyotte passa son enfance : — «... On déjeune assez bien à Bétharan, ensuite on va visiter la chapelle. Il faut passer entre des rangées de boutiques chargées de chapelets, de bénitiers, de médailles, de petits crucifix, à travers un feu croisé d'offres, d'exhortations et de cris. Après quoi, l'on est libre d'admirer l'édifice, qu'un ecclésiastique charitable célèbre dans le guide-manuel par pure bonté d'âme. Il y a bien sur le portail une vierge assez jolie dans le style du XVIIe siècle, quatre évangélistes en marbre et dans l'intérieur quelques tableaux passables ; mais le dôme bleu étoilé d'or a l'air d'une bonbonnière, les murs sont déshonorés d'estampes achetées rue Saint-Jacques, l'autel est encombré de colifichets. Ce trou doré est à la fois prétentieux et triste, et l'on trouve qu'en ce beau pays le bon Dieu est mal logé. La pauvre petite chapelle s'adosse comme un nid à une grosse montage boisée de buissons verts serrés, qui s'étale opulemment sous la lumière et chauffe son ventre au soleil. La route arrêtée brusquement se courbe et traverse le Gave. Le joli pont, d'une seule arche, pose ses pieds sur la roche nue et laisse pendre sa chevelure de lierre dans l'eau glauque tournoyante... »

(1) Il est certain, on le verra par sa correspondance, que Jélyotte avait deux oncles, tous deux frères de sa mère, puisqu'ils portaient le nom de Mauco.

est-il autant du nôtre !), était excellent musicien et d'une remarquable habileté sur divers instruments. Mais tout en travaillant, il faut croire que l'effervescence de la jeunesse lui fit commettre quelques peccadilles à Toulouse. C'est du moins ce qui résulte d'une lettre qu'il adressait justement à son oncle, à la date du 21 mars 1731, alors que, devenu jeune homme, il était tout près d'accomplir sa dix-huitième année (1) :

A Toulouse, le 21e mars 1731.

La bonté que vous avez eue, mon cher oncle, de faire compter à M. Marquez quatre-vingts livres pour le supplément de ma pension, et un petit habit d'hiver, me persuade que vous avez oublié mes égarements passés : j'aurais tort de passer cette Pâques sans vous en faire un *mea culpa*. Il est, je vous assure, sincère, et vous connaitrez, dans mon amendement, que le cœur parle plus que ma plume.

Je suis persuadé que vous avez eu du plaisir de ce que M. Marquez ne voulut point que je me retirasse pour occuper l'orgue de Dax ni celui d'Oloron. Il pensait à ce que nous ne savions point, et lorsque le temps est venu, il m'a fait trouver le moyen de subsister honnêtement dans une ville où mon éducation m'appelle plus que partout ailleurs. Je tâcherai de profiter du temps et des bons avis que vous avez eu la bonté de me donner, ce qu'il faut me continuer s'il vous plaît : je l'espère de votre bonté, et qu'en attendant que je puisse reconnaitre à mes parents et aux personnes à qui vous me confiez le bien que j'en ay reçu, vous voudrez bien continuer d'être le garant de ma bonne volonté.

J'attends, mon très honoré oncle, cette grâce de vous. Je tâcherai de la mériter par le respectueux attachement avec lequel j'ai l'honneur d'estre, mon très honoré oncle, votre très humble et très obéissant serviteur.

JÉLIOTE.

Vous voulez bien permettre que j'assure de mon respect ma chère tante et nos parents de Casalong.

Elle est charmante, cette lettre, et témoigne d'un brave cœur et d'une honnête nature. D'autres nous confirmeront dans les bons sentiments qu'elle dévoile et nous montreront un Jélyotte plein de tendresse et de sollicitude pour les siens. Celle-ci nous apprend que l'éducation musicale du jeune artiste était dès lors bien complète, puisqu'on lui avait offert deux places d'organiste,

(1) Cette lettre, avec quelques autres que j'aurai l'occasion de citer, a été publiée récemment, dans les *Études historiques et religieuses du diocèse de Bayonne* (no de janvier 1901), dirigées par M. l'abbé Dubarat, curé de Saint-Martin, à Pau, et aumônier du Lycée.

l'une à Dax, l'autre à Oloron. Il avait bien fait de suivre le conseil qui lui était donné de les refuser, car, qui sait, en acceptant l'une ou l'autre, s'il ne serait pas resté toute sa vie enfoui dans une petite ville de province et n'aurait pas ainsi végété, au lieu de suivre la brillante carrière qui l'attendait?

Il n'était plus alors simple élève de la maîtrise de Saint-Étienne. Il chantait les haute-contre dans la chapelle, et l'on peut croire sans peine que sa belle voix, tant célébrée plus tard, y produisait une impression profonde. On ne sait ni de quelle façon ni dans quelles circonstances il fut appelé à l'Opéra, mais tous les renseignements concordent à dire que c'est le prince de Carignan qui fit pour ce théâtre cette heureuse recrue.

Fils d'Emmanuel-Philibert de Savoie, étroitement apparenté à Louis XV, le prince de Carignan était un ardent dilettante en même temps qu'un grand coureur de filles et un aventurier fieffé, qui, après avoir gagné plus ou moins légitimement (plutôt moins que plus) des sommes immenses, mourut en laissant pour tout héritage un ensemble de cinq millions de dettes, ce qui, pour l'époque, constituait un passif assez honnête. On sait de quelle façon, dans leurs Mémoires, il est drapé par Saint-Simon et le marquis d'Argenson. Je n'ai pas à m'en occuper sous ce rapport. J'ai seulement à rappeler qu'il avait à cette époque le titre d'inspecteur général de l'Opéra, et qu'il jouissait à ce théâtre d'une autorité absolue et incontestée (1). Fit-il un voyage du côté de Toulouse et eut-il l'occasion d'entendre le jeune haute-contre de l'église Saint-Étienne? Ou bien, ce qui n'aurait rien d'extraordinaire, la superbe voix de celui-ci eut-elle un écho jusqu'à Paris, et le prince envoya-t-il à Jélyotte un ordre de début? On

(1) L'Opéra était alors dans une passe difficile. Un certain Gruer en avait été nommé directeur le 1er juin 1730, en remplacement du compositeur Destouches et sous la tutelle du prince de Carignan, qui recevait le titre d'inspecteur général. Son administration n'avait pas été de longue durée, et quatorze mois après, le 18 août 1731, il était révoqué au profit d'un nommé Lecomte, aussi obscur que lui. Celui-ci, à son tour, était révoqué et cédait la place, le 30 mai 1733, à un ancien capitaine au régiment de Picardie, Eugène de Thuret, que sa carrière militaire ne semblait pas destiner à une telle fonction et qui n'en savait pas plus que ses prédécesseurs. Sous ces règnes divers le prince de Carignan conservait la haute main dans les affaires de l'Opéra, sorte de maire du Palais qui menait les choses à son gré et était, en réalité, le maître de la situation.

peut choisir entre deux hypothèses, aussi vraisemblables l'une que l'autre. Mais ce qui est certain, c'est que Jélyotte était à Paris dans les premiers mois de 1733.

Il y a lieu de croire qu'on voulut en quelque sorte le tâter avant de lui faire aborder la scène et de le présenter au public de l'Opéra, et que c'est dans ce but qu'on le fit chanter d'abord au Concert spirituel. Il s'y fit entendre en effet dans le courant du mois de mai 1733, pendant la fermeture de Pâques qui était imposée alors à tous les théâtres, et sa voix y fit sensation (1). C'est peu de temps après cet essai qu'il se montra à l'Opéra, dans une reprise des *Fêtes grecques et romaines* de Colin de Blamont, qui avait lieu le 11 juin. Son début était modeste et il parut dans un rôle tout épisodique, celui d' « un Grec », auquel cependant on donna quelque importance, puisqu'à son intention on ajouta quatre vers à l'air qu'il avait à chanter, ainsi que nous l'apprend le *Mercure* : — « L'Académie royale de musique continue toujours avec grand succès les représentations du ballet des *Fêtes grecques et romaines*. Jamais reprise d'opéra n'a été plus brillante ni plus applaudie. Les D[lles] Antier, Le Maure et Petitpas s'y distinguent dans les rôles qu'elles jouent, avec toute l'intelligence et la justesse possible, de même que les Srs Tribou et Chassé. Au divertissement du premier acte, le Sr Jéliot, avec sa voix admirable d'haute-contre *(sic)*, chante l'air suivant, dont les quatre derniers vers sont ajoutez... (2) ».

On voit que, si modeste qu'il fût, ce début ne laissait pas que d'être heureux, et que la voix de Jélyotte produisait, dès le premier jour, l'effet qu'elle ne devait pas cesser de produire jusqu'à la fin de sa carrière. Quelques mois s'étaient à peine écoulés que le jeune chanteur se voyait confier, dans le prologue du premier opéra de Rameau, *Hippolyte et Aricie*, le petit rôle de l'Amour. Bien plus : c'est lui qui, avec Cugnier et Cuvillier, était chargé, dans l'ouvrage même, de chanter le fameux trio des Parques, destiné à devenir si célèbre, et dont l'impression sur le public fut si profonde et si saisissante.

---

(1) C'est un fait assez singulier que, malgré ce premier succès obtenu au Concert spirituel, Jélyotte ne fit jamais partie du personnel chantant de cet établissement.

(2) *Mercure de France*, juin 1733.

Je remarque, à ce sujet, qu'on a dit de Jélyotte que durant un certain temps il n'avait occupé à l'Opéra qu'une situation secondaire. Je concède qu'il lui fallut certainement prendre rang et se mettre avant tout au courant du répertoire. Mais je serais étonné, étant donnés la qualité exceptionnelle de sa voix et le parti qu'il en savait tirer avec tant d'habileté, qu'il ne se fût pas mis du premier coup en pleine lumière et en évidence. D'ailleurs, une lettre de lui, écrite quelques mois seulement après ses débuts, sans nous donner aucuns détails sur l'Opéra et sur la position qu'il y a prise, nous prouve du moins qu'il a déjà acquis de l'influence et qu'il se trouve à même, par ses relations, de rendre des services d'une certaine importance. Or, Jélyotte à cette époque a vingt ans à peine, et si de rapides succès ne l'avaient mis en quelque sorte hors de pair, il ne se croirait probablement pas en mesure, comme il le fait, de proposer des places et des emplois avec la presque certitude de les obtenir. On peut donc croire qu'à ce moment il a déjà, comme on dit, gagné ses éperons. Voici cette lettre, qu'il adressait à son oncle « Monsieur Mauco, négociant à Oloron, en Béarn ». Elle est surtout intéressante en ce qu'elle nous montre que Jélyotte, au milieu d'une existence nouvelle pour lui et qui, sous divers rapports, pouvait si facilement le griser, non seulement ne perdait pas la tête, mais n'oubliait pas les siens et songeait à leur assurer une situation (1) :

Mon très honoré oncle,

J'attendois des nouvelles de M. Lamy pour vous répondre ; mais, attendu que je n'ay pas pu le voir dans deux ou trois voyages que j'ay faits à Versailles, et que l'affaire pour laquelle je vous écris est très pressante, je me suis pressé de vous en instruire. Je suis cependant très persuadé que M. Lamy n'aura pas manqué de vous envoyer tout ce que vous nous aviez demandé.

En arrivant avant-hier de Fontainebleau, où je dois me rendre encore demain au soir (2), un de mes amis vint me dire qu'on avoit déplacé ou qu'on déplaceroit bientôt celuy qui a l'entrepôt du tabac d'Oloron ; si cet employ

---

(1) Contrairement aux habitudes de Jélyotte cette lettre est sans date, mais elle est certainement de la fin d'octobre ou du commencement de novembre 1733, car le destinataire y a inscrit cette mention : « Répondu le 21e Novembre 1733. »

(2) Tous ces voyages à Versailles et à Fontainebleau étaient évidemment nécessités par le service de la cour.

vaut quelque chose et qu'il puisse convenir à mon père, il me sera très facile de l'obtenir ; mandez-moy, s'il vous plaît, après ma lettre reçue, ce que vous pensez là-dessus après vous être informé du produit. Mandez-moy aussi s'il y a quelque autre employ dépendant des fermes qui puisse luy convenir, parce que, s'il en venoit à vaquer quelqu'une *(sic)*, je pourrois *la* luy procurer, étant bon amy des personnes de qui cela dépend ; que cela ne l'empêche point de prendre l'entrepôt qui est vacant, supposé que cela lui convienne. Pour ce qui est de mon frère, je le placeray facilement à Paris, et pour le plus tard au commencement du printemps. Je n'ay pas le temps à présent de lui écrire non plus qu'à ma mère. Je m'acquitteray de ce devoir d'abord après mon retour de Fontainebleau. Je n'ay rien tant à cœur que de leur être bon à quelque chose et de vous assurer, mon cher oncle, que je suis avec tout le respect possible,

Votre très humble et très obéissant serviteur.

JÉLIOTE

Je vous prie d'assurer de tous mes respects ma chère tante et toute ma famille.

Elles sont décidément touchantes, ces lettres, et nous donnent la meilleure opinion de la nature morale de Jélyotte, connue déjà par les récits de Marmontel et de Dufort de Cheverny, dont j'aurai à parler plus loin. Je continue, avant de m'occuper de ses hauts faits à l'Opéra, de dépouiller sa correspondance. Rien n'est tel, pour exciter l'intérêt envers un grand artiste, que de montrer l'estime qu'on peut faire de l'homme et de son caractère.

Cinq mois s'écoulent ; nouvelle lettre à son oncle ; cette fois ce n'est plus de son père qu'il s'agit, mais de son frère, dont il parlait déjà dans la précédente :

A Paris, le 30e avril 1734.

Mon très honoré oncle,

J'attends l'arrivée de mon frère pour vous l'apprendre et pour vous répondre à la dernière que vous m'avez fait l'honneur de m'écrire. S'il estoit arrivé quinze jours plus tôt, il auroit peut-être fait la campagne à la suite du prince de Carignan ; et il ne sera point placé de quelque temps, d'autant plus qu'il n'est pas encore bien formé ; mais je conte *(sic)* qu'avec un peu de sagesse et de conduite on pourra en faire quelque chose de bon. Pour moy, je luy prêcheray tant que je pourray ; je vous prie d'en faire autant.

Vous auriez pu vous fier à ma parole et conter *(sic)* les deux cents livres à ma mère ; il est vray que je ne les ay pas remises à M. Lamy, mais je les luy remettray dans trois jours au plus tard, que j'iray à Versailles. Vous me mettez bien à sec et hors d'état de me relever de quelque temps, car vous m'envoyez mon frère tout nud ; il n'a pas même des chemises portables ; vous sçavez aussy qu'on ne peut pas s'habiller dans ce païs-cy comme en province. Et d'ailleurs, comme il est connu pour mon frère, il faut qu'il soit mis de façon à pouvoir fréquenter les mêmes compagnies que je fréquente. Il reconnoitra sans doute un jour ce que je fais à présent pour luy. Je vous prie d'être persuadé que je ferai mon possible pour persuader quelque chose à mon oncle de Bétharram. Je vous prie de me croire toujours, avec le plus profond respect, mon cher et honoré oncle,

Votre très humble et très obéissant serviteur.

JÉLIOTE

Permettez que j'assure de mes respects très humbles ma chère tante.

Nous trouvons, à la fin de cette année 1734, une lettre d'un autre genre. Jélyotte s'y plaint avec vivacité que son oncle le maltraite, et il se défend, tout en plaidant coupable et en confessant quelque légèreté. Que s'était-il donc passé ? Il serait difficile de le dire. Remarquons seulement que Jélyotte n'avait que vingt et un ans, qu'il vivait dans un milieu où, bien que ses appointements ne fussent pas encore brillants, il lui fallait faire quelque figure, et que peut-être enfin on abusait un peu de lui dans sa famille sans lui laisser le temps de respirer. Je fais ces réflexions parce qu'il me semble bien qu'il s'agit ici d'une question d'argent. Cette lettre nous apprend, d'autre part, que Jélyotte venait de faire une grave maladie, maladie dont il n'était pas encore remis puisqu'il était obligé de faire écrire par son frère. A remarquer même que ce dernier, tout en écrivant pour son ainé, signe pour son propre compte : « Jéliote cadet. » Voici cette lettre :

A Paris, le 28e Décembre 1734.

Mon très cher oncle,

Je ne saurois écrire moy-même, tant je suis faible; aussy ne soyez pas surpris si je fais écrire mon frère.

Il n'est point de lettre écrite à moi ou à mon frère où vous ne m'accabliez d'injures ; j'ai été à la vérité un peu coupable, mais ma probité et mon honneur n'ont jamais été de la partie; un peu de négligence seulement est tout ce que vous pouvez m'imputer ; je vais la réparer dès demain ; je vais faire faire la procuration et je compte que vous la recevrez l'ordinaire prochain; vous la réunirez avec ma lettre, si les fêtes où nous sommes encore me permettent de la faire faire. Pour ce qui est des 200 livres dont il a été tant mention, j'ai toujours eu bonne intention de les payer, mais je ne contais *(sic)* pas alors qu'il me faudroit dépenser 900 l. pour mon frère et guère moins pour la maladie dont il vous a parlé sans doute et dont je serai plus de deux mois à me remettre. Jugez après cela s'il me reste 200 fr. pour vous envoyer, non assurément, et bien loin de là. Je suis débiteur de plus de cent pistoles. Il me faut bien du temps pour me refaire de tous ces accidents. Je ne me défends pour cela de payer cette somme, mais vous jugez bien qu'il faudra bien encore attendre quelque temps.

J'écrirai à mon oncle, votre frère, d'abord que je serai en état; en attendant, permettez que je l'assure de mes respects et ainsi qu'à votre chère épouse ma tante.

J'ai l'honneur d'être avec un profond respect, mon très honoré oncle,

Votre très humble et très obéissant serviteur,

JÉLIOTE, *cadet.*

A ce moment, c'est-à-dire à la fin de 1734, si la situation de Jélyotte à l'Opéra n'était pas encore brillante (il n'avait que vingt et un ans!), il est certain pourtant qu'il ne passait pas inaperçu. Nous savons qu'il avait trouvé place dans *Hippolyte et Aricie*, de Rameau, représenté le 1er octobre 1733. Dès le commencement de l'année suivante il est chargé de l'un des deux personnages importants (l'autre étant représenté par Mlle Petitpas) dans *la Fête de Diane*, « entrée » nouvelle ajoutée aux *Fêtes grecques et romaines*, dont une seconde reprise est faite le 9 février 1734 (1), et cinq mois plus tard il établit le rôle de Zéphyre dans un opéra de Duplessis, *les Fêtes nouvelles* (22 juillet). Et il en avait repris plusieurs dans les reprises de divers ouvrages : *Philomèle*, de La Coste (le chef des Génies, un Matelot), *Issé*, de Destouches (un Berger, le Sommeil), *Pirithoüs*, de Mouret (la Discorde, un Songe, l'Oracle), *les Éléments*, de La Lande et Destouches (Mercure), etc. (2). Tout cela prouve au moins et qu'il savait se rendre utile et qu'on savait l'utiliser.

D'autre part, on le fait paraître et on lui donne place dans les intermèdes alors assez fréquents à l'Opéra, et c'est ainsi que le 5 avril 1734, au cours d'une représentation d'*Issé* donnée pour la « capitation » des acteurs, il chante un air italien, alors que Mlle Petitpas chante une cantate de Colin de Blamont (3). Et dès

(1) En rendant compte de cette nouvelle entrée, le *Mercure* nous fait savoir que « le sieur Geliot et la Dlle Petitpas ont rempli les rôles de Périandre et de Mélisse à la satisfaction du public. »

(2) On peut consulter à ce sujet le *Dictionnaire des théâtres de Paris* des frères Parfait.

(3) *Agenda historique et chronologique des théâtres*, 1735.

ce moment il est introduit dans les concerts particuliers de la reine, qui a son talent en grande estime, et pendant vingt ans il fera la joie de ses concerts comme chanteur, tout en s'y produisant avantageusement aussi comme compositeur.

L'année 1735 commencera à être décisive pour lui. Si, dans *Achille et Déidamie* de Campra (24 février), il ne crée encore qu'un petit rôle de berger italien, on le voit, dans *les Grâces*, de Mouret (5 mai), chargé du rôle plus important de Léonce en même temps que de celui du Plaisir, et enfin, dans *les Indes galantes* de Rameau (23 août), il enchante le public dans deux rôles différents, ceux de Valère et de Don Carlos.

Comme beaucoup d'ouvrages de ce temps à l'Opéra, *les Indes galantes* ne formaient pas une pièce suivie, mais se composaient de trois actions absolument indépendantes, simplement reliées entre elles par le fil ténu d'un titre général. C'est pourquoi l'on voyait certains artistes y jouer deux et jusqu'à trois rôles différents. Ceux qui cette fois étaient confiés à Jélyotte lui valurent un succès éclatant. La preuve en est dans ces vers enthousiastes — et médiocres — qu'en cette occasion il inspira à Boissy, qui n'était pas encore académicien :

Il est, quand je me les rappelle,
Certains moments, Dieux ! quels moments !
Entendit-on jamais une voix aussi belle ?
Où suis-je ? et qu'est-ce que j'entends ?
Ah ! c'est un dieu qui chante. Écoutons ; il m'enflamme.
Jusqu'où vont les éclats de son gosier flatteur ?
Sur l'aile de ses sons je sens voler mon âme,
Je crois des immortels partager la grandeur.
La voix de ce divin chanteur
Est tantôt un Zéphir qui vole dans la plaine,
Et tantôt un volcan qui part, enlève, entraîne,
Et dispute de force avec l'art de l'auteur.

C'est, me semble-t-il, des *Indes galantes* qu'on peut dater la véritable carrière de Jélyotte (1). Si, dès ce moment, il n'est pas

(1) C'est à propos de cet ouvrage que Voltaire écrivait ceci, dans sa lettre à Berger, datée de Cirey, 24 août 1735 : — « Mandez-moi donc si le grand musicien Rameau est aussi *maximus in minimis*, et si, de la sublimité de sa grande musique, il descend avec succès aux grâces naïves du ballet. J'aime les gens qui savent quitter le sublime

Costume de Jélyotte, dans le rôle du Plaisir de l'Opéra des *Grâces*, de Mouret (1735).

encore tout à fait en pied, par le fait de la présence de Tribou, son ancien, qui est en possession du grand emploi, on va le voir s'emparer peu à peu de la plupart des rôles de celui-ci, s'y former, y prendre de l'assurance et y trouver l'occasion de succès incontestés. Et lorsque Tribou, après vingt et un ans de carrière, prendra sa retraite en 1742, Jélyotte, dûment expérimenté comme chanteur et comme comédien, en pleine possession de la faveur du public, ne connaissant ni émule, ni rival, deviendra la providence de l'Opéra et marchera de triomphe en triomphe (1).

---

pour badiner. Je voudrais que Newton eût fait des vaudevilles; je l'en estimerais davantage. Celui qui n'a qu'un talent peut être un grand génie : celui qui en a plusieurs est plus aimable... »

(1) Il n'attendit pas d'ailleurs le départ de Tribou pour exercer son action sur le public de l'Opéra, dont rapidement il devint le favori. Témoin ces lignes du *Mercure* de décembre 1736 : — « Le 20 décembre, l'Académie royale de musique donna la dernière représentation du ballet de *l'Europe galante*, et le 27 elle remit au théâtre celui des *Indes galantes*, avec un concours extraordinaire, pour être joué alternativement avec *Médée et Jason*. Le sieur Jeliot, qui avoit été absent pendant quelque temps, joue dans l'acte des *Sauvages* et chante le même rôle qu'il avoit déjà joué au mois de mars dernier avec beaucoup d'applaudissement; *car on avoit une très grande ardeur de le voir, ce qui contribue encore au concours que ce ballet attire.* »

II

Il y a quelque trente ans un curieux de choses du théâtre, de Manne, mettait à exécution une idée assez ingénieuse et publiait sous ce titre : *La Troupe de Voltaire*, un livre dans lequel il remettait en lumière et, en les groupant, faisait connaître tous les acteurs qui avaient été, à la Comédie-Française, les interprètes des œuvres de l'auteur de *Zaïre*, de *Tancrède* et de *Mahomet*, lequel, au point de vue de l'histoire de la tragédie, représentait à lui seul une époque. Il me semble qu'on pourrait reprendre cette idée dans un sens analogue, et sous cet autre titre : *La Troupe de Rameau*, faire revivre les chanteurs qui ont personnifié les héros des opéras de l'auteur d'*Hippolyte et Aricie*, de *Castor et Pollux* et de *Dardanus*. L'arrivée de Jélyotte à l'Opéra coïncide précisément avec les commencements de Rameau à la scène, sa carrière s'écoula à ce théâtre en même temps que celle du vieux maître, et il fut l'un des principaux et des plus brillants interprètes de ses chefs-d'œuvre. Or, si de Manne a eu la bonne fortune de pouvoir tracer les portraits d'acteurs tels que Lekain, Sarrazin, Brizard, Monvel, Larive, Molé, Quinault-Dufresne, Adrienne Lecouvreur, Mme Vestris, Mlles Raucourt, Clairon, Durancy, Sainval, Gaussin, nous trouvons, auprès de Jélyotte, des artistes comme Tribou, Chassé, Le Page, La Tour Mlles Antier, Erremans, Marie Fel, Lemaure, Pélissier, Chevalier, Bourbonnais, Petitpas, Coupé, etc., qui, en dépit de ce que dit Fétis de quelques-uns d'entre eux (il en cite peu), n'en étaient pas moins fort distingués et jouirent en leur temps d'une renommée considérable. C'est un chapitre de l'histoire de l'Opéra qui n'a jamais été tracé dans son ensemble et qui emprunte à la personnalité de Rameau un intérêt tout particulier. Je vais donc essayer, tout en continuant de m'occuper de Jélyotte, de faire connaître ses compagnons, ses camarades, ceux qui, en même temps que lui, apportèrent à Rameau le concours de leur talent, de leur expérience, de leur bonne volonté, et, dans la mesure qui convient à chacun d'eux, ont aidé à sa gloire et partagé ses succès à cette époque qui reste l'une des grandes époques historiques de l'opéra français.

Lorsque Jélyotte vint débuter à l'Académie royale de musique, il y trouva tout d'abord celui qu'il était appelé à remplacer au bout de peu d'années et qu'il devait faire oublier, bien que celui-ci fût loin d'être sans talent et qu'il eût conquis l'oreille du public. Je veux parler de Tribou, dont le nom est bien ignoré aujourd'hui, mais dont la renommée fut grande en son temps (1).

Homme distingué, Tribou avait fait d'excellentes études littéraires au collège Louis-le-Grand, que dirigeaient les Jésuites, et où il avait eu pour professeur de rhétorique le célèbre P. Porée, se trouvant ainsi le condisciple de Voltaire. On peut croire qu'il y étudia aussi la musique, qui était en grand honneur chez les pères. Comment en vint-il pourtant à prendre le parti du théâtre? c'est ce que je ne saurais dire. Toujours est-il que le 13 novembre 1721 il débutait à l'Opéra par le rôle du Soleil dans une reprise du *Phaéton* de Lully, et qu'il y fut si bien accueilli que peu de semaines après il reparaissait avec succès dans le même ouvrage, mais cette fois dans le rôle même de Phaéton. Sa voix de haute-contre était fort belle, paraît-il, et l'on peut dire qu'il succéda en quelque sorte à Cochereau, qui tenait avant lui le même emploi et qui s'était retiré en 1719. Marmontel, qui connut Tribou lorsque celui-ci lui-même eut pris sa retraite, en trace ce petit portrait dans ses *Mémoires* :

L'épicurien Tribou, disciple du P. Porée et l'un de ses élèves les plus chéris, depuis acteur de l'Opéra, et après avoir cédé la scène à Jélyotte vivant

---

(1) Denis-François Tribou, né, dit-on, vers 1695, mourut à Paris, le 14 janvier 1761.

libre et content de peu, était charmant dans sa vieillesse par une humeur anacréontique qui ne l'abandonnait jamais. C'est le seul homme que j'aie vu prendre congé gaiement des plaisirs du bel âge, se laisser doucement aller

Tribou dans le rôle de Castor de *Castor et Pollux*, opéra de Rameau (1737).

au courant des années, et dans leur déclin conserver cette philosophie *verte, gaie* et *naïve* que Montaigne lui-même n'attribuait qu'à la jeunesse.

Si ce qu'on a dit est vrai, Tribou se serait trouvé mêlé, bien malgré lui, à un événement déplorable, et aurait été la cause indirecte de la mort d'Adrienne Lecouvreur. En sa qualité de ténor les femmes se l'arrachaient, paraît-il, et voici ce qu'on lit à ce sujet dans le *Journal de Barbier*, à la date de Mars 1730 :

Il y a trois ou quatre mois qu'on a conté une histoire dans Paris, qu'un abbé (Bouret) avoit écrit à la Lecouvreur qu'il étoit chargé de l'empoisonner et que la pitié lui faisoit donner cet avertissement. Les uns ont dit que c'étoit avec un bouquet, les autres que c'étoient des biscuits. On réveille à présent cette histoire et l'on ne soupçonne pas moins que la Duchesse de B... (1), fille du prince de S... (2), qui est folle de Tribou, acteur de l'Opéra, quoiqu'elle ait pour amant le comte de C... (3), mais il faut qu'il souffre cela. On dit que Tribou aimoit beaucoup la Lecouvreur et que voilà la querelle.

On voit qu'il n'est plus ici question du maréchal de Saxe. La duchesse de Bouillon, du reste, était une gaillarde, et il lui en fallait de toutes sortes. On ne prête qu'aux riches, dit le proverbe, et on lui en prête beaucoup, car outre le maréchal, outre Tribou, outre le comte de Clermont, on cite encore, comme ayant été l'objet de ses faveurs, deux acteurs de la Comédie-Française, Quinault-Dufresne et le jeune Grandval, encore à ses débuts. Cette grande dame aimait le théâtre.

Mais il n'entre pas dans dans ma pensée de refaire ici l'histoire, effroyablement obscure, de la mort de la pauvre Adrienne, et des démêlés que cet imbécile d'abbé Bouret eut en cette circonstance avec la justice. Je n'ai à m'occuper de Tribou qu'en sa qualité d'artiste. Ses débuts avaient été brillants, et il se fit bientôt à l'Opéra une situation prépondérante. Très remarquable, disent les contemporains, dans le genre tragique, il étonna le public un jour par la grâce et l'enjouement qu'il apporta dans le genre comique, où l'on n'avait pas eu à l'apprécier encore, et le *Mercure* le constatait en ces termes :

L'Académie donna, le dernier dimanche de carnaval et le Mardi Gras, deux représentations de *l'Europe galante*, suivies du divertissement de *Pourceaugnac*, pièce très comique et très convenable pour le temps qu'on l'a donnée. Le sieur

(1) La duchesse de Bouillon.
(2) Le prince Sobieski.
(3) Le comte de Clermont.

Tribou y a joüé le principal rolle avec de grands applaudissemens et très bien mérités du public, qui ne connoissoit pas encore tous ses talens. Il sçavoit très bien qu'il est le plus parfait modèle de la déclamation lyrique dans le grand cothurne; mais il ne croyoit pas que dans le genre comique et badin on pût porter la précision et la finesse de l'action aussi loin (1).

Et un autre écrivain insistait à ce sujet :

M. Tribou, proposé comme un modèle pour l'action et pour la déclamation, brilloit sur-tout par l'enjouement qu'il répandoit sur de certains rolles, dans lesquels il faisoit un plaisir infini. Ne rendoit-il pas à merveille celui du maître de chant dans *les Fêtes vénitiennes?* Il n'est pas sûr qu'on pût le faire mieux que lui; mais où il triomphoit, c'étoit sur-tout dans *Cariselli*, petit ballet bouffon. Lully, auteur de cet ouvrage, avoit joué plusieurs fois ce rolle devant Louis XIV, au grand contentement de la cour. M. Tribou assaisonnant le même rolle de toutes les plaisanteries imaginables, a de nos jours ressuscité *Cariselli*, à la grande satisfaction de Paris (2).

De tout cela il résulte que Tribou, chanteur exercé, était remarquable aussi au point de vue de l'action scénique, et qu'il montrait sous ce rapport un talent aussi souple que varié. Pendant les vingt années qu'il passa à l'Opéra, il établit, naturellement, un grand nombre de rôles nouveaux. Entre autres, il fut le principal interprète du dernier ouvrage de Campra, *Achille et Deidamie*, et du premier ouvrage de Rameau, *Hippolyte et Aricie.* Parmi ceux au succès desquels il contribua pour sa part, il faut citer surtout *Pirithoüs*, *les Éléments*, *les Amours des Dieux*, *Jephté*, *les Indes galantes*, *Scanderberg*, *Castor et Pollux* et *Zaïde*, *reine de Grenade.*

Lorsqu'il eut quitté l'Opéra, avec une pension de 1.500 livres, Tribou obtint la charge de théorbe de la musique du roi. En 1753, Jélyotte ayant lui-même obtenu cette charge « en survivance », et Tribou ayant bénéficié à ce sujet d'une somme de 3.000 livres, l'excellent homme, pour reconnaître les bons services de sa domestique, la femme Roche, qui lui était depuis longtemps attachée, lui fit don de cette somme, par un acte en bonne et due forme, dont M. Émile Campardon, dans son *Académie royale de musique au XVIIIe siècle*, a reproduit le texte fort intéressant sous ce titre : « Donation faite par Denis-François Tribou à

(1) *Mercure*, Mars 1737.

(2) Daquin : *Siècle littéraire de Louis XV*. (Paris, 1753.)

Marguerite-Charlotte Moignon, femme Roche, sa domestique, d'une somme de 3.000 livres de retenue que Sa Majesté lui a accordée sur sa charge de théorbe de la musique de la chambre du Roi. » Une somme de 3.000 livres représentait, il y a cent cinquante ans, un assez joli denier. En disposer ainsi en faveur d'un serviteur à gages était donner une preuve assurément remarquable de bonté et de désintéressement; et le gentil portrait que Marmontel nous a tracé de Tribou se trouve heureusement complété par ce trait de rare générosité.

A côté de Tribou il faut placer son camarade Chassé, l'une des gloires de l'Opéra, qui pendant près de quarante ans tint à ce théâtre, avec un éclat incontestable, l'emploi des basses-tailles. Chassé était par sa naissance presque un grand personnage. Il s'appelait Claude-Louis-Dominique de Chassé de Chinais, écuyer, seigneur du Ponceau, et appartenait à une famille de noblesse bretonne « que des revers de fortune, dit un biographe, avaient obligé à déroger (1) ». Fils d'un notaire, il prit d'abord du service et entra fort jeune dans les gardes du corps; mais la ruine de son père, causée par le système de Law et complétée par l'incendie de la ville de Rennes, le força de changer de carrière. Il prit celle du théâtre, pour laquelle il était doué d'une façon particulière, non seulement au point de vue de la voix, qu'il avait pleine et sonore, mais aussi des avantages physiques, car il était de haute taille et d'un aspect plein de noblesse et de majesté. Il débuta à l'Opéra au mois d'août 1721, et tout d'abord fut bien accueilli. Il arrivait à ce théâtre dans des conditions favorables. Thévenard se faisait vieux, ayant déjà dépassé la cinquantaine et comptant plus de trente années de services. Sa retraite ne pouvait être qu'une question de temps, et Chassé, plein de verve et d'ardeur, en possession d'un talent qui ne demandait qu'à se développer, se trouvait là tout à point pour recueillir sa succession. En effet, lorsque Thévenard se retira en 1730, Chassé avait déjà donné sa mesure et devint tout naturellement chef d'un emploi dans lequel, depuis plusieurs années déjà,

(1) Il était né à Rennes en 1699 et avait eu pour parrain un avocat en la cour, et pour marraine la femme d'un procureur au présidial de cette ville. Il mourut à Paris le 25 octobre 1786.

Portrait de Chassé, d'après celui publié dans le petit livre très rare de J.-G. Saint-Sauveur : *Acteurs et actrices célèbres*.

il avait fait ses preuves et conquis la faveur du public. Il fut alors l'un des plus brillants et des plus solides soutiens du répertoire, et fut considéré par ses contemporains comme un artiste absolument hors ligne.

L'un d'eux s'exprimait ainsi à son sujet :

> Le successeur de Thévenard, M. de Chassé, qui fait en partie l'ornement de notre scène lyrique, possède ce vrai mérite qui conduit aux succès les plus décidés. Un port majestueux, un geste noble, une déclamation parfaite, une expression naturelle et pathétique, en un mot, si j'ose le dire, l'éloquence du chant, voilà ce qui caractérise ce grand acteur. Si c'est un roi qu'il représente, l'homme disparoit, vous ne voyez plus que le monarque ; il soutient toute la dignité du trône, et l'illusion est si parfaite qu'on voit à regret la fin de l'opéra qui lui ôte son diadème et qui détruit son royaume. Se transforme-t-il en héros amoureux, il anoblit *(sic)* en quelque sorte cette passion et lui donne par son jeu un air de grandeur qui manque presque toujours à l'amour dans nos pièces lyriques. Qu'il se transforme en génie qui préside aux enchantemens, tout tremble, il semble que la nature doive lui obéir, il ajoute un nouvel éclat à la vérité de la peinture. Enfin M. de Chassé est unique sous quelque forme qu'il se montre (1).

Fétis, qui ne pouvait pas avoir entendu Chassé, le juge en ces termes : « *Chanteur pitoyable, comme on l'était alors en France*, mais acteur excellent, il eut bientôt effacé tous ceux qui l'avaient précédé dans son emploi, et le rôle de Roland, qu'il rendit avec une supériorité jusqu'alors inconnue, mit le sceau à sa réputation. » Il est à remarquer que Fétis, étranger qui devait à la France et son éducation musicale et sa situation artistique, pour lui prouver sa reconnaissance ne manquait jamais une occasion de signaler sa prétendue infériorité en matière d'art, englobant dans son dédain les compositeurs, leurs interprètes, et jusqu'au public, dont, selon lui, l'ignorance était absolue. Pas plus que lui je n'ai entendu Chassé, et je ne puis être, au sujet de celui-ci, que l'écho de ses contemporains, qui ne sont pas de l'avis de Fétis et dont le sentiment est unanime. On vient de voir ce que pensait l'un d'eux, qui ne le jugeait pas chanteur si « pitoyable » que le dit Fétis. Un autre s'exprime ainsi : « Il passa pour avoir été la plus célèbre basse-taille et le plus grand acteur qui ait jamais paru sur ce théâtre (l'Opéra). Il a fait quarante ans les

(1) Daquin : *Siècle littéraire de Louis XV.*

délices de la cour et de la ville. Il avait dans sa déclamation beaucoup d'expression et de noblesse (1) ». De son côté, Jean-Jacques Rousseau, dont la critique ne brillait généralement pas par excès d'indulgence, montre un véritable enthousiasme en parlant de Chassé, et s'il ne le juge pas spécifiquement au point de vue du chant proprement dit, son admiration pour l'artiste laisse du moins supposer qu'il ne le choquait pas sous ce rapport. C'est dans l'article Acteur de son *Dictionnaire de musique*, qu'il vient à faire ainsi son éloge :

Il ne suffit pas à l'acteur d'opéra d'être un excellent chanteur, s'il n'est encore un excellent pantomime : car il ne doit pas seulement faire sentir ce qu'il dit lui-même, mais aussi ce qu'il laisse dire à la symphonie. L'orchestre ne rend pas un sentiment qui ne doive sortir de son âme ; ses pas, ses regards, son geste, tout doit s'accorder avec la musique, sans pourtant qu'il paraisse y songer ; il doit intéresser toujours, même en gardant le silence : et, quoique occupé d'un rôle difficile, s'il laisse un instant oublier le personnage pour s'occuper du chanteur, ce n'est qu'un musicien sur la scène : il n'est plus acteur. Tel excella dans les autres parties, qui s'est fait siffler pour avoir négligé celle-ci. Il n'y a point d'acteur à qui l'on ne puisse à cet égard donner le célèbre Chassé pour modèle. Cet excellent pantomime, en mettant toujours son art au-dessus de lui, et s'efforçant toujours d'y exceller, s'est ainsi mis lui-même fort au-dessus de ses confrères : acteur unique et homme estimable, il laissera l'admiration et le regret de ses talents aux amateurs de son théâtre, et un souvenir honorable de sa personne à tous les honnêtes gens.

La seule note défavorable à Chassé considéré comme chanteur est donnée par Collé dans son *Journal* : mais Collé, écrivain orgueilleux, vantard et bouffi de vanité, dont l'esprit exigeant n'était jamais satisfait de rien, qui se croyait supérieur à tout l'univers, qui avait la dent dure et qui jugeait les œuvres et les hommes du haut de son incomparable grandeur, Collé est sujet à caution. Je lui emprunterai néanmoins, au sujet de Chassé, une anecdote assez curieuse, qui vient à l'appui de l'opinion exprimée par Rousseau et par tous les annalistes touchant le rare talent de comédien qui distinguait ce grand artiste et la conscience qu'il apportait dans l'exécution scénique :

Le 27 de ce mois, dit-il, Chassé, jouant dans l'opéra de *Castor et Pollux*, fit une chose qui marque combien il est fanatique de son métier : aussi est-il le plus grand comédien qui ait paru sur ce théâtre (je ne dis pas le plus grand

(1) *Les Spectacles de Paris*, 1787.

chanteur). Voici ce que c'est. Dans le premier acte de cet opéra il conduit des troupes au combat, et marche à leur tête après les avoir rangées en bataille, ce qu'il a exécuté dans toutes les représentations avec une vérité, une grâce et une dignité singulières. Le jour dont je parle, le pied lui ayant glissé, il tomba dans la coulisse : mais sans perdre de vue son jeu de théâtre, il cria sur le champ aux gens des chœurs qui le suivaient et avec un enthousiasme qui avait en soi quelque chose de plaisant : *Passez-moi sur le corps et marchez toujours à l'ennemi*. J'ai voulu vérifier si le fait était bien vrai, et il s'est trouvé qu'il était exactement comme on me l'avait dit et comme je viens de le conter (1).

Une anecdote d'un autre genre a été racontée par un de ses biographes, qui en avait emprunté le fonds à Castil-Blaze, et l'on commence à savoir quelle foi l'on peut ajouter aux récits de ce Provençal qui méritait d'être Gascon. Elle est cependant assez originale pour mériter d'être reproduite. Chassé, nous l'avons vu, était fort bel homme, et ses qualités physiques, jointes à son talent, avaient fait de lui un homme à bonnes fortunes :

De nombreux succès féminins ajoutèrent encore à sa gloire. Deux femmes, une Française et une Polonaise, se disputèrent son cœur les armes à la main. La Française fut assez grièvement blessée, et en vertu d'ordres supérieurs, des exempts de police reconduisirent la Polonaise à la frontière. Quant à Chassé, il crut devoir, à la suite de cette affaire, cesser son service au théâtre, se renfermer chez lui et y recevoir, dans une pose abandonnée, les compliments de condoléance de ses amis. Le roi lui envoya le duc de Richelieu, qui lui enjoignit de mettre un terme à cette mascarade. « Dites à Sa Majesté, répondit le chanteur, que ce n'est pas ma faute, mais celle de la Providence, qui m'a fait l'homme le plus aimable du royaume. — Apprenez, faquin, que vous ne venez qu'en troisième : je passe après le roi », répliqua Richelieu (2).

C'est le cas de dire : *Si non è vero...*

Mais Chassé était d'ailleurs en grande estime auprès de Louis XV, qui ne se piquait pourtant pas d'être un ardent mélomane. C'est au roi personnellement qu'il dut d'être admis dans sa musique particulière, et le fait est d'autant plus flatteur pour lui qu'il n'avait point sollicité : — « On avoit présenté à Louis XV des placets et la liste des postulans pour cette charge, qui étoit

(1) *Journal de Collé*, t. I, p. 394. Février 1754.

(2) Campardon : *L'Académie royale de musique*.

vacante. Le roi voyant que celui à qui il la destinoit n'étoit pas sur la liste, dit: Tout le monde n'y est point. Quelques jours après on y ajouta le nom de Chassé, et le roi dit alors: Tout le monde y est ; c'est à ce dernier que je donne la charge vacante (1). »

Au reste, Chassé, dans sa vieillesse, donna au monarque une preuve de son respect et de son affectueuse reconnaissance. Il s'était retiré de l'Opéra en 1756, après trente-sept ans de services, avec une pension de 1.500 livres, à laquelle s'en joignait une autre de 912 livres 10 sols comme musicien de la chambre (2). Il y avait donc dix-sept ans qu'il avait pris sa retraite lorsque, en 1773, les *Mémoires secrets* rapportèrent le fait suivant :

Le sieur Chassé est un gentilhomme breton qui, par libertinage ou par une passion effrénée pour le théâtre, s'étoit fait acteur et chanteur de l'Opéra. Sa belle figure, la noblesse de son jeu et la beauté de sa voix, qui étoit une basse taille, l'avoient rendu un des coryphées de ce spectacle. Il y a brillé longtems. Depuis plusieurs années il en est retiré. Il a aujourd'hui 76 ans (3). Cependant, on ne sait trop comment, Mme la comtesse du Barri a voulu l'entendre. Il s'est refusé aux instances de ceux qui le sollicitoient pour cette dame et a déclaré qu'il ne chanteroit que pour le Roi : d'abord par l'obéissance qu'il devoit à son maître, et ensuite par reconnoissance des bontés et des pensions dont il l'honoroit. On lui a donc parlé au nom du Roi et il a chanté devant Sa Majesté et la favorite. Ils en ont été émerveillés. Le prince lui a dit qu'il le retenoit pour les fêtes du mariage (du comte d'Artois), qu'il étoit question de remettre *Roland*, opéra dans lequel il excelloit, et qu'il vouloit que Chassé en fît le rôle. Sa Majesté s'est expliquée ainsi vis à vis du maréchal de Richelieu et des intendans des menus, et l'acteur est forcé de céder aux vœux du monarque. Mais comme il est bien différent de chanter en chambre ou sur le théâtre, les amis de l'acteur tremblent pour lui. Au surplus, le lendemain il a reçu une boëte d'or de la valeur de 20 louis, et pour ménager sa délicatesse, Mme du Barri a bien voulu lui faire dire que c'étoit de la part du Roi.

Chassé n'eut pourtant pas de peine à comprendre que ce qu'on lui demandait était au-dessus de ses forces, et il obtint du roi de ne pas être obligé d'offrir au public un Roland plus que septuagénaire.

---

(1) *Les Spectacles de Paris*, 1787.

(2) Celle-ci fut augmentée de 1.300 livres en 1780 (Chassé avait 81 ans), et portée à 2.212 livres 10 sols.

(3) Le rédacteur se trompe. Il n'en avait encore que 74.

Ce rôle de Roland, qui lui avait valu tant de succès, n'était pas le seul qu'il eût repris, à la suite de Thévenard, dans les opéras de Lully. Il s'était montré aussi dans *Persée*, *Phaéton*, *Atys*, *Alceste*, *Proserpine*, d'autres encore. Quant à ses créations, qui sont au nombre de plus de quarante, les plus fameuses furent sans contredit celles qu'il fit dans les ouvrages de Rameau, *les Indes galantes*, *Naïs*, *Zoroastre*, *les Fêtes de Polymnie*, *le Temple de la Gloire*, mais surtout *Hippolyte et Aricie* et *Castor et Pollux* (1).

Il n'est que juste de remarquer que pendant cette période si brillante de l'histoire de notre Opéra, la partie masculine du personnel chantant de ce théâtre pâlissait devant la valeur exceptionnelle de l'élément féminin. Celui-ci comprenait en effet tout un groupe nombreux d'actrices remarquables à la fois par leur beauté, leur voix et leur talent. Ce groupe réunissait les noms demeurés célèbres de Mlles Marie Antier, Lemaure, Pélissier, Marie Fel, auxquels il faut ajouter ceux de Mlles Erremans, Petitpas, Coupé, Bourbonnais, voire de Mlles Romainville, Jacquet, de Metz, etc. En regard de ces noms, le côté mâle n'avait à opposer, en dehors de Jélyotte et de Chassé, deux chefs d'emploi dont la légitime renommée s'est perpétuée jusqu'à nous, qu'un certain nombre d'artistes, honorables sans doute, mais dont la personnalité est restée enveloppée d'une obscurité complète et qui n'ont point laissé de souvenir. Ceux-là certainement tenaient leur place avec conscience et non sans talent, contribuant pour leur part à l'ensemble d'une exécution satisfaisante, mais sans qu'aucun d'eux semble avoir jamais donné la preuve d'une apparence d'originalité, sans qu'il se soit jamais élevé au-dessus d'une moyenne parfaitement estimable.

Certains, cependant, ne manquent pas de quelque intérêt. Particulièrement La Tour et Poirier, deux haute-contre qui, l'un et l'autre, firent aussi partie de la musique du roi. La Tour débuta vers 1740 et se retira en 1757. « M. de La Tour, dit un

---

(1) Chassé s'était, paraît-il, occupé quelque peu de composition. *Le Mercure*, qui, comme *le Figaro* d'aujourd'hui, publiait fréquemment des morceaux de musique, donnait, dans son numéro de novembre 1744, un « *Air à boire* de M. de Chassé ». Fétis nous apprend d'ailleurs que Chassé a publié chez Ballard un recueil de *Chansons bachiques*, dont l'« air » en question fit sans doute partie.

annaliste, doit occuper une place parmi les gens à talens : après avoir doublé M. Géliote, on l'a vu primer dans l'opéra de *Platée* du grand Rameau. Il seroit difficile de rendre ce rôle avec plus de gayeté et de plaisanterie (1). » *Platée* était un opéra burlesque, dont l'héroïne, la nymphe Platée, était personnifiée par La Tour. Ce fut là sa création la plus importante. Il en établit bien un certain nombre, notamment dans *Zaïs*, *les Fêtes de l'hymen et de l'Amour*, *Zoroastre*, *Acanthe et Céphise*, *Naïs*, etc. Mais dans presque tous ces ouvrages il paraissait avec Jélyotte, par conséquent en seconde ligne. Sa fonction paraît surtout avoir été de « doubler » celui-ci, qui, appelé à créer tous les rôles importants de son emploi dans les ouvrages nouveaux, devait abandonner peu à peu les anciens. Il faut constater toutefois que La Tour remporta, précisément avec Jélyotte et en compagnie de Mlle Fel, un véritable succès personnel dans la fameuse pastorale languedocienne de Mondonville, *Daphnis et Alcimadure*, dont j'aurai à parler plus loin (2).

Son camarade François Poirier débuta quelques années après lui, faisant déjà partie de la musique du roi. C'est le duc de Luynes qui nous l'apprend dans ses *Mémoires*, à la date de Mai 1745 : — « Le nommé Poirier, dit-il, qui a une voix de haute-contre parfaitement belle et qui est musicien de la chambre et de la chapelle, a reçu ordre du roi d'aller chanter à l'Opéra pendant l'absence de S. M., pour apprendre le goût du chant. » Poirier partagea la seconde place avec La Tour et fut, lui aussi, chargé de doubler Jélyotte, leur chef d'emploi, car je vois qu'il remplaça celui-ci en diverses circonstances, notamment dans une reprise de *Zoroastre* et une autre des *Fêtes d'Hébé*. Cela ne

---

(1) Daquin : *Siècle littéraire de Louis XV.*

(2) La Tour a dû mourir dans un âge avancé, car il était encore compris, en 1786, dans la liste des pensionnaires de l'Opéra pour une pension de 1.000 livres.

Parmi les innombrables vers — ou semblants de vers — que la mode du temps faisait adresser aux artistes des deux sexes, je relève ce quatrain, aussi logogriphique qu'inepte, dont La Tour était l'objet :

> D'un chanteur vanté justement
> La voix est touchante et flexible ;
> L'on voit dans son nom ce qui rend
> Montlhéry de loin fort visible.

l'empêcha pas non plus de faire, pour son compte, différentes créations dans *les Fêtes de Polymnie*, *le Temple de la Gloire*, *Scylla et Glaucus*, *Daphnis et Chloé*, *le Carnaval du Parnasse*, etc. On peut croire, du reste, qu'il possédait un véritable talent de chanteur, car il était en même temps « récitant » au Concert spirituel, où il obtenait des succès. Le duc de Luynes n'était pas le seul à nous vanter la beauté de sa voix ; en voici un nouveau témoignage : — « Vous écoutez avec satisfaction cette magnifique haute-contre que la cour et la ville admirent, que l'Opéra et le concert réclament tour à tour. M. Poirier vous attache, vous surprend; vous ne connoissez guère de voix si parfaite, si flexible, si sonore; vous y trouvez de la délicatesse, de la légèreté, de l'étendue, enfin toutes les qualités d'une belle haute-contre, sans aucun des défauts dont ce genre de voix est plus susceptible que toute autre (1). »

Les annalistes nous apprennent à l'envi que Poirier quitta l'Opéra en 1759. Il y a lieu de supposer qu'il mourut presque aussitôt, car non seulement il disparait en même temps du personnel du Concert spirituel, mais son nom ne se trouve pas ensuite compris parmi ceux des pensionnaires de l'Opéra, où il aurait eu certainement le droit de figurer.

Avec Jélyotte, avec La Tour, avec Poirier, il y avait à l'Opéra une quatrième haute-contre, Jean-Baptiste Bérard, qui se fit plus tard une réputation comme professeur de chant. Fétis est très précis dans la notice qu'il consacre à cet artiste et que je lui emprunte, n'ayant pas trouvé sur celui-ci d'autres renseignements :

> Bérard, né à Lunel en 1710, débuta comme ténor à l'Opéra au commencement de l'année 1733, ne réussit pas et fut renvoyé a la clôture de Pâques de la même année. Au mois de septembre suivant il entra à la Comédie-Italienne, y fut plus heureux, et y resta jusqu'en 1736, où il fut rappelé à l'Opéra (2).

---

(1) Daquin : *Siècle littéraire de Louis XV*.

(2) C'est effectivement le 2 septembre 1733 qu'eut lieu le début de Bérard à la Comédie-Italienne : — « Le 2 septembre 1733, on ne fut pas fâché de voir la remise des *Jeux olympiques* et du *Je ne sais quoi*, dans lesquels M. Bérard débuta comme chanteur. Sa jeunesse, sa taille, son maintien et sa voix lui ont attiré de nombreux applaudissemens et l'avantage d'être reçu pour le chant, et même pour jouer quelques rôles dans les parodies. » (D'Origny : *Annales du Théâtre Italien*, 1788, t. I, p. 133).

Rameau écrivit pour lui un rôle dans *les Indes galantes*; mais il y fut sifflé, et le compositeur se vit obligé de donner le rôle à un autre. Cependant Bérard, qui était bon musicien, étonna le public par la manière dont il chanta, en 1737, à une représentation qu'on appelait la capitation (1) : il y fut applaudi, et depuis cette époque jusqu'en 1745, où il quitta la scène pour se livrer à l'enseignement du chant, il fut bien accueilli dans les rôles qu'on lui confia. Il jouait bien de la guitare, du violoncelle et de la harpe. On a de lui un livre intitulé : *l'Art du Chant, dédié à madame de Pompadour*, Paris, 1755, in-8°. Cet ouvrage n'est pas sans mérite. Bérard mourut à Paris le 1er décembre 1772.

Il y a tout au moins une erreur de fait dans cette notice. Car, si Bérard n'est rentré à l'Opéra qu'en 1736, il n'a pu créer un rôle dans *les Indes galantes* et y être sifflé, la première représentation de cet ouvrage ayant été donnée le 23 août 1735. J'ajoute que les frères Parfait, généralement si exacts dans leur *Dictionnaire des Théâtres*, ne comprennent pas le nom de Bérard parmi ceux des artistes jouant dans *les Indes galantes*. D'autre part, si le sifflet était volontiers de mise à la Comédie-Italienne, et même à la Comédie-Française, je ferai remarquer qu'il était peu d'usage à l'Opéra, et que le talent de Bérard semblait devoir le mettre à l'abri de ses fâcheux effets. Mais il y a plus. Les frères Parfait, dont je viens de parler, sont les auteurs d'une *Histoire de l'Académie royale de musique* qui n'a jamais été publiée et dont le manuscrit, qui se trouve à la Bibliothèque nationale, semble être resté complètement inconnu de tous les historiens de notre grande scène musicale (2). Or, dans cette Histoire, qui est plutôt une sorte de *memento* quotidien, très informé, de ce qui se pas-

(1) Les représentations dites « de capitation » étaient simplement des représentations données au bénéfice du personnel de l'Opéra, et il s'en donnait chaque année un certain nombre. On lit dans le *Règlement pour l'Académie royale de musique* du 1er avril 1792 : — « Il y aura chaque année six représentations au bénéfice de tous les sujets de l'Opéra, représentations connues sous le nom de *capitations*, parce qu'en effet leur produit est partagé par tête, au *prorata* des appointemens. Les quatre premières capitations auront lieu dans le courant de l'année théâtrale, à la volonté de l'administration qui les indiquera dans diverses saisons ; les deux dernières seront constamment placées le samedi de la troisième et de la quatrième semaine de carême. Pour chaque capitation, les sujets désigneront les ouvrages qui devront être représentés, mais ils seront tenus de les choisir parmi ceux qui ont été donnés dans le courant de l'année. »

(2) Cette Histoire, qui commence avec les commencements mêmes de l'Opéra sous Lully, s'arrête à l'année 1741.

sait et se produisait à l'Opéra, je relève cette note très précise, à la date de 1736 : — « Le mardi 9 octobre, l'Académie fit succéder le ballet de *l'Europe galante* à celui des *Romans*. Bérard, *nouvel acteur*, chanta dans la troisième entrée le rôle de Don Pedro et fut goûté du public. » On voit qu'il est ici question d'un « nouvel acteur », et non point du tout d'un artiste qui aurait déjà paru à l'Opéra, et surtout qui y aurait éprouvé précédemment un échec. D'où l'on peut conclure que Bérard ne s'était encore jamais montré sur ce théâtre. Je crois donc que, en tout état de cause, Fétis a dû être trompé par de faux renseignements.

Quoi qu'il en soit, il paraît en effet certain que Bérard quitta l'Opéra vers 1745, car il n'eut point de pension, n'ayant pas accompli pour l'obtenir un temps de service suffisant. Il avait créé un petit nombre de rôles, dont le plus important me paraît être celui de don Quichotte dans *Don Quichotte chez la duchesse*, les autres dans *Dardanus*, *Nitétis* et *les Amours de Ragonde*. Comme le dit Fétis, après sa retraite il se livra à l'enseignement et s'y fit une brillante situation, ce que prouve le très grand succès qu'obtint son petit *Traité de l'art du Chant*, aujourd'hui devenu si rare et qu'il avait dédié à Mme de Pompadour. Il faut ajouter que Bérard s'occupa aussi de composition, comme La Borde nous l'apprend aux dernières lignes de la notice qu'il lui consacre dans son *Essai sur la musique* : — « Bérard, dit-il, jouait bien du violoncelle, de la guitare et de la harpe, avec beaucoup de grâces, et faisait grand plaisir en s'accompagnant. Il a donné ou publié plusieurs livres de brunettes avec accompagnement de ces deux instruments. » Il nous apprend aussi qu'il avait un fils musicien : — « Il n'a laissé qu'un fils, bon musicien, né en 1725 le 15 de février. Depuis 1762 il est le premier violoncelle à l'orchestre de la Comédie-Italienne, et a épousé en 1762, Mlle Deschamps, excellente actrice de l'Opéra-Comique, ensuite de la Comédie-Italienne en 1762, lors de la réunion des deux spectacles, et qui s'est retirée à Pâques 1776, trop tôt pour le plaisir du public. Madame Bérard est née à Auxerre en 1730. » Les dates ici amènent une réflexion. Si Bérard fils est né en 1725, il semble difficile que son père soit né en 1710 ; autrement, il aurait eu ce fils à quinze ans, ce qui est au moins improbable. La Borde, comme Fétis, qui l'a copié, a donc dû se tromper ou suivre un renseignement inexact en fixant l'année 1710 comme date de la naissance de Bérard.

Après ces trois artistes, qui tenaient en second et à la suite de Jélyotte l'emploi de haute-contre, nous allons voir ceux qui tenaient l'emploi de basse-taille à la suite de Chassé. C'était d'abord Albert, qui semble avoir joui de quelque réputation, et dont le *Mercure* faisait connaître en ces termes le début : — « Le dimanche 24 octobre 1734, le sieur Albert, jeune homme qui monta sur le théâtre pour la première fois, joua le rôle de Térée dans *Philomèle* et y fut fort applaudi, et plus encore dans les représentations suivantes. Il est fort bien fait, et le public a paru très content de sa voix et de son jeu. » Il faut croire en effet qu'il était bien vu du public, puisqu'il fut appelé à remplacer momentanément Chassé pendant une longue absence de celui-ci, ainsi que nous l'apprennent les frères Parfait : — « En 1739 le sieur Chassé ayant quitté l'Académie royale de musique (1), le sieur Albert continua à jouer les seconds rôles de basses-tailles, qu'il a remplis jusqu'à la rentrée de ce premier acteur en 1742. Depuis ce temps il est assez souvent chargé des troisièmes rôles (2) ».

Albert passa dix-sept années à l'Opéra, sauf une saison qu'il alla faire à Lyon, de 1736 à 1737, et se retira en 1751, avec la pension ordinaire de 1.000 livres. Il partageait le second emploi avec Le Page et Person, et fit un certain nombre de créations, particulièrement durant l'absence de Chassé, où il établit divers rôles dans *Zaïde, reine de Grenade*, *Dardanus*, *Nitétis*, *le Temple de Gnide*, *Isbé* et *les Amours de Ragonde*. Un biographe assure qu'après avoir pris sa retraite comme chanteur, il eut un emploi dans l'administration de l'Opéra.

Auprès d'Albert il convient de mentionner Le Page, qui, ainsi

---

(1) Chassé avait en effet quitté l'Opéra, dont il resta éloigné pendant trois années. Il alla, dit-on, dans son pays, en Bretagne, où il se rendit, selon les uns pour essayer de faire fortune (?), selon d'autres pour des affaires de famille.

(2) *Dictionnaire des Théâtres*. — Il est supposable que par « seconds rôles de basses-tailles, » les frères Parfait entendent désigner les seconds rôles par rapport au genre de la voix, qui venait après celle de haute-contre. Car il n'est pas besoin de dire que les rôles de Chassé, qu'Albert se trouvait ainsi appelé à remplacer, étaient bien de premier plan.

que lui, occupa une situation honorable à l'Opéra (1). Il débuta à ce théâtre au mois de novembre 1735 et sans doute était doué d'une bonne voix, car il fit aussi partie de la musique particulière du roi. Sa carrière paraît avoir été très active, car non seulement il doublait aussi parfois Chassé, mais on lui voit créer des rôles dans une vingtaine d'ouvrages, parmi lesquels *Dardanus*, *Nitétis*, *le Pouvoir de l'amour*, *l'École des amants*, *les Fêtes de Polymnie*, *Naïs*, *le Carnaval du Parnasse*, *Zoroastre*, *Léandre et Héro*, *Acanthe et Céphise*, etc. Le Page épousa sa camarade Mlle Erremans, l'une des plus aimables actrices de l'Opéra. Il se retira en 1752 (et non en 1761, comme le dit de Léris dans son *Dictionnaire des Théâtres*). A la pension de 1.000 livres qu'il obtint lors de sa retraite vint se joindre, en 1780, une égale pension qui lui fut accordée par le roi à titre de « vétéran » de sa musique. Mais il ne jouit pas longtemps de cette dernière, car il mourut peu de temps après l'avoir obtenue et dans le cours de la même année. Il avait un frère, Joseph Le Page, qu'on désignait sous le nom de Le Page cadet, qui, d'une façon plus modeste, appartint comme lui à l'Opéra. Celui-ci était compris dans le personnel sous cette mention : « dans les chœurs et doublant les rôles ». Le Page cadet se retira en 1764.

Quoique un peu plus effacé que les deux précédents, Person, qui débuta à l'Opéra vers 1735, fournit une carrière un peu plus prolongée, car il ne se retira qu'en 1758 (et non 1748, comme le disent, peut-être par suite d'une faute typographique, de Léris dans son *Dictionnaire*, et après lui l'abbé de Laporte dans ses *Anecdotes dramatiques*). Je croirais volontiers que sa situation artistique fut quelque peu inférieure à celle d'Albert et de Le Page. Cependant sa pension fut, comme la leur, de 1.000 livres lorsqu'il prit sa retraite après avoir établi des rôles secondaires dans un certain nombre d'ouvrages, notamment *les Indes galantes*, *les Romans*, *Scylla et Glaucus*, *Daphnis et Chloé*, *la Guirlande*, *les Amours de Tempé*, etc. Person mourut en 1773 (2).

(1) François Le Page était né à Joinville (aujourd'hui Haute-Marne) le 27 février 1709. Il est mort en 1780.

(2) Dans leur *Histoire de l'Académie royale de musique*, les frères Parfait, enregistrant, à la date de 1737, une reprise de *Cadmus et Hermione*, où Person jouait le rôle de

En seconde ligne, au-dessous des trois chanteurs dont on vient de voir les états de service, il faut signaler deux autres basses-tailles, Dun et Le Fèvre. Jean Dun faisait partie d'une véritable dynastie d'artistes, hommes et femmes, qui figurèrent sur les cadres du personnel de l'Opéra pendant plus d'un siècle, soit comme chanteurs, soit comme instrumentistes. Celui-ci succéda à son père, qui, comme lui, portait le prénom de Jean, avait fait partie de la troupe de Lully et s'était retiré en 1734. Il entra d'abord dans les chœurs en 1716, fut chargé dès l'année suivante de petits rôles, et peu à peu en vint à remplacer son père. Dun fournit une longue carrière, car il ne se retira qu'en 1741, et ce fut pour passer de la scène dans l'orchestre en qualité de basse de viole, fonctions qu'il remplit jusqu'en 1759. Il mourut en 1772 (1). Quant à Le Fèvre, celui-là ne fut guère sans doute qu'un grand coryphée, car, comme Le Page cadet, il est inscrit dans la liste du personnel avec la mention : « dans les chœurs et doublant les rôles », et je ne vois à son actif aucune création, sinon deux ou trois rôles accessoires.

Il n'en est pas de même de Gélin, qui débuta seulement quelques années avant la retraite de Jélyotte, en 1750. Mais si la carrière de celui-ci devint brillante (il créa surtout d'une façon superbe le rôle d'Hidraot dans l'*Armide* de Gluck), ce ne fut précisément qu'après le départ de Jélyotte et celui de Chassé, auquel il succéda aussitôt (2).

Il faut encore signaler deux artistes qui occupèrent à l'Opéra une certaine situation : Cuvillier père et fils. La Borde, dans son *Essai sur la musique*, parle ainsi de l'un et de l'autre : — Cuvillier (3) avait une voix de taille assez belle. Il entra à

Draco, disent à son sujet : — « Ce dernier est frère de la D[lle] Person, actrice des chœurs, et tous deux [sont] enfans de Person, peintre, amy du poète Gacon et dont Rousseau a parlé dans ses ouvrages. »

(1) Dun avait une sœur qui appartint à l'Opéra en même temps que lui, comme simple choriste.

(2) Nicolas Gélin, né à Prangey (Haute-Marne) le 15 novembre 1726, mourut le 22 ou le 23 décembre 1810, étant maire de Creil-sur-Oise. Il avait épousé en 1764 une charmante danseuse de l'Opéra, Thérèse Lany, fille du fameux maître de ballet de ce théâtre, qui mourut peu d'années après, dans tout l'éclat de la jeunesse et du talent.

(3) Il avait pour prénoms Louis-Antoine.

l'Opéra en 1725 et fut mis à la pension en 1750. Son fils, entré à l'Opéra haute-contre en 1738, quitta en novembre 1740, et y rentra basse-taille (!) en 1749. Il sortit de France sans rien dire en 1755, et passa à Bruxelles (1). » Cuvillier père avait une sorte de spécialité ; c'était de jouer les travestis, c'est-à-dire les rôles de vieilles femmes, dans lesquels, paraît-il, il était fort plaisant. C'est ainsi que sa création la plus importante fut celle du personnage ridicule de Ragonde dans *les Amours de Ragonde*, opéra bouffe de Mouret (on ne craignait pas de rire alors à l'Opéra). Ce rôle lui valut un véritable succès. Il joua aussi Sancho dans *Don Quichotte chez la duchesse*. Il mourut vers 1754.

A la suite de tous ces artistes qui, les uns brillamment, les autres honorablement, tinrent leur place sur la scène de l'Opéra, il suffit de nommer simplement ceux-ci, qui complétaient, dans un rang très secondaire, le personnel masculin de ce théâtre au temps de Jélyotte, et qui ne sont pas sortis d'une profonde obscurité : Cuignier, Dumast, La Mare, Galland, Scelle, Le Roy, Damour, Armand, Godard, Langlois, Vée et Gérard. Il en est deux cependant que l'on peut signaler d'une façon particulière, parce qu'ils surent se faire une situation en dehors, ou plutôt à côté de la scène : Levasseur et Chapotin. La Borde nous renseigne sur l'un et sur l'autre. « Le Vasseur, dit-il, haute-contre de l'Opéra, y est entré en 1739, a été fait maître de musique du magasin en 1746. En 1755 on le nomma maître de l'École du chant, et il fut chargé de remplir les fonctions d'inspecteur général à la mort de M. Royer. Il a raccommodé *(sic)* avec succès plusieurs opéras donnés pendant son administration, entr'autres *Alcione*, où il avait ajouté des airs de danse très bien faits ». Et voici ce qu'il dit de Chapotin : — « Chapotin, haute-contre de l'Opéra, y entra en 1741, quitta en 1743, y rentra en 1746, fut fait maître de musique en 1753, et se retira tout à fait il y a plusieurs années. »

---

(1) Il avait, auparavant, créé le rôle du devin dans *le Devin du village* de Jean-Jacques Rousseau, avec Jélyotte et Marie Fel.

III

J'ai dit qu'à cette époque le personnel féminin était, à l'Opéra, supérieur en son ensemble au personnel masculin. On en jugera par ce qui suit. Mais avant de m'en occuper, je tiens à mettre le lecteur en garde contre la prétendue Histoire de l'Opéra que Castil-Blaze a publiée sous ce titre : *L'Académie impériale de musique*, en deux gros volumes in-octavo. Une fois pour toutes, je suis obligé de déclarer que les commérages et les cancans plus ou moins scandaleux mis en cours par ce Provençal qui aurait dû être Gascon ne méritent aucune créance et sont, pour la plupart, de l'invention de ce narrateur très imaginatif et trop peu scrupuleux. Un simple point de départ suffisait à ce pseudo-historien pour bâtir de toutes pièces une anecdote plus ou moins piquante, parfois un peu pimentée, mais qui n'a que faire avec la réalité des choses. Je ne prendrai donc, en aucun cas, la peine de réfuter ses assertions, et je me bornerai à relever, à l'occasion et lorsque cela sera nécessaire, l'inexactitude de certains faits avancés par lui.

Lorsque Jélyotte vint débuter à l'Opéra, il y trouva tout un groupe de cantatrices dont quelques-unes sont restées célèbres, et dont les autres, oubliées aujourd'hui, n'en étaient pas moins fameuses alors. J'inscris ici leurs noms par rang d'ancienneté : Mlles Marie Antier, Erremans, Pélissier, Lemaure, Petitpas. Mlle Antier, on le voit, était la doyenne. Son début, en effet, remontait à l'année 1711, et pourtant elle était encore dans tout son éclat, dans tout l'éclat de sa beauté et de son talent.

Marie Antier était Lyonnaise, comme Françoise Journet, dont elle était destinée à prendre la place. La Borde, qui était sans doute directement informé en ce qui la concerne, est le seul qui nous donne la date de sa naissance : 1687. Elle avait donc vingt-quatre ans lorsqu'elle vint à Paris en 1711 et entra à l'Opéra, où pendant près de trente ans elle devait fournir une carrière exceptionnellement brillante. Qu'avait-elle fait auparavant? Nul ne saurait le dire. Il est problable pourtant qu'elle avait dû s'essayer de façon ou d'autre avant que l'on consentît à l'engager. Il est vrai qu'elle semblait réunir toutes les qualités requises pour réussir dans l'état qu'elle voulait entreprendre. Grande, bien faite, douée d'une beauté majestueuse dont la noblesse n'excluait pas la grâce, avec une physionomie fière et imposante, elle joignait à ces avantages extérieurs celui d'une voix superbe et d'une rare étendue, et l'on conçoit qu'en de telles conditions son apparition sur la scène de l'Opéra produisit une véritable sensation. D'aucuns prétendent qu'à son arrivée elle ignorait absolument la musique. En tout cas elle se forma bientôt, grâce aux soins et aux leçons d'une grande artiste, Mlle Le Rochois, l'admirable interprète de Lully, qui, aussi bonne qu'intelligente, se plaisait, après être sortie de l'Opéra, à instruire ainsi des sujets qui pussent lui succéder. Mlle Le Rochois avait formé cette adorable et touchante Françoise Journet, artiste extrêmement remarquable, qui, grâce à ses dons naturels, avait merveilleusement profité de ses soins et qui fut trop tôt enlevée à l'art ; de même elle fit l'éducation de Mlle Antier, qui ne lui fit pas moins d'honneur et ne tira pas moins parti de ses conseils que sa devancière (1). Depuis quelques années

---

(1) Voici comment un contemporain appréciait la personnalité artistique de Françoise Journet : — « Je n'ai point vû la Rochois, mais je n'oublierai jamais la Journet. C'étoit une grande fille, belle à la manière qu'il faut l'être au théâtre. Jamais on n'a vû des grâces si nobles, jamais rien n'a paru de si touchant à la fois et de si majestueux. L'action de sa voix étoit parfaite : ses yeux, qui étoient charmans, alloient, s'unissant aux deux plus beaux bras du monde, porter au cœur l'expression de tout ce qu'elle avoit à peindre. Elle faisoit ce jour-là Angélique (dans *Roland*), c'est là où je l'attendois pour bien juger d'elle. Vous le dirai-je ? Je ne vis presque point cette Angélique indécente et perfide que je m'attendois à voir. Celle que je vis étoit tendre, délicate : je lui pardonnai tout ; je n'eus que pitié d'elle, tant la Journet employa de grâces, de dignité et de noblesse pour me la rendre aimable. »

Mlle Journet tenait avec éclat le grand emploi lorsque Mlle Antier arriva à l'Opéra en 1711, et celle-ci dut se contenter d'abord de la seconde place, du moins en ce qui concerne les ouvrages nouveaux: *Idoménée*, *Médée*, *Télèphe*, *Télémaque*, etc. : car, pour ce qui est des anciens, elle sut se mettre en lumière en y reprenant des rôles importants, qui donnèrent bientôt la mesure de son talent, talent chaque jour grandissant, et la préparèrent à soutenir le poids du répertoire lorsque le moment serait venu. Ce moment tarda moins qu'on n'eût pu le supposer. Mlle Journet mourut prématurément, dans toute la force de l'âge, à la fin de 1719 ou au commencement de 1720, et Mlle Antier se trouva placée du coup et tout naturellement au premier plan. Elle sut prouver qu'elle en était digne. C'est alors qu'on lui voit créer coup sur coup les rôles principaux de plusieurs opéras: Ilione dans *Polydore*, Pomone dans *les Amours de Protée*, Hermilis dans *Pirithoüs*, Cléopâtre dans *les Fêtes grecques et romaines*, et aussi Armide dans *Renaud* ou *la Suite d'Armide*, ouvrage que tout son talent et celui de Tribou, qui jouait Renaud, ne purent garantir d'un échec lamentable et qui dut être particulièrement cruel au compositeur. Ce compositeur était Desmarets, l'ami de Campra, qui depuis vingt ans se trouvait sous le coup d'une condamnation à mort, ayant épousé secrètement la fille d'un magistrat qui avait porté contre lui une plainte en séduction et rapt. Il avait dû s'enfuir en Espagne, où il était devenu maître de chapelle de Philippe V, puis avait quitté ce poste pour se rendre à Lunéville, où le duc de Lorraine lui avait donné la surintendance de sa musique particulière. La « raison d'État » s'était détendue sans doute à son égard, puisqu'il obtint l'autorisation de venir à Paris surveiller les études de son opéra; mais elle n'alla pas jusqu'à lui faire grâce, puisqu'après la chute de celui-ci il dut retourner à Lunéville, ainsi que le racontent les frères Parfait dans leur *Histoire de l'Académie royale de musique* : — « Nous avons dit, en parlant de Desmarets, qu'il obtint la permission de venir à Paris pour faire exécuter cet opéra, dont il avoit fait la musique. Le foible succès de cet ouvrage ne lui fit profiter que peu

— *Réflexions sur l'Opéra*, au tome second des *Œuvres mêlées de M. Rémond de Saint-Mard* (La Haye, 1742, in-12).

de tems de cette grâce. La première représentation fut des plus tumultueuses. La deuxième obtint plus d'attention; cela faisoit espérer aux auteurs que cette pièce se relèveroit, comme tant d'autres dont les commencemens ont été fort équivoques. Mais les représentations de cette tragédie se soutinrent mal dans le peu de tems qui restoit jusqu'à la clôture du théâtre (pour la quinzaine de Pâques). Après la septième on reprit *Phaéton*, et le musicien, désespérant de voir reprendre sa pièce, retourna en Lorraine (1). »

A la suite de la mort de Mlle Journet, Mlle Antier paraît avoir été, pendant environ trois années, de 1720 à 1723, seule chargée de satisfaire aux exigences du théâtre et du public. En dehors des ouvrages nouveaux cités ci-dessus et dont elle personnifiait les héroïnes, on lui voit reprendre alors successivement les rôles de Médée dans *Thésée*, de Théone dans *Phaéton*, de Thétis dans *Thétis et Pélée*, d'Iphise dans *les Fêtes vénitiennes*, de Mérope dans *Persée* (où sa sœur cadette joue à côté d'elle celui de Cassiope), enfin d'Issé et d'Iphigénie dans *Issé* et *Iphigénie en Tauride* (2). Toutefois, et tout infatigable qu'elle fût, une telle situation ne pouvait durer, la moindre maladie, comme celle dont elle fut atteinte en 1727 et qui l'éloigna de la scène pendant plusieurs semaines, pouvant mettre le théâtre dans le plus grand embarras. Heureusement, l'arrivée de Mlle Pélissier et celle de Mlle Lemaure vinrent parer à tout danger possible. Mais les grands succès obtenus par ces deux cantatrices ne nuisirent en rien à ceux de Mlle Antier, qui partagea avec elles le répertoire et conserva, avec toute son autorité sur le public, la haute position que son talent avait su lui faire acquérir. Elle continua alors d'établir, concurremment avec ses deux émules, des rôles importants dans les ouvrages nouvellement mis à la scène. Sans les vouloir citer tous,

---

(1) C'est cependant peu de temps après, et en cette même année 1722, où *Renaud* parut à l'Opéra, que Desmarets obtint enfin la revision de son procès en parlement. Il le gagna, et son mariage fut déclaré valable. Voyez *Histoire du théâtre de l'Opéra en France* (par Travenol et Durey de Noinville, Paris, 1753).

(2) En mentionnant la reprise des *Fêtes vénitiennes*, à la date du 10 juillet 1721, les frères Parfait nous apprennent qu'à la fin de ce même mois Mlle Antier, *qui se trouvait première actrice de l'Académie*, fut gratifiée d'une pension de 1.200 livres et d'un brevet de musicienne de la chambre du Roy. »

on peut cependant en dresser une liste assez considérable : *les Éléments, Télégone, les Stratagèmes de l'amour, Pyrame et Thisbé, les Amours des Dieux, Orion, Tarsis et Julie, les Amours des Déesses, le Caprice d'Erato, Jephté, Hippolyte et Aricie*, où le rôle de Phèdre, dans ce premier chef-d'œuvre de Rameau, lui valut un succès considérable, *Achille et Déidamie, Scanderberg, les Grâces, les Voyages de l'Amour, les Romans, les Génies, Castor et Pollux, les Caractères de l'amour*... Il va sans dire qu'elle continuait de prendre sa part des reprises du répertoire. En 1724 elle obtient un succès éclatant dans *Armide.* Peu de mois auparavant, dans une reprise de *l'Europe galante*, elle en remportait un d'un autre genre, que les frères Parfait nous font connaître en ces termes : — « Le plaisir que recevoit le public aux représentations du ballet de *l'Europe galante* fut encore augmenté au mois de juillet par une circonstance qui y donna un nouvel agrément. Tribou étant tombé malade, Mlle Antier se chargea de son rôle et joua avec applaudissement, dans l'entrée italienne, le rôle d'Octavio jaloux, en habit de noble vénitien. » Une autre fois c'est dans le rôle de Médée, créé par Mlle Journet, qu'elle triomphe, au dire du *Mercure :* — « On continue sur le théâtre de l'Opéra, avec un plein succès, les représentations de *Médée et Jason* (de Salomon). La D^lle^ Antier, première actrice de l'Académie royale de musique, *et la première de toutes celles de sa profession*, continue de remplir le principal rôle au gré du public et des spectateurs les plus délicats et les plus difficiles : en effet, le caractère de Médée n'a jamais été exprimé avec tant de finesse, de force et de naturel (1). » Et il faut croire que Mlle Antier conserva non seulement son talent, mais sa beauté dans un âge relativement avancé, car en 1738, alors qu'elle avait cinquante et un ans bien sonnés, elle joua encore Clorinde dans une reprise de *Tancrède*, au bruit des applaudissements.

En réalité, la carrière de Mlle Antier fut très brillante, et cela dès ses commencements à l'Opéra. Il y avait à peine un an qu'elle était à ce théâtre lorsqu'elle fut choisie pour remplir un rôle d'un caractère particulier. C'était peu de temps après la bataille de Denain, et le maréchal de Villars, de retour à Paris, se mon-

(1) *Mercure*, décembre 1736.

trait pour la première fois à l'Opéra après la victoire par laquelle il avait sauvé la France et mis fin à nos désastres. Le rideau venait de se lever sur le prologue d'*Armide*, où la jeune artiste personnifiait la Gloire. Elle s'avança sur la scène, et, s'approchant du balcon, où le maréchal avait pris place, elle lui présenta, aux acclamations de la salle entière, une couronne de lauriers. Le maréchal lui envoya, dit-on, dès le lendemain, une belle tabatière d'or.

Elle était bien vue à la cour et chez les grands, où l'on prisait fort son talent et où elle était appelée à prendre part aux divertissements et aux spectacles qui se donnaient fréquemment. « Le roi et la reine, dit un biographe, dont elle était aussi pensionnaire de sa musique, lui ont donné souvent des marques de distinction particulière. La reine, à son mariage en 1726 la gratifia d'une tabatière d'or enrichie de diamans, avec le portrait de Sa Majesté. M. le comte et Mme la comtesse de Toulouse lui ont fait présent aussi du portrait du roi et de plusieurs bijoux et d'une grande quantité de vaisselle d'argent, par rapport à quelques voyages qu'elle avait faits à Rambouillet, pour y chanter dans des divertissements où le roi, les princesses, les dames et les seigneurs de la cour chantaient aussi. Elle a eu l'honneur de représenter les premiers rolles dans les ballets où le roi a dansé à Paris, dans son château des Thuilleries, comme dans celui de *Cardenio* (1), au mois de novembre 1720, des *Éléments*, le 22 décembre 1722, etc. (2). »

On a vu, dans ces lignes, que Mlle Antier se maria en 1726. Avec qui ? c'est ce qu'il m'a été impossible de découvrir, et le nom de cet époux est resté complètement inconnu. En tout cas, mariée ou non, la conduite de Mlle Antier, discrète et retenue, ne paraît pas avoir donné matière à défrayer la chronique scandaleuse de son temps, comme il est arrivé pour la plupart de ses camarades, telles que Mlles Lemaure et Pélissier, Petitpas et

(1) « *Les Folies de Cardenio*, pièce héroï-comique, deuxième ballet dansé par le roi dans son château des Thuilleries, le 13 décembre 1720. Cette pièce est en trois actes, en prose, précédée d'un prologue en vers, chanté par les demoiselles Antier et Bury et par les sieurs Boutelou et Muraire. Il y a aussi dans cette même pièce trois entrées mêlées de chants et de danses, dont la dernière est intitulée *l'Union de l'hymen et de l'amour*. Les paroles de tout l'ouvrage sont de Coypel, la musique de La Lande. » (La Vallière : *Ballets, opéras et autres ouvrages lyriques*, Paris, 1760, in-8°.)

(2) Travenol : *Histoire du théâtre de l'Opera.*

Coupé, sans compter les autres. De cancans et de commérages sur son compte, je n'en ai rencontré nulle autre part que dans les lettres de Mlle Aïssé, qui ne se gêne pas pour lui donner un certain nombre d'amants, entre autres Chassé, le fameux fermier général Leriche de la Popelinière et jusqu'au prince de Carignan. Mais on sait que la jeune Circassienne, pour femme d'esprit qu'elle était, n'en avait pas moins la langue bien pendue et la plume acérée, et parlait un peu de tout et de tous à tort et a travers. Je n'ai pas à me faire le chevalier de la vertu de Mlle Antier, mais je constate, je le répète, qu'elle n'a pas fait parler d'elle, et qu'elle a tout au moins évité le scandale que d'autres semblaient rechercher avec une sorte de passion. Artiste fort intéressante, sa carrière brillante à l'Opéra fut complétée par celle qu'elle fournit au Concert spirituel, dont elle fit partie dès sa création en 1725 et où ses succès ne furent pas moins retentissants. Et lorsqu'elle prit sa retraite en 1741, après avoir joué, pour la dernière fois, le rôle de Cérès dans une reprise de *Proserpine* (31 janvier), elle se confina paisiblement dans un appartement qui lui avait été concédé au Magasin de l'Opéra, rue Saint-Nicaise. C'est là qu'elle mourut, le 3 décembre 1747, âgée de soixante ans, et c'est de là qu'elle fut transportée à l'église Saint-Germain-l'Auxerrois, où elle fut inhumée.

Il y avait dix ans que Mlle Antier appartenait à l'Opéra lorsqu'y vint débuter une jeune femme charmante, Mlle Erremans, qui n'atteignit jamais à la notoriété de celle-ci, qui ne put ni ne chercha sans doute à lutter avec Mlles Lemauré et Pélissier, mais qui, en tête du second rang, paraît avoir été une artiste non seulement fort utile, mais intelligente et vraiment distinguée. Ce qui le prouve d'ailleurs, c'est que, en dehors de l'Opéra, elle sut se faire applaudir au Concert spirituel, et qu'elle fit partie de la musique et de la chapelle du roi. Elle se montra modestement, pour la première fois, le 17 juin 1721, dans une reprise d'*Issé*, opéra de Destouches, en figurant au prologue la « première Hespéride ». Le *Mercure* enregistrait ce début en ces termes : — « M. de Francine (1) vient de faire un fort bon présent

(1) Gendre de Lully et directeur de l'Opéra.

à l'Académie en la personne de la D[lle] Erremans, qui avoit déjà chanté dans le ballet du Roy l'hiver dernier, et qui doit être reçue dans sa musique, ayant déjà chanté à la chapelle avec applaudissement. » D'autre part, les frères Parfait inscrivaient, dans leur *Histoire* manuscrite, la note que voici sur Mlle Erremans : — « Cette nouvelle actrice est une jeune personne de bonne famille, fort bien faite, qui a la voix très belle, légère et d'une grande étendue. C'est un excellent sujet dont le public espère beaucoup. Elle est aujourd'hui mariée à Le Page, premier acteur de l'Académie pour les rôles de basse-taille. »

Pendant la longue carrière qu'elle fournit à l'Opéra, d'où elle ne prit sa retraite qu'en 1743, après vingt-deux ans de services, avec une pension de 1.000 livres, Mlle Erremans créa un grand nombre de rôles, presque toujours de second plan. Mais elle en reprenait souvent de fort importants, témoin celui d'Armide, qu'elle joua avec beaucoup de succès en 1724, ainsi que le constatent les frères Parfait : — « Mlle Erremans joua trois fois cette année le rôle d'*Armide*, où elle reçut de grands applaudissemens. Elle en reçut même de Mlle Rochois, qui, s'étant trouvée à une de ces représentations, lui témoigna avoir été très satisfaite de ses talens. » Souvent aussi elle doublait Mlle Antier, soit que celle-ci fût malade, comme lors de la reprise du *Jugement de Pâris* en 1727, soit qu'elle fût obligée d'abandonner un ouvrage pour un autre, et toujours elle le faisait à la satisfaction du public. Ce qui est certain, c'est que Mlle Erremans faisait preuve d'une activité infatigable, qu'elle était toujours prête et toujours sur la brèche. Elle était sans doute fort jolie, car on la voit chargée de représenter Vénus dans plusieurs ouvrages : *Pyrame et Thisbé*, *Orion*, *les Sens*, *Dardanus*, etc. Et elle ne devait pas être moins adroite, car elle n'hésitait pas à paraître en travesti, comme dans *les Génies*, l'opéra de Mlle Duval (1736), où le *Mercure* nous apprend que Mlle Erremans « est en cavalier », et qu' « il n'y a rien à désirer à son jeu (1) ». Cette excellente artiste,

(1) Le même *Mercure* publiait, en 1740, ce quatrain adressé à Mlle Erremans par un M. de Bonneval :

Malgré tous les esprits justement prévenus
En faveur de la voix de l'illustre Lemaure,
La vôtre nous séduit encore.
Erremans, c'est briller à la cour de Vénus

l'une des plus utiles assurément et des plus aimables que possédât alors l'Opéra, mourut, nous dit La Borde, en 1761. Son séjour à ce théâtre, et aussi celui de Mlle Antier, forment un contraste frappant, par le sérieux et la régularité de leur service, avec celui de deux autres artistes dont nous allons faire la connaissance, Mlles Pélissier et Lemaure, l'une et l'autre au contraire inconstantes, capricieuses, fantasques, s'occupant plus de leurs affaires galantes que de l'art qu'elles exerçaient pourtant avec un incontestable talent, et qui devaient donner de la tablature à l'administration.

Tous les biographes s'accordent à dire que Mlle Pélissier mourut à Paris le 21 mars 1749, à l'âge de quarante-deux ans, ce qui la ferait naître en 1706 ou 1707. Tous s'accordent à dire aussi qu'après une première apparition, sans doute obscure, à l'Opéra, vers 1722, elle alla tenir les « grands rôles » au théâtre de Rouen, dont elle épousa le directeur, nommé Pélissier, et que c'est en 1726 qu'elle revint à Paris, pour prendre cette fois à l'Opéra la place qu'elle devait rendre si brillante. Quoique mariée, elle se fit toujours appeler « mademoiselle », comme on faisait au grand siècle pour les femmes qui n'étaient point de qualité. Mais ce que n'a dit aucun de ses biographes, c'est que son mari, chanteur lui-même, avait lui-même appartenu à l'Opéra. J'en trouve la preuve dans l'*Histoire* manuscrite des frères Parfait, qui notent ceci, à propos d'une reprise d'*Armide*, à la date du 26 décembre 1713 : « Pélissier, qui avoit déjà paru aux représentations de *Téléphe* (1), joua à celle-ci le rôle d'Artémidore. C'est le mari de Mlle Pélissier, aujourd'hui actrice de l'Opéra. » L'affirmation est complète, on le voit, et ne laisse place à aucune équivoque. Mais quel était le nom de famille de Mlle Pélissier? Ici, au contraire, je ne rencontre qu'un renseignement vague et qu'il est impossible de contrôler. Ce renseignement est donné par Ravenel, qui, dans son édition des Lettres de mademoiselle Aïssé, ayant à enregistrer le nom de Mlle Pélissier, l'accompagne de cette simple note : « Mademoiselle Pélissier passait pour être fille naturelle de Marion de Druis et d'une demoiselle

(1) Opéra de Campra, dont la première représentation venait d'avoir lieu le 28 novembre précédent.

de Meneton. » J'avoue à ma honte que ces deux personnages me sont complètement inconnus, et que c'est là tout ce qu'il m'est permis de révéler sur les origines de Mlle Pélissier.

Lorsqu'elle vint reprendre rang à l'Opéra en 1726, brillante de jeunesse, de beauté et de talent, elle y trouva, outre Mlle Antier, dont la situation était trop solide et trop assurée pour qu'elle pût songer un instant à entrer en lutte avec elle, une autre artiste, jeune comme elle-même, déja en possession de la faveur du public, et qui ne vit pas sans dépit une nouvelle venue balancer ses succès. De là une rivalité bientôt ardente, qui fit de ces deux femmes deux ennemies acharnées, d'autant plus excitées l'une contre l'autre que chacune avait ses partisans, que les spectateurs furent promptement à leur égard partagés en deux camps, et que chaque soirée de l'Opéra, lorsqu'on les voyait ensemble, donnait lieu aux scènes les plus singulières et les plus burlesques.

Mlle Lemaure, car c'est d'elle qu'il est ici question, était, à deux ou trois années près, du même âge que Mlle Pélissier. Catherine-Nicole Lemaure était née à Paris le 3 août 1704. Au contraire de sa rivale, qui était d'une taille avantageuse, bien faite et d'une rare beauté, elle était petite, laide et mal bâtie; avec cela, selon l'expression même de Mlle Aïssé, dont l'opinion est corroborée par tous les contemporains, « bête comme un pot ». Mais cette bête était en possession de la plus admirable voix qui se puisse entendre, elle articulait d'une façon merveilleuse, et, surtout, elle avait dans son chant une émotion, un sentiment expressif, des accents pathétiques qui remuaient une salle et la transportaient d'enthousiasme. Explique cela qui pourra! Pour ceux qui ont l'habitude de voir, d'entendre et de juger, il est pourtant un fait que l'on peut, me semble-t-il, tenir pour certain: c'est que dans les arts d'interprétation, de reproduction, le talent n'est pas toujours une preuve d'intelligence, mais parfois le fait de facultés particulières, innées et en quelque sorte inconscientes. J'ai connu, pour ma part, tel comédien fort distingué, tel chanteur superbe, tel grand virtuose, qui, pour reprendre l'expression de Mlle Aïssé, étaient bêtes comme des pots. Entendons-nous: je ne prétends pas poser un principe et dire que l'intelligence est inutile ou nui-

Portrait de Mlle Pélissier, gravé par Daullé d'après le tableau de Drouais.

sible pour faire un grand artiste ; je crois seulement pouvoir affirmer que certains n'en ont pas besoin, et qu'à ceux-là les facultés suffisent : ils émeuvent sans être émus, ils ont du style sans le savoir, ils sont admirables sans le vouloir (1).

Pour en revenir à Mlle Lemaure, elle justifiait cette théorie, et il n'y avait qu'une voix sur son compte. Nous avons vu l'opinion crue de Mlle Aïssé, qui pourtant l'admirait et la préférait ouvertement à Mlle Pélissier. La Borde, quoique plus longuement, ne la jugeait pas autrement, comme on va voir : — « Jamais, dit-il, la nature n'a accordé un plus bel organe, de plus belles cadences (2) et une manière de chanter plus imposante. Mlle Lemaure, petite et mal faite, avoit une noblesse incroyable sur le théâtre ; elle se pénétroit tellement de ce qu'elle devoit dire qu'elle arrachoit des larmes aux spectateurs les plus froids ; elle les animoit et les transportoit, et quoiqu'elle ne fût ni jolie ni spirituelle, elle produisoit les impressions les plus vives... Il seroit intéressant de rechercher d'où peut venir ce charme inévitable qui réside dans l'organe seul, *sans qu'aucune faculté raisonnable y concoure.* Mlle Lemaure était d'une petite stature, point jolie, *dénuée d'esprit et de réflexions*, sans goût, sans éducation. . Eh bien, privée de tous ces avantages, elle n'avoit qu'à ouvrir la

(1) Précisément, je trouve dans le livre célèbre de l'acteur d'Hannetaire : *Observations sur l'art du comédien*, la justification de mes paroles, et d'Hannetaire cite justement en exemple Mlle Lemaure : — « On ne peut disconvenir, dit-il, qu'il n'y ait beaucoup d'acteurs qui n'ont d'esprit d'aucune sorte, et qui sont même d'une ignorance profonde, et néanmoins ce sont quelquefois ceux qui réussissent au théâtre au-delà de toute vraisemblance. Il est vrai qu'ils doivent être pourvus d'un certain tact, d'un certain instinct, joint aux moyens physiques et à toutes les qualités de la nature ; et il faut qu'elles soient dirigées et développées par un bon maître, dont la capacité puisse suppléer à celle que n'a point un acteur ; comme la célèbre Lemaure, de l'Opéra, et bien d'autres qu'on pourroit citer, en ont fourni des exemples. Ce sont de ces machines bien organisées, dont un habile homme sait connaitre tous les fils et les ressorts et les faire mouvoir à son gré. Ce qui paraitra même fort singulier, c'est que les gens qui ont véritablement de l'esprit et des connoissances ne sont pas toujours ceux qui se distinguent le plus par le talent théâtral, et j'ai observé que ceux qui raisonnoient le mieux de la comédie étoient ordinairement ceux qui la jouoient le plus mal. J'en suis fâché pour l'honneur de la profession, mais on ne peut pas se refuser à une expérience réfléchie et réitérée. » On voit que d'Hannetaire va encore plus loin que moi, — trop loin à mon sens.

(2) La Borde veut dire de plus beaux trilles. On se servait alors improprement du mot cadence pour désigner le trille.

bouche et rendre des sons, elle produisoit tous les effets qui résulteroient à grand'peine de la réunion des moyens dont nous avons plaint l'absence chez elle. A quoi attribuer ce prodige? C'est un mystère de la nature, c'est aux philosophes à essayer de le définir. » Est-ce clair?

Avec de tels avantages naturels, Mlle Lemaure eut bientôt fait de conquérir les suffrages du public. Admise dans les chœurs de l'Opéra dès 1719, il ne s'écoula pas deux années avant qu'elle commençât à se produire modestement, mais avec succès, dans une reprise du *Phaéton* de Lully, ainsi que nous l'apprennent les frères Parfait : — « Au mois de décembre (1721) Mlle Lemaure sortit pour la première fois des chœurs pour chanter le rôle d'Astrée au prologue. On fut frappé des grâces et de l'expression qu'on lui trouva dans le visage, les yeux et les gestes, et à l'égard de la voix on la compara dès ce temps-là à Mlle Rochois, la plus fameuse actrice qui ait paru au théâtre lyrique. Les applaudissemens marqués qu'elle reçut dans ce petit rôle furent cause qu'on lui confia, à la satisfaction du public, celui de Lybie, qu'elle remplit le 4 janvier suivant à la place de Mlle Tulou ».

Fétis, suivi d'ailleurs en cela par Castil-Blaze, nous dit que Mlle Lemaure « débuta en 1724 par le rôle de Céphise dans *l'Europe galante* ». On vient de voir ce qu'il en est. A l'époque ou elle joua ce rôle de Céphise, elle avait déjà repris ceux de Cérès dans *les Saisons*, d'Hippodamie dans *Pirithoüs*, de Philomèle dans *Philomèle*, de Zirfé dans le prologue d'*Amadis de Grèce*, et elle avait créé ceux de Clio et de Timée dans *les Fêtes grecques et romaines*. Fétis n'est pas plus heureux lorsqu'il affirme que Mlle Lemaure quitta définitivement l'Opéra en 1735, et que la date de 1743, donnée par La Borde pour cette retraite « et copiée par tous les biographes, est fausse ». Or, on verra par la suite que cette date de 1743 est justement la seule exacte.

Mlle Lemaure commençait donc à faire son chemin, et le public continuait de la bien accueillir. Le 6 novembre 1725 elle établit le rôle d'Elismène dans *Télégone*, le 28 mars 1726 celui de Callirhée dans *les Stratagèmes de l'amour*, puis tout d'un coup elle disparait. Pour quelle raison? On ne sait. C'est sa première escapade; ce ne sera pas la seule. Pendant son absence arrive Mlle Pélissier, qui débute très heureusement, le 16 mai 1726, par le rôle de Thétis dans une reprise de *Thétis et Pélée*, après quoi, le 17 octobre, elle crée celui de Thisbé dans *Pyrame et Thisbé*, le premier ouvrage dû à la collaboration fraternelle de Rebel et Francœur, « les petits violons », comme on les appelait familièrement, qui devaient un jour être directeurs de l'Opéra. « Mlle Pélissier, sans posséder une voix des plus éclatantes, fit briller le rôle de Thisbé, qu'elle chanta d'une manière à se faire entendre d'un bout de la salle à l'autre, et si distinctement qu'on n'en perdit pas une syllabe. Elle ajouta encore par son action de nouvelles grâces à son chant (1) ». Mlle Pélissier avait été fort bien accueillie et le public lui avait fait fête, lorsque tout à coup survient Mlle Lemaure, qui, chose assez singulière, reparaît sur la scène (26 décembre 1726) précisément dans ce rôle de Thisbé, que celle-ci venait d'établir. « Mlle Lemaure, nous disent encore les frères Parfait, après une absence de neuf mois, reparut au théâtre dans le rôle de Thisbé, à la grande satisfaction du public. » Ici, nos annalistes se trompent au moins un peu sur la durée de cette absence, puisque c'est juste neuf mois auparavant que Mlle Lemaure avait créé *les Stratagèmes de l'amour;* elle n'avait pas disparu sans doute dès la première représentation. Cependant, que s'était-il passé, pour qu'on lui fît ainsi remplacer Mlle Pélissier dans un rôle que celle-ci venait d'établir avec succès? Je ne saurais le dire. Mais c'est ici que nous trouvons, dans les lettres de Mlle Aïssé, des détails curieux sur la rivalité des deux cantatrices et sur ses effets dans le public, détails qu'on ne rencontre nulle part aussi précis. La première des lettres où la jeune épistolaire aborde ce sujet est datée de novembre 1726 (2) :

Il y a, dit-elle, une nouvelle actrice, nommée Pélissier, qui partage l'approbation du public avec la Lemaure : pour moi, je suis pour la Lemaure: sa voix, son jeu me plaisent plus que celui *(sic)* de Mlle Pélissier. Cette dernière a la voix très petite, et elle l'a toujours forcée sur le théâtre; elle est très bonne pantomime, tous ses gestes sont justes et nobles; mais elle en a tant que

---

(1) Frères Parfait.

(2) On remarquera cette date de « novembre 1726 », alors que les frères Parfait, si sérieusement informés et si minutieusement exacts, nous disent expressément que la rentrée de Mlle Lemaure eut lieu le 26 décembre. Il y a lieu de croire que l'éditeur des lettres de Mlle Aïssé s'est trompé ou a été trompé sur la date de cette lettre.

Mlle Antier paroit tout d'une pièce auprès d'elle. Il me semble que, dans le rôle d'amoureuse, quelque violente que soit la situation, la modestie et la retenue sont choses nécessaires; toute passion doit être dans les inflexions de la voix et dans les accens. Il faut laisser aux hommes et aux magiciens les gestes violens et hors de mesure: une jeune princesse doit être plus modeste. Voilà mes réflexions. En êtes-vous contente? Le public rend justice à Mlle Lemaure; et quand on l'a revue sur le théâtre, elle parut premièrement à l'amphithéâtre, tout le parterre se retourna et battit des mains pendant un quart d'heure. Elle reçut ces applaudissemens avec une grande joie et fit des révérences pour remercier le parterre. Mme la duchesse de Duras, qui protège la Pélissier, était furieuse, et me fit signe que c'était moi et Mme de Parabère qui avions payé des gens pour battre des mains. Le lendemain la même chose arriva, et Mlle Pélissier en pensa crever de dépit.

A diverses reprises Mlle Aïssé revient sur ce sujet, qui ne pouvait faire autrement que de l'intéresser, avec sa nature si fine et si véritablement artiste. Elle écrit de nouveau, en janvier 1727 :

...Les partis sur Mlle Lemaure et Mlle Pélissier deviennent tous les jours plus vifs. L'émulation entre ces deux actrices est extrême, et a rendu la Lemaure très bonne actrice. Il y a des disputes dans le parterre, si vives que l'on a vu le moment où l'on en viendroit à tirer l'épée. Elles se haïssent toutes deux comme des crapauds, et les propos de l'une et de l'autre sont charmans. Mlle Pélissier est très impertinente et très étourdie. L'autre jour, à l'hôtel de Bouillon, à table, devant des personnes très suspectes, elle a dit que M. Pélissier, son cher mari, pouvait compter d'être le seul à Paris qui ne fût pas cocu. Pour la Lemaure, elle est bête comme un pot; mais elle a la plus belle et la plus surprenante voix qu'il y ait dans le monde; elle a beaucoup d'entrailles, et la Pélissier beaucoup d'art.

Et cette dispute dura longtemps, car trois ans après, en décembre 1730, Mlle Aïssé y revient encore :

... On joue à l'Opéra *Callirhoé*, qui ne réussit pas, quoique cet opéra soit intéressant et joli: mais le grand air, à présent, est de n'aller que le vendredi à l'Opéra: et d'ailleurs tout est esprit de parti; les partisans de la Lemaure sont en plus grand nombre à présent que ceux de la Pélissier. M. d'Argental est amoureux de cette dernière: il est aimé, et il s'en cache beaucoup. Il croit que je l'ignore, et je n'ai garde de lui en parler. Elle en est folle : elle est tout aussi impertinente que la Lecouvreur; mais elle est sotte, et ne lui fera pas faire de folies. C'est un furieux ridicule à un homme sage et en charge d'être toujours attaché à une comédienne. Tous les partisans de la Lemaure trouvent la Pélissier outrée et peu naturelle. Ils disent que c'est M. d'Argental et ses amis qui la gâtent. Cela m'afflige...

Ici, Mlle Aïssé devient visiblement injuste, et cette injustice n'est pas due seulement à sa préférence artistique pour Mlle Lemaure; ses affections sont en jeu, et il est facile de comprendre que, comme femme et dans ces circonstances, elle ne pouvait éprouver une vive sympathie pour Mlle Pélissier. D'ailleurs, dans cette querelle entre deux cantatrices, il y avait, en ce qui concerne leurs partisans, comme il arrive toujours, injustice des deux côtés, parce qu'on voulait comparer deux manifestations artistiques essentiellement différentes entre elles. C'est ce qui allait se produire, quelques années plus tard, pour la guerre des bouffons, entre les tenants de la musique italienne et ceux de la musique française, ce qu'on vit ensuite lors de la guerre des gluckistes et des piccinnistes, ce qu'on a vu plus près de nous lorsque certains voulurent établir un parallèle entre le talent de deux grandes tragédiennes, Rachel et Mme Ristori. Pour ce qui est de Mlle Lemaure et de Mlle Pélissier, toutes deux artistes fort intéressantes, chacune avec ses qualités propres, la vérité me paraît être dans ce jugement, très complet dans sa concision, de Mlle Aïssé elle-même : — « La Lemaure a beaucoup d'entrailles, et la Pélissier beaucoup d'art. »

Mais tout ceci nous a éloignés de la suite de leur carrière à l'Opéra. Nous avons vu que Mlle Lemaure était rentrée à ce théâtre aux derniers jours de décembre 1726. Cette rentrée ne devait pas être de longue durée, car, après avoir joué, entre autres, Sangaride dans une reprise d'*Atys*, au mois d'août suivant elle quitte de nouveau l'Opéra, mais sans pour cela s'éloigner de Paris, ce qui semble indiquer des difficultés entre elle et l'administration. Elle avait débuté brillamment au Concert spirituel, où elle s'était montrée pour la première fois, le 25 mars 1727, en chantant avec succès le *Te Deum* de La Lande. Elle continue d'y chanter à la fin de la même année, et l'année suivante elle s'y fait encore applaudir dans une cantate de Rameau, *le Berger fidèle*. Tout cela sans qu'il soit plus question pour elle de l'Opéra.

Pendant ce temps Mlle Pélissier continuait son service, donnant les preuves d'une remarquable activité, en dépit de son existence assez déréglée. On lui voyait reprendre en 1727 Créuse de *Médée et Jason* (1), Œnone du *Jugement de Pâris*, Thémire de

Roland, en 1728 Philonoé de *Bellérophon*, Thérone des *Amours de Protée*, Céphise d'*Alceste*, en 1729 *Hésione*, *Alcyone*, Æglé de *Thésée*, Eucharis de *Télémaque*, la Folie du *Carnaval et la Folie*, sans préjudice de ses créations dans les ouvrages nouveaux : Amymone dans *les Amours des Dieux*, Alphise dans *Orion*, Doris dans *la Princesse d'Élide*, Arélise dans *Tarsis et Zélie*, Vénus et Melpomène dans *les Amours des Déesses*, Junon dans *la Pastorale héroïque*. Puis, voici que, le 31 août 1730, Mlle Lemaure reparaît à l'Opéra, dans ce rôle d'*Hésione*, que Mlle Pélissier avait repris un an auparavant. « Le jeudi 31 août, nous disent les frères Parfait, l'Académie royale de musique reprit l'opéra d'*Hésione*. Mlle Lemaure, qui avoit quitté le théâtre au mois d'août 1727, y chanta le rôle qui communique son nom à la tragédie, avec beaucoup d'applaudissemens. Le public fut extrêmement satisfait de revoir cette grande actrice, dont la belle et grande voix a toujours charmé les amateurs de ce spectacle (2). »

Cette fois, Mlle Lemaure allait rester près de cinq ans à l'Opéra, jusqu'à ce qu'une nouvelle incartade, celle-là vraiment un peu trop forte, la fît s'en éloigner encore, après qu'elle eût été voir, sur les injonctions de l'administration supérieure, ce qui se passait au For-l'Évêque. Pendant ce nouveau séjour de cinq années elle reprend, avec vigueur et activité, sa place dans le répertoire, reparaissant tour à tour dans *Idoménée*, *Issé*, *Pirithoüs*, *Acis et Galatée*, *Philomèle*, *Iphigénie en Tauride*, ainsi que dans une reprise d'*Amadis de Gaule*, où le rôle superbe d'Oriane, qui avait

---

(1) « Mlle Pélissier, représentant Créuse, fit sentir avec beaucoup d'art et de finesse les mouvemens dont le cœur d'une princesse peut être agité par l'amour, la crainte, la jalousie et la pitié. » (Frères Parfait.)

(2) Ici se place un fait qui a trompé certains biographes, en leur faisant croire que Mlle Lemaure était rentrée à l'Opéra dès 1729, ce qui est une erreur. Ce fait, c'est la représentation à Versailles, sur la Cour de marbre, le 5 octobre de cette année 1729, d'un pastiche en cinq actes, *le Parnasse*, ouvrage de circonstance, arrangé et joué a l'occasion des fêtes données pour la naissance du Dauphin, et dans lequel parut Mlle Lemaure. Cet ouvrage fut joué plus tard à Paris, mais, chose assez singulière, sans qu'on connaisse la date de son apparition à l'Opéra. Les biographes dont je parle, confondant Paris et Versailles, n'ont retenu que la date de 1729, et en ont conclu à la rentrée prématurée de Mlle Lemaure à l'Opéra. Or, l'indication des frères Parfait, plaçant cette rentrée au 31 août 1730, reste la seule conforme à la vérité.

été jadis le triomphe de Mlle Le Rochois, lui valut un succès éclatant, comme le constatent encore les frères Parfait : — « Mlle Lemaure, qui fit le rôle d'Oriane à cette reprise, emporta les suffrages de tous les spectateurs, qui furent charmés de sa belle voix et de son jeu simple et naturel. Tout le monde est convenu que ce rôle, qui n'avoit jamais été si bien chanté, sembloit être fait pour cette grande artiste, qui procura à cet opéra un succès pareil aux plus célèbres de ses deux auteurs (1) ». En même temps elle établissait un certain nombre de rôles dans les ouvrages nouveaux, Erato dans *les Caprices d'Erato*, Iphise dans *Jephté*, qui fut un de ses plus grands succès, Ismène dans *Biblis*, Ariane et Ismène dans *l'Empire de l'amour*, Déidamie dans *Achille et Déidamie*, le dernier et le moins heureux des opéras de Campra. Mais le caractère irritable, fantasque et capricieux de la cantatrice ne laissait pas de causer des ennuis à la direction, qui ne savait jamais si elle pouvait compter sur les services de cette artiste étrange et véritablement insupportable, dont les frasques se renouvelaient à chaque instant, sans rime ni raison, au gré de son humeur, de ses nerfs et de sa fantaisie. C'est précisément l'une d'elles qui vint la faire sortir une troisième fois de l'Opéra, à la suite d'un scandale retentissant, qu'il est bon de rappeler dans tous ses détails.

C'était le 10 mars 1735. Pour remplacer *Achille et Déidamie*, dont la chute avait été complète, on remettait à la scène le *Jephté* de Montéclair, dont le succès, au contraire, se maintenait très brillant, grâce à la valeur de l'ouvrage et à l'excellence de son interprétation, qui réunissait les noms de Tribou, de Chassé, de Mlle Antier et de Mlle Lemaure, à qui surtout le rôle d'Iphise avait fait le plus grand honneur. Que lui arriva-t-il pourtant? Était-elle malade? il est à peu près certain que non; ou avait-elle à s'occuper d'autres affaires que de celles de l'Opéra? ce qui semble plus probable. Toujours est-il qu'au beau milieu de la soirée elle plante là tout le monde et quitte brusquement la scène, sans vouloir absolument y revenir et continuer. Ni prières, ni menaces ne purent avoir raison de son entêtement et l'obliger

(1) Quinault et Lully.

à reparaitre. Obstinément elle se disait malade, simulait l'évanouissement, si bien que M. de Maurepas la fit incontinent conduire au For-l'Évêque, la Bastille des comédiens, comme l'a si bien appelé M. Funk-Brentano. Voici le récit que l'avocat Barbier, dans son journal, a consacré à cet incident burlesque :

A l'Opéra, Mlle Lemaure, première actrice, et l'une des plus belles voix qu'on ait jamais entendues, soit qu'elle se soit trouvée mal effectivement, soit qu'elle eût autre chose à faire, a quitté son rôle au milieu du spectacle, un jour de représentation. M. le comte de Maurepas, qui, comme secrétaire d'État de Paris, a l'inspection de l'Opéra, et qui y était ce jour-là, a donné sur le champ une lettre de cachet, et on a conduit Mlle Lemaure au For-l'Évêque. Quelques-uns ont dit que c'était bien fait, pour réprimer l'impertinence des acteurs ; le plus grand nombre a pensé que cela était trop dur. Elle est sortie le lendemain de prison, mais non sans rancune, tellement qu'elle a quitté l'Opéra. C'est une grande perte. La règle est que les actrices ne peuvent quitter qu'en avertissant six mois auparavant, pour que l'on puisse remplacer les sujets. Mlle Lemaure a eu recours à M. le duc d'Orléans, fort ennemi des spectacles profanes. Il lui a offert une pension, qu'elle a refusée, et malgré les règles et le crédit de M. le comte de Maurepas et de M. le prince de Carignan, elle s'est retirée dans un couvent, sous la protection de M. le duc d'Orléans.

Barbier nous dit bien que Mlle Lemaure quitta l'Opéra à la suite de cette affaire, ce qui est la vérité; mais lorsque Castil-Blaze, qui brode sur ce fait une de ses anecdotes habituelles, affirme qu'elle ne reparut point sur le théâtre et qu'elle jura que « nulle puissance au monde ne la forcerait de chanter », Castil-Blaze s'avance trop. La cantatrice récalcitrante reparut au moins pendant quelques représentations. La preuve s'en trouve dans le recueil que M. Édouard de Barthélemy a publié sous ce titre : *Nouvelles de la cour et de la ville* (1), d'après un journal manuscrit, et qui ne laisse aucun doute sur ce point. Après avoir raconté l'équipée de Mlle Lemaure, ce journal dit, à la date du 12 mars : — « M. de Maurepas, qui était à l'Opéra, envoya un ordre pour la conduire tout habillée au For-l'Évêque, où elle a resté jusqu'au lendemain pour repasser de nouveau son rôle, *qu'elle a exécuté au mieux*, ce qui a justifié sa punition. » Et le 23 mars, sous cette forme railleuse : — « Les tablettes de For-l'Évêque sont

(1) Paris, Rouveyre, 1873, in-8°.

admirables pour le rhume, et Mlle Lemaure, depuis qu'elle en a usé, chante mieux que jamais. »

La vérité est, néanmoins, que Mlle Lemaure, furieuse et humiliée, entendait ne point rester à l'Opéra, et que, comme le dit Barbier, plutôt que de céder elle préféra se réfugier dans un couvent, le couvent du Précieux Sang, où elle demeura plusieurs mois. Son obstination fut longue, et ce n'est qu'au bout de cinq ans que de nouveau elle se présenta au public.

Mais que devenait Mlle Pélissier? Pour celle-ci nous avons une autre aventure, et d'un autre genre, à raconter; aventure qui n'est point à son éloge, comme on va le voir, car elle eut des suites tragiques pour un pauvre diable qui n'était guère coupable que d'imprudence, et qui, pour cette donzelle, subit un supplice terrible.

A l'époque de la rentrée de Mlle Lemaure à l'Opéra, Mlle Pélissier avait noué des relations avec un juif hollandais ou établi en Hollande, nommé du Lys, colossalement riche, et qui, pendant un séjour à Paris, faisait des folies pour elle. Cela n'empêchait pas ladite Pélissier de le tromper et d'avoir une intrigue avec Francœur le compositeur, l'un des auteurs de l'opéra de *Pyrame et Thisbé* qui lui avait valu un vif succès. Du Lys, de retour en Hollande, avait eu connaissance de la conduite de son infidèle, à qui, d'autre part, il reprochait de lui avoir soustrait des diamants. Il voulut donc se venger, et tout d'abord faire un procès. « A cet effet, nous dit encore Barbier dans son *Journal* (décembre 1730), on prétend qu'il a laissé une somme entre les mains du curé de Saint-Sulpice (!) pour poursuivre l'affaire, et qu'il lui abandonne ce qu'il en retirera. Le Normand étoit chargé de plaider pour Mlle Pélissier et Cochin pour M. du Lys, mais l'affaire ne se poursuit pas. » Cependant, ayant renoncé à s'adresser à la justice, du Lys n'avait pas renoncé à sa vengeance. C'est Barbier qui nous l'apprend de nouveau, et je ne vois rien de mieux que de lui emprunter le récit de cette histoire peu édifiante :

On a vu que, dans le courant de l'année dernière, il était venu ici un juif, demeurant ordinairement en Hollande, nommé du Lys, homme de 55 ans, riche de sept à huit cent mille livres de rente, qui a eu Mlle Pélissier pour maîtresse. Il a dépensé considérablement avec elle, la conduisant au cours en carrosse à six chevaux, au milieu de la file, comme les princesses, faisait grande figure, et était toujours le premier au balcon de l'Opéra, où il faisait retenir sa loge. La fin de cette aventure a été tragique. M. du Lys a quitté la Pélissier, et a eu le procès dont il a été parlé, parce qu'il a su que cette actrice le trompait et qu'elle continuait à avoir des relations avec le sieur Francœur, violon de l'Opéra, qu'elle aime (1).

Après être retourné dans son pays, il a pris fantaisie à du Lys de se venger de ces perfidies, il a envoyé à Paris le nommé Joinville (2), qu'il avait eu à son service et qu'il avait emmené en Hollande, dans le but de faire donner des coups de bâton à M. Francœur, et aussi, dit-on dans le public, de faire quelques marques au visage de Mlle Pélissier. Joinville s'est adressé à des soldats aux gardes pour l'aider dans son exécution, moyennant paiement, mais malheureusement pour lui il ne savait ni lire ni écrire, et il a eu recours à un maître écrivain pour faire connaître à du Lys où il en était de son entreprise. Cet écrivain, intimidé par un ami à qui il a conté la chose, a déclaré le tout à M. le lieutenant de police, et comme Mlle Pélissier et Francœur sont aimés pour le plaisir qu'ils procurent au public, M. Hérault a fait arrêter Joinville et les soldats aux gardes. L'affaire a été examinée si sérieusement au Châtelet, que du Lys et Joinville ont été condamnés à être pendus, ce dernier préalablement appliqué à la question. Appel (3) : MM. de la Tournelle, plus amateurs apparemment de musique, ont trouvé la chose si grave qu'ils ont condamné du Lys et Joinville à être rompus vifs, ce qui a été exécuté, le 9 de ce mois, en effigie pour le premier, et très réellement pour Joinville, qui pourtant, *par grâce*, a été étranglé. Ce jugement a semblé assez rude, d'autant que les coups de bâton n'ont point été donnés, mais il était nécessaire de faire un exemple pour les étrangers surtout, qui en quittant le pays croiraient pouvoir se venger impunément. Il y a eu aussi une lettre du roi à M. de Blancmesnil, président de la Tournelle, pour faire justice, et c'est peut-être ce qui a déterminé les juges à cette condamnation sévère : pourtant M. Nouët, fils de l'avocat, rapporteur dans cette affaire au parlement, était d'avis de se borner à confirmer la sentence du Châtelet. Quant aux deux soldats, ils sont tirés d'affaire. On a ordonné à leur égard un plus ample informé ; on aura pensé qu'il y en avait assez pour l'exemple, sans faire perdre encore des hommes à des capitaines.

Un fait que je sais du rapporteur, c'est que les lettres de du Lys à Joinville

---

(1) Il faut croire qu'au moment même où se déroulait ce procès la cause en avait disparu, et que la liaison de Mlle Pélissier avec Francœur avait pris fin, celui-ci s'étant marié. C'est Barbier lui-même qui nous l'apprend incidemment, toujours par son *Journal* (I, 306-307, note). En revenant sur la mort de la grande tragédienne Adrienne Lecouvreur (23 mars 1730) et en parlant des deux filles laissées par elle, il dit : — « L'une d'elles a épousé, trois ou quatre mois après, un musicien de l'Opéra, François Francœur, et a eu 60.000 livres de dot. C'est M. d'Argental (l'ami de Mlle Aïssé) qui a fait le mariage. »

(2) Il s'appelait en réalité François Aline, dit Joinville.

(3) Appel *a minimâ* de la part du procureur général du roi, qui ne trouvait point la sentence assez sévère !

n'étaient point signées, et, bien que ce dernier avouât tout, on était embarrassé pour la condamnation. La Pélissier ayant appris cela a eu le cœur d'apporter, ou pour mieux dire, d'indiquer à M. le procureur du roi un contrat de mille livres de rente que du Lys avait passé chez un notaire à son profit, et une procuration qu'il avait passée chez un autre notaire. On a fait apporter les minutes que l'on a mises, avec les lettres, entre les mains de deux experts. Puisque l'on était si rigide dans cette affaire, il fallait décréter aussi Mlle Pélissier, car la voilà véhémentement soupçonnée d'avoir eu commerce avec un juif, ce qui est défendu. En tout cas, c'est une coquine qui, par son libertinage, est cause de tous ces malheurs, et pour cela seul elle mériterait d'être enfermée: mais parce que l'on a besoin d'elle à l'Opéra, on regarde cela comme une gentillesse; on la laisse là, et on rompt, en place de grève, le sieur Joinville dont on a que faire! Cet homme a joué de malheur et souffert plus qu'un autre, attendu que la corde du tourniquet a cassé pendant l'exécution, et qu'il a fallu en chercher une autre lorsqu'il était à moitié étranglé (1).

Cette aventure ne fait certainement pas honneur à Mlle Pélissier. Elle ne l'empêcha pas pourtant de poursuivre brillamment sa carrière à l'Opéra et d'y voir continuer ses succès. Quoique assurément informé de cette histoire scandaleuse et au courant de tous ses détails, le public frivole ne s'en émut point et ne voulut point s'apercevoir que les mains de la cantatrice étaient tachées du sang d'un malheureux au supplice duquel elle avait directement et volontairement contribué. Les mœurs ne changent pas, dit-on. Je me plais à croire cependant que si pareil fait se produisait aujourd'hui, une comédienne, quels que fussent son talent et sa juste renommée,

(1) Je possède un livre rarissime et très curieux, ainsi intitulé : « *Mémoires anecdotes pour servir à l'histoire de M. Duliz*, et la suite de ses aventures après la catastrophe de celle de Mademoiselle Pélissier, actrice de l'Opéra de Paris (à Londres chez Samuel Harding, 1739 in-12). » Ce petit livre, que d'aucuns attribuent à un comédien nommé Desforges (?), et en tête duquel se trouve une gravure symbolique qui n'est pas moins curieuse que lui-même, contient, avec tout le récit des relations de Mlle Pélissier et du Hollandais du Lys, le texte même du jugement qui condamnait celui-ci et son infortuné complice Joinville, jugement dont j'extrais ce qui suit :

« ... Pour réparation des cas mentionnés au procès, condamne lesdits François Duliz et François Aline, dit Joinville, avoir les jambes, cuisses, bras et reins rompus vifs sur un échaffaut qui, pour cet effet, sera dressé en la place de Grève de cette ville de Paris; ce fait, leurs corps mis sur une roue, la face tournée vers le ciel pour y finir leurs jours, puis portés au gibet de Paris; ledit Aline, dit Joinville, préalablement appliqué à la question ordinaire et extraordinaire pour avoir révélation des complices, tous et un chacun leurs biens situés en pays de confiscation, acquis et confisqués au Roi, ou à qui il appartiendra... »

n'oserait pas se représenter sur la scène sans que sa présence fût accueillie par un cri général de réprobation et d'horreur.

Continuons, cependant.

Outre les reprises de divers ouvrages auxquelles elle prenait part, nous voyons Mlle Pélissier paraître dans un opéra médiocre d'un médiocre amateur, *l'Empire de l'amour* du marquis de Brassac, où elle se trouvait aux côtés de sa rivale Mlle Lemaure, celle-ci jouant Ariane tandis qu'elle représentait Phèdre (1). Et peu de mois après, elle est chargée d'une tâche particulièrement importante dans un ouvrage dont l'apparition marque une date et une époque dans l'histoire de la musique française. Je veux parler du premier opéra de Rameau, *Hippolyte et Aricie*, où elle jouait Aricie, les deux personnages de Phèdre et Hippolyte étant représentés par Mlle Antier et Tribou. Il peut sembler singulier qu'en présence de trois interprètes de cette valeur et chargés des rôles les plus importants de l'ouvrage, le *Mercure*, en rendant compte de la représentation d'*Hippolyte et Aricie*, ne trouve à nommer précisement que Mlle Petitpas, à qui étaient confiés quatre personnages accessoires (une Prêtresse de Diane, une Matelotte, une Chasseresse et une Bergère), mais qui, du reste, obtint beaucoup de succès en chantant une ariette épisodique. Au surplus, ce compte rendu du *Mercure* en ce qui concerne la musique mérite d'être reproduit, comme caractéristique de ce qu'était la critique musicale en ces temps reculés. Après avoir consacré plusieurs pages à l'analyse du poème, le rédacteur ajoute : « On a trouvé la musique de cet opéra un peu difficile à exécuter, mais par l'habileté des simphonistes et des autres musiciens, la difficulté n'en a pas empêché l'exécution. Les principaux acteurs, tant chantans que dansans, s'y sont surpassez. La Dlle Petitpas s'y est distinguée par un ramage de rossignol qu'on n'a jamais porté si loin. Le poète (l'abbé Pellegrin) n'a pas démenti ses ouvrages précédens, et le musicien a forcé les plus sévères critiques à convenir que dans son premier ouvrage il a donné une musique mâle et harmonieuse, d'un

(1) A signaler encore, dans le même temps, quelques autres créations de Mlle Pélissier : Polyxène dans *Pyrrhus*, Diane dans *Endymion*, Laodomie dans *le Ballet des Sens*, Biblis dans *Biblis*.

caractère neuf. Nous voudrions pouvoir en donner un extrait, comme nous faisons du poème, et faire sentir ce qu'elle a de sçavant pour l'expression dans les airs caractérisez, les tableaux, les intentions heureuses et soutenuës, comme le chœur et la chasse du 4e acte, l'entrée des Amours au prologue, le chœur et la simphonie du tonnerre, la gavotte parodiée que chante la Dlle Petitpas au 1er acte, les Enfers du 2e acte, l'image effrayante de la Furie avec Thésée et le chœur, etc. ; au 3e acte le monologue de Thésée, son invocation à Neptune, le frémissement des flots, le monologue de Phèdre dans l'acte suivant, celui d'Aricie dans le 5e, la Bergerie, etc. »

Qu'arriva-t-il, à la suite de la représentation d'*Hippolyte et Aricie*, à Mlle Pélissier, pour lui faire quitter momentanément l'Opéra ? Fétis, avec une précision de date remarquable nous dit que, « renvoyée de l'Opéra après une de ses aventures, le 15 février 1734, elle y fut rappelée à Pâques 1735, après la retraite de la célèbre actrice Lemaure ». Son absence et son retour sont deux faits parfaitement exacts ; la date seule donnée par Fétis pourrait être sujette à caution, car les frères Parfait, en annonçant la rentrée de la cantatrice le 19 avril 1735, disent de leur côté : — « Mlle Pélissier, qui avoit quitté le théâtre depuis les premières représentations d'*Hippolyte et Aricie*, reparut à l'ouverture de cette année et joua le rôle d'Omphale avec applaudissemens le 19 avril ». Or, l'opéra de Rameau ayant paru le 1er octobre 1733, on n'en était plus, quatre mois et demi après, le 15 février 1734, à ses « premières représentations ». Mais ceci est de peu d'importance. Ce qui est parfaitement exact, je le répète, c'est l'absence de Mlle Pélissier pendant un peu plus d'une année. Mais la cause de cette absence, quelle est-elle ? Fétis nous dit qu'elle fut « renvoyée » de l'Opéra. Pourquoi ? J'ai vainement essayé de le découvrir, et d'avoir la certitude de ce renvoi. Castil-Blaze, qui avait la prétention de tout savoir, et qui, lorsqu'il ne savait rien, ne se gênait pas pour inventer (ce en quoi il était aidé par le soin scrupuleux avec lequel il évitait, et pour cause, d'indiquer ses sources), Castil-Blaze brode là-dessus une de ses historiettes ordinaires, et, de plus, affirme que Mlle Pélissier alla passer ses vacances forcées à Londres, où, selon lui, elle obtint un grand succès. C'est possible, mais pour l'affirmer de mon côté, je souhaiterais une autre autorité.

Ce qui est certain néanmoins, c'est qu'après l'équipée et le départ de Mlle Lemaure, on rappela Mlle Pélissier à l'Opéra, où elle reparut, nous l'avons vu, le 19 avril 1735. Elle reprend alors son service avec son activité ordinaire, car cette femme légère, qui était une artiste remarquable, savait mener de front le travail et les plaisirs. Et ce qui le prouve, c'est que dans l'espace de six années qui allait former la fin de sa carrière, et tout en prenant sa part du répertoire courant, elle ne créa pas moins encore de quatorze rôles dans les ouvrages suivants : *les Grâces, les Indes galantes, Scanderberg, les Voyages de l'Amour, les Romans, les Génies, le Triomphe de l'amour, Castor et Pollux, les Caractères de l'amour, le Ballet de la Paix, les Fêtes d'Hébé, Zaïde, reine de Grenade, Dardanus, Nitétis.* Et l'on remarquera que parmi ces ouvrages il en est cinq de Rameau : *les Indes galantes, Castor et Pollux, le Ballet de la Paix, les Fêtes d'Hébé* et *Dardanus*, dont elle personnifiait les héroïnes, ce qui serait une présomption suffisante en faveur de son talent, si nous ne savions à quoi nous en tenir sur ce point. Le vieux maître, on le sait, était en effet difficile en ce qui concerne ses interprètes, et l'on peut dire que, de sa part, le choix d'un artiste était pour celui-ci un brevet de capacité.

Nitétis fut la dernière création de Mlle Pélissier (14 avril 1741). Bien que plusieurs de ses biographes prétendent qu'elle resta à l'Opéra jusqu'à sa mort, c'est-à-dire jusqu'en 1749 (Fétis dit qu'elle se retira « définitivement » en 1747), il est certain que, comme, seul, le dit La Borde, elle prit sa retraite en 1741, et que c'est à partir de cette année qu'elle disparait complètement des cadres de ce théâtre. Ce qu'il y a de singulier, c'est que dès ce moment on n'entend plus parler d'elle en aucune façon, et que sa mort même parait être restée absolument inaperçue, en dépit de la très juste renommée qu'elle s'était acquise. Daquin, qui publiait, précisément quatre ans après sa mort, en 1753, son livre sur *le Siècle littéraire de Louis XV*, s'exprime ainsi sur son compte et semble, par ses paroles, résumer l'opinion des contemporains sur une artiste qui, on n'en saurait douter, fit réellement honneur à notre grande scène lyrique :

> Vous vous rappellez Mlle Pélissier, qui a tant reçu d'applaudissemens sur le théâtre, et dont le nom se conservera à jamais dans les fastes de l'Opéra

L'impression singulière qu'elle faisoit sur l'âme lui gagnoit tous les spectateurs. Qu'elle étoit belle sur la scène, et que son action étoit vive ! Quel tableau elle offroit dans la tragédie de *Thisbé !* Vous ne pouvez y penser sans regretter cette actrice, dont l'art merveilleux suppléoit ce que la nature avoit pu lui refuser. Admirable dans ce qu'on appelle le jeu muet, son visage, son geste exprimoient les passions qui devoient l'animer. Ce n'est pas sans raison qu'un fameux poète a dit :

Pélissier par son art, Le Maure par sa voix,
Tour à tour ont mes vœux et suspendent mon choix.

Lorsque Mlle Pélissier disparut pour toujours de l'Opéra, Mlle Lemaure, après une absence de juste cinq années, y était rentrée depuis un an. C'est au mois de mars 1735 qu'elle s'en était éloignée, c'est au mois de mars 1740 qu'elle y revint, et, fait à remarquer, elle y fit sa réapparition dans cet opéra de *Jephté*, qui tient une si grande place dans son existence artistique. En effet, non seulement le rôle d'Iphise, qu'elle créa dans cet ouvrage, lui valut l'un de ses succès les plus retentissants, mais c'est en le jouant, ou pour mieux dire en refusant de le jouer, qu'elle s'en alla faire connaissance avec le For-l'Evêque pour quitter une seconde fois l'Opéra, et c'est encore par lui qu'elle fit sa troisième rentrée à ce théâtre (17 mars 1740). Le marquis d'Argenson, dans ses *Mémoires*, nous apprend qu'elle y retrouva tout son succès : — « La Le Maure, dit-il, a reparu aujourd'hui à l'Opéra, avec une plus belle voix que jamais ; on ne finissait point d'applaudir. Tout Paris va en devenir fol. » Deux mois après, jour pour jour, le 17 mai, elle reprenait, avec le même succès, le rôle qu'elle avait établi dans *le Ballet des Sens*. « Mlle Lemaure, disent les frères Parfait, charma à son ordinaire dans le rôle de l'Amour, qu'elle avoit joué dans la nouveauté de ce ballet. Elle le joua et le déclama non seulement avec la plus belle voix qu'on ait jamais entendue, mais encore avec le naturel le plus simple, le plus noble et le plus vrai. » Et le futur académicien Boissy profita de l'occasion pour lancer dans le monde ce quatrain, qui n'avait pas dû épuiser son génie :

Je viens d'entendre enfin cette chanteuse unique
Qui pousse jusqu'aux cieux sa voix sans la forcer,
Qui ne conçoit d'autre art que l'art de prononcer
Et qui n'a que le cœur pour maître de musique (1).

(1) Au sujet et à l'époque de la dernière rentrée de Mlle Lemaure il fut publié une

Dans cette dernière partie de sa carrière, Mlle Lemaure se montra surtout dans le répertoire courant, car elle ne créa que trois rôles nouveaux : Isbé dans *Isbé*, Zayde dans *le Pouvoir de l'amour* et Eucharis dans *les Caractères de la Folie*, trois ouvrages qui d'ailleurs, malgré sa présence, n'obtinrent aucun succès. Puis, après avoir repris une dernière fois le rôle d'Iphise que Mlle Pélissier avait établi dans *Dardanus*, elle quitta l'Opéra, cette fois pour toujours, dans les premiers mois de 1744. Est-ce un nouveau caprice de sa part qui amena cette retraite définitive, alors que, à peine âgée de quarante ans, elle était certainement encore en possession de tous ses moyens ? Il serait difficile de le dire. Elle chante alors en diverses circonstances à la cour, notamment à l'occasion du mariage du Dauphin, puis elle se produit assez volontiers dans les salons et dans les concerts particuliers. Néanmoins, et peu à peu, le silence semblait s'être fait complètement sur elle, lorsqu'un beau jour, alors qu'elle était tout près de la soixantaine, elle s'avise..... de se marier et d'épouser un gentilhomme normand beaucoup plus jeune qu'elle. Les *Mémoires secrets* (Bachaumont) donnaient, à la date du 10 septembre 1762, la nouvelle de ce mariage : — « Le grand rôle que Mlle Le Maure a joué sur la scène lyrique ne nous permet pas d'omettre ici une circonstance essentielle de sa vie. Cette sublime actrice, si connue par sa belle voix, sa laideur et ses caprices, vient de se marier à un jeune homme, chevalier de Saint-Louis, nommé M. de Monrose » (1).

Et ce n'est pas tout. Voici que vingt-sept ans après qu'elle eut quitté l'Opéra, en 1771, alors qu'elle en comptait soixante-sept bien sonnés, elle eut l'idée fantasque de reparaître devant le public. On venait de fonder le Colysée, immense établissement de plaisir dont la vogue, énorme d'abord, fut cependant éphé-

---

brochure assez insignifiante et assez licencieuse (car ce n'est guère autre chose qu'un pamphlet), dont l'unique mérite réside aujourd'hui dans son extrême rareté, rareté qui, seule, me la fait conserver dans ma bibliothèque. Cette brochure porte ce titre d'un développement un peu excessif : *Lettre au sujet de la rentrée de la demoiselle Le Maure à l'Opéra*, écrite à une dame de province par un solitaire de Paris, avec une parodie de la quatrième scène du troisième acte de *Zaïre* et quelques pièces en vers sur le même sujet. — A Bruxelles, 1740.

(1) Le rédacteur se trompe. Cet époux extraordinaire s'appelait M. de Monthruel

mère (1). Les deux chefs d'administration de cette entreprise n'étaient autres que Monnet et Corby, tous deux anciens directeurs de l'ancien Opéra-Comique de la Foire. Espérant frapper un grand coup, ils imaginèrent de demander à Mlle Lemaure de venir chanter au Colysée. Il est supposable qu'elle se fit un peu prier; elle finit par accepter cependant, et le 17 juillet 1771 elle parut en effet dans un concert spécialement organisé à son intention et pour lequel le prix des places avait été doublé. L'affaire ayant été bien lancée, la foule fut énorme et l'on ne compta pas moins de six mille spectateurs. « Jamais, dit La Borde, affluence ne fut comparable à celle des curieux qui allèrent pour l'entendre. Mlle Lemaure y fut encore supérieure à ce qu'on devait attendre de son âge. Tout le monde parut convenir de la supériorité de son organe, et les jeunes gens eux-mêmes, quoique le goût de la musique eût déjà subi un commencement de révolution, ne purent se refuser au charme et à l'impression de sa voix (2). » Le succès fut en effet très grand à cette première apparition; mais Mlle Lemaure ne comprit pas que ce succès était dû surtout à la curiosité qu'excitait, chez ceux qui ne la connaissaient pas, le souvenir de son ancienne renommée. Deux semaines après, le 31 juillet, elle renouvelait l'expérience, puis se faisait entendre encore à diverses reprises, mais chaque fois avec beaucoup moins de bonheur, ce qu'à la date du 22 septembre les *Mémoires secrets* constataient en ces termes : — « Ce qu'on avait prévu est arrivé : Mlle Lemaure s'est prodiguée si mal à propos et avec tant de facilité au Colysée, que le public s'en est rassasié et qu'elle a perdu toute la célébrité qu'elle

---

(1) « Le Colysée était un établissement grandiose et magnifique, établi aux Champs-Élysées, où il fut inauguré le 1er mai 1771. La partie couverte se composait d'une immense rotonde éclairée par quatre-vingts lustres et de nombreuses girandoles, puis d'une série de salons et de galeries, magnifiquement éclairés, où l'on trouvait des boutiques de bijouterie, de parures, etc. Le jardin, immense et superbe, contenait un immense bassin sur lequel avait lieu des joutes nautiques. On donnait au Colysée des concerts pleins d'éclat, des ballets, des feux d'artifice, des bals masqués, des exercices gymnastiques; puis il y avait des courses de chevaux, des jeux de bague, des loteries, des expositions de beaux-arts, que sais-je? Mais les frais d'un tel établissement étaient immenses, et, malgré sa vogue, le Colysée disparut en 1778. — ARTHUR POUGIN : *Dictionnaire historique et pittoresque du théâtre.*

(2) *Essai sur la musique.*

avait acquise sur parole. La plupart des amateurs modernes ne l'ayant jamais entendue, elle ne fait plus aucune sensation, et les entrepreneurs de cet établissement seront obligés de l'éconduire. »

Puis, on n'entendit plus parler de Mlle Lemaure que pour enregistrer sa mort, qui ne démentit pas la singularité de sa vie, comme on peut le voir par cette nouvelle note des *Mémoires secrets* : — « *6 janvier 1786*. La fameuse Mlle Lemaure, mariée depuis longtemps à M. de Montbruel, vient de s'éteindre, âgée de près de quatre-vingt-deux ans. On prétend qu'il y a eu des difficultés de la part du curé de Saint-Nicolas-des-Champs pour son enterrement, parce qu'on n'a point appelé de prêtres durant sa maladie, et que, pour des raisons d'intérêt sans doute, son mari a caché sa mort pendant plusieurs jours. Il a fallu une descente de chirurgiens du Châtelet, qui ont attesté qu'elle étoit morte très naturellement, mais que ce n'étoit pas du jour, ni de la veille. »

Tout ce qui précède suffit à faire connaitre la grande place que, en dépit de ses sottises, de ses frasques, de ses incartades incessantes, Mlle Lemaure occupa à l'Opéra pendant un certain nombre d'années. Il fallait, pour que le public lui pardonnât toutes ses fredaines, que son talent fût bien réel et bien puissant, que sa voix surtout, cette voix admirable, opérât les prodiges dont parlent tous ses biographes et qu'elle causât aux spectateurs cette sorte d'enivrement qui fait taire toute discussion et ne laisse pas place à la critique. « Bête comme un pot », ainsi que le disait Mlle Aïssé, mais, quelque étrange que cela paraisse, grande artiste en dépit de sa bêtise, — telle nous apparait Mlle Lemaure (1).

Nous avons vu, de nos jours, l'Opéra ne pas hésiter à recruter son personnel jusque dans les cafés-concerts, et ce procédé lui

---

(1) Dorat la caractérisait ainsi dans son poème de *la Déclamation* :

La célèbre Le Maure, honneur de notre scène,
Asservissoit Euterpe aux lois de Melpomène.
Elle phrasoit son chant sans jamais le charger,
Ce qui languissoit trop, elle osoit l'abréger.
Ce long récitatif, où l'auditeur sommeille,
Fixoit alors l'esprit en caressant l'oreille.

a valu certains artistes qui n'ont pas été sans lui faire véritablement honneur et qui sont parvenus à une légitime renommée. Le moyen n'était pas aussi nouveau qu'on serait tenté de le croire, et dès le XVIIIe siècle l'Opéra ne dédaignait pas d'aller chercher ses sujets, lorsqu'il en trouvait à sa convenance, non aux cafés-concerts, dont on ignorait alors l'existence, mais aux petits théâtres de la Foire, si nombreux à cette époque. C'est à l'un d'eux qu'il dut l'une de ses danseuses les plus célèbres, Mlle Sallé, dont j'aurai à parler plus loin; c'est dans un autre qu'il s'empara, grâce aux droits que lui conférait son privilège, d'une cantatrice fort aimable qui, si elle ne devint pas une de ses gloires, n'en fut pas moins une artiste vraiment distinguée et très aimée du public. Je veux parler de Mlle Petitpas, qui mourut à la fleur de l'âge, non sans s'être fait déjà une réputation enviable.

Voici la notice que La Borde consacrait à cette jeune femme intéressante :

> La demoiselle Petitpas, fille d'un serrurier de Paris, née vers 1710, parut pour la première fois en 1726, dans l'opéra de *Pyrame et Thisbé*, dans lequel la Pélissier charmoit tout Paris. Elle n'en mérita pas moins les applaudissemens du public, par une voix légère, argentine et singulièrement harmonieuse. Elle avoit autant de talent pour chanter les ariettes que la Pélissier pour déclamer le récitatif. Sa figure étoit charmante, et plusieurs personnes qui l'ont connue nous ont assuré n'avoir jamais vu de femme plus aimable.
>
> Elle partit furtivement pour l'Angleterre en 1732, rentra à l'Opéra en 1735, se retira en 1739 et mourut le 24 octobre de la même année.
>
> Il y a environ quinze ans qu'en fouillant une fosse dans l'église de S. Eustache, où elle avoit été inhumée, on retrouva son corps aussi entier que si elle fût morte de la veille. On le plaça dans un autre caveau.

La Borde ne se trompe que sur un point, la date du début de Mlle Petitpas, qui entra à l'Opéra non en 1726, mais en 1727. Fétis, lui, se trompe doublement, en plaçant cette date en 1725, et celle de la naissance de l'artiste en 1706. J'ignore où il a pris les renseignements si précis par lesquels il nous apprend qu'elle fut admise « pour chanter les rôles, aux appointements de 1.200 francs, avec une gratification annuelle de 300 francs, et eut des augmentations de traitement qui s'élevaient, en 1738, à 3.200 francs ». Cela me paraît beaucoup pour une artiste qui, en somme, ne fut jamais en première ligne. Mais il n'importe. Ce dont ni La Borde ni Fétis ne disent mot, c'est des commencements modestes, pour ne pas dire obscurs, de Mlle Petitpas.

Dès 1723, tout enfant encore, Mlle Petitpas débutait comme comédienne, à la foire Saint-Germain, sur le théâtre que Dolet et Delaplace administraient sous la direction de l'illustre auteur de *Gil Blas*, de Le Sage en personne, qui, aidé de ses deux collaborateurs ordinaires, Fuzelier et d'Orneval, luttait avec énergie, en improvisant une foule de pièces charmantes, contre les persécutions de la Comédie-Française, acharnée à leur ruine et la poursuivant par tous les moyens possibles. Deux ans après, la jeune Petitpas était engagée à l'Opéra-Comique de la foire Saint-Laurent, que dirigeait Honoré, « maître chandelier de Paris », qui, comme le disait un annaliste, « après avoir fourni pendant plusieurs années des lumières aux théâtres, s'avisa d'en entreprendre un (1). » C'est là qu'elle joua, entre autres pièces, un petit ouvrage en deux actes de Bailly, *le Triomphe de l'hymen*, représenté le 6 juillet 1725, et où elle remplissait le rôle de Jeannette. En donnant l'analyse de cette pièce dans leur *Dictionnaire des Théâtres* et en parlant de la scène principale, les frères Parfait disent : — « Cette scène fit d'autant plus de plaisir que le rôle de Jeannette fut joué par Mlle Petitpas, pour lors âgée de douze à treize ans (2), et qui essayoit ses talens au théâtre de l'Opéra-Comique. » La jeune artiste faisait ainsi son apprentissage de la scène, sans se douter certainement de l'avenir brillant qui l'attendait sur l'un des premiers théâtres du monde. Cependant l'Opéra jeta les yeux sur elle, la trouva de bonne prise et s'en empara.

Fine, délicate, élégante, avec une physionomie pleine de grâce et d'enjouement, douée de plus, comme le dit La Borde, d'une extrême amabilité, Mlle Petitpas, réunissant toutes les qualités pour plaire, était séduisante sous tous les rapports. Comme cantatrice, sa voix, qui brillait moins par le volume que par la sou-

---

(1) *Calendrier historique des spectacles de Paris*, 1751. — Honoré avait été receveur du droit des pauvres aux spectacles de la Foire.

(2) On voit que cela concorde avec la date donnée par La Borde, qui dit Mlle Petipas née vers 1710.

plesse et la légèreté, était charmante et sympathique, et elle savait la gouverner avec un goût exquis, si bien qu'elle fut, avec Mlle Fel et Mlle Bourbonnais, l'une des cantatrices que l'Opéra mettait surtout en avant dans les intermèdes qu'à cette époque il offrait fréquemment à ses spectateurs; comme ses deux camarades, comme Jélyotte, souvent aussi employé de cette façon, elle chantait ainsi tantôt un air italien, tantôt une cantate à une ou deux voix, et toujours avec le plus grand succès. Et ce succès ne se borna pas pour elle à l'Opéra, car elle fit partie des « récitantes » du Concert spirituel, où les amateurs se montraient difficiles et où elle ne fut pas moins bien accueillie. Ce n'est cependant pas aux théâtres de la Foire qu'elle dut acquérir les qualités vocales qui, en dehors de ses dons naturels, en firent une des cantatrices les plus distinguées de son temps, et il est probable que l'Opéra, en se l'attachant, dut s'occuper de parfaire son éducation musicale. Certains ont prétendu qu'elle avait, comme Mlle Fel, reçu des leçons de Mme Carle Vanloo, mais ce renseignement manifestement inexact trouve son démenti dans ce fait que Mme Vanloo ne fut amenée en France par son mari qu'en **1734**, c'est-à-dire alors que Mlle Petitpas avait conquis sa situation et était au plus fort de sa renommée. Il est donc présumable que c'est à l'Opéra même qu'elle trouva les moyens d'acquérir l'habileté dont elle fit preuve et le talent qui la rendait chère au public.

C'est en 1727, on l'a vu, qu'elle parut pour la première fois à ce théâtre, et les frères Parfait nous font connaître la date exacte de son début: — « Les 23, 24 et 26 janvier, l'Académie royale de musique donna les trois dernières représentations de *Pyrame et Thisbé.* Mlle Petitpas, jeune personne fort bien faite, qui avoit des talens pour le théâtre et une fort belle voix, parut pour la première fois dans le rôle de Thisbé, qu'elle joua avec applauidssemens. »

Il fallait qu'une si jeune artiste fût particulièrement douée, et de diverses façons, pour aborder ainsi avec succès, à son début, un rôle que, trois mois à peine auparavant, Mlle Pélissier venait de créer avec tant d'éclat. Elle en reprit bien d'autres, puis, applaudie et choyée par le public, qui la prit tout de suite en affection pour son talent naissant et sa grâce caressante, elle en établit un certain nombre dans *Orion*, *Tarsis et Zélie*, *les Amours des Déesses*, *le Caprice d'Erato*, *Pyrrhus*, *Endymion*, *Jephté*, *le Ballet des Sens*. Celui de Zéphire dans ce dernier ouvrage venait de lui être surtout favorable, lorsqu'elle s'avisa de quitter tout à coup l'Opéra (1732), d'une façon furtive, pour se rendre en Angleterre, où elle allait rejoindre, dit-on, un de ses amis les plus... intimes. Son absence toutefois ne fut que de quelques mois ; elle était de retour au printemps de 1733, et un admirateur lui adressait alors, sous forme de madrigal, ces vers, dans lesquels il faisait allusion à ce rôle de Zéphire en même temps qu'il la comparait à un rossignol :

L'aimable Petitpas est enfin de retour.
Après une absence cruelle
Elle revient embellir ce séjour,
Charmer Paris qui soupire après elle.
En pourrait-on être surpris ?
Dans la saison où tout se renouvelle,
Dans la saison des grâces et des ris,
Ne doit-on pas revoir Zéphire et Philomèle ?

De retour à Paris, Mlle Petitpas reprit régulièrement son service, dans lequel elle parait avoir toujours fait preuve de dévouement et de bonne volonté. Elle se montra dans diverses reprises, entre autres celles d'*Issé* et d'*Iphigénie en Tauride*, puis dans plusieurs ouvrages nouveaux : *Hippolyte et Aricie*, *les Fêtes nouvelles*, *les Grâces*, *les Indes galantes*, *le Triomphe de l'harmonie*, *Castor et Pollux*. C'est l'époque où l'on fit grand bruit de sa liaison avec un financier opulent, Bonnier de la Mosson, trésorier général des États de la province du Languedoc, qui avait le titre de « maréchal général des logis des camps et armées du roi (1) ».

Ce personnage me parait avoir été un grand amateur de musique, et je ne dis pas cela à cause de ses relations avec Mlle Petitpas, mais parce que le grand violoniste Le Clair lui dédia ses deux premiers livres de sonates. Il fit, parait-il, de véritables folies pour la charmante cantatrice. Il en avait les

(1) On a prêté, et peut-être n'a-t-on pas eu tort, un grand nombre d'aventures à Mlle Petitpas ; mais ce qui me rend sceptique au sujet des anecdotes qu'on a rapportées sur elle, c'est que ces anecdotes sont le fait des modernes, et que, pour ma part, je ne les ai pas rencontrées chez les contemporains. C'est pourquoi je me dispense de les reproduire, bien que certaines, d'ailleurs, soient curieuses.

moyens, si, comme on l'assure, il était affligé de huit cent mille livres de rentes. Contre l'ordinaire, ce n'est pas lui qui lui adressait des vers, c'est elle qui se mettait en frais de poésie pour lui, et l'on publia ce couplet, inscrit par elle sur de magnifiques tablettes dont elle lui faisait présent au jour de sa fête :

Au maître de mon cœur je donne ces tablettes.
L'Amour lui-même les a faites
De l'écorce d'un myrthe où la tendre Cypris
Écrivait le nom d'Adonis.
L'aiguille fut fondue aux forges de Cythère,
Et le dieu leur donna la trempe de ses traits
Pour graver d'un caractère
A ne s'effacer jamais.
Mon amant vous lira, serments de ma constance,
Sincère épanchement, naïve expression
De l'ascendant, de l'inclination
Qui l'emportent encor sur la reconnaissance.

Mais cette liaison n'était pas du goût de tout le monde, et la famille Bonnier la voyait d'un œil mélancolique. Craignant sans doute que la fortune du financier en fût par trop écornée, elle conçut le projet de le faire simplement interdire, projet qui, à son tour, ne fut pas du goût de celui-ci. Ces détails nous sont révélés par les *Nouvelles de la cour et de la ville*, dont le rédacteur écrivait, à la date du 15 juin 1735 :

Je ne sais si je vous ai fait part d'une anecdote touchant Bonnier, le receveur général des États du Languedoc. Un oncle qu'il a président au parlement, de Provence, qui logeait chez lui, ainsi que ses fils, craignant la dissipation des biens de son neveu, s'était joint à M. de Chaulnes pour faire interdire M. Bonnier, qui, tout riche qu'il est, n'a jamais passé pour un dissipateur. Le neveu, qui a été informé des intentions de son oncle, l'a mis dehors de chez lui, aussi bien que ses cousins. Pour se venger, M. Bonnier épousera la Petitpas, dont il est toujours extrêmement amoureux, surtout et depuis que l'on assure qu'ils ont été se purifier ensemble de toutes les taches de leur jeunesse (?).

Cinq jours après, le 20 juin, le chroniqueur reprend :

Bonnier vient de faire un nouvel éclat pour faire enrager ses parents et la maison de Chaulnes. Il a donné une fête à la Petitpas dans la plaine de Saint-Denis, sous des tentes, à un retour de chasse, où il y a eu un ballet, en l'honneur de l'anniversaire de sa liaison avec cette divinité, et dont le dénouement a été un bracelet de pierreries en forme de couronne, qu'un Amour est venu porter à sa Vénus. Donc, il est plus fou que jamais.

Mais la pauvre Petitpas, si mignonne et si séduisante, ne devait pas jouir longtemps de son bonheur et de ses richesses. Frappée d'une mort précoce, en pleine jeunesse, au printemps même de la vie, à peine âgée de trente ans elle quittait ce monde, emportée par la phtisie, et l'Opéra perdait sa gentille fauvette (1).

---

(1) Il va sans dire que je ne reproduis pas ici toute la série d'aventures que Castil-Blaze attribue à Mlle Petitpas et dont, malgré mes lectures, je n'ai trouvé trace nulle autre part que chez lui. La seule qui soit connue et authentique, et que je viens de rapporter, est précisément celle dont il ne parle pas.

IV

Nous arrivons à l'enchanteresse, à la sirène de ce temps, à cette adorable Marie Fel, femme charmante, chanteuse exquise, qui par sa grâce touchante, par son élégante beauté, par son talent merveilleux, fit pendant un quart de siècle les délices des habitués de l'Opéra et pendant trente-cinq ans exerça une séduction irrésistible sur les amateurs, plus raffinés et plus difficiles, du Concert spirituel. De celle-là on peut dire qu'elle ne rencontra pas un détracteur, qu'elle excita une admiration unanime pendant tout le cours de sa longue carrière, et que ces paroles d'un contemporain donnent la note juste de l'impression qu'elle produisait sur tous ceux qui étaient à même de la voir et de l'entendre :

Le nom de Mlle Fel inspire une joye secrette. On se représente sur le champ une actrice merveilleuse. On se dit avec satisfaction, la voix de Mlle Fel est d'une précision admirable et d'une légèreté singulière. On fait plus, on vole à l'Opéra lorsqu'elle y chante ; on la trouve toujours nouvelle, toujours brillante.... Il n'y a point d'opéra du grand Rameau que cette fée n'embellisse, et je juge, à l'air satisfait dont elle chante sa musique, qu'elle lui donne la préférence sur toute autre. On ne fait ordinairement usage de son feu et de sa vivacité que pour ce qui nous plait. Le bon goût que montre en cela Mlle Fel est une raison de plus pour la faire adorer, je n'en dis pas trop, des véritables connoisseurs. Prenez donc pour vous, incomparable actrice, ce que M. Gresset a dit avec enthousiasme : — « Voix charmante, voix présente à mes pensées, je voudrois t'entendre toujours ; tes éclats, tes cadences, tes sons agréablement mélangés, leur variété, leur simétrie, leur alliance, tout dans toi est ravissant. Que de volupté tu verses dans mon âme ! Croiroit-on te vanter beaucoup en comparant tes accords à ceux de Philomèle? Non. Les sons uniformes et inarticulés du tendre rossignol ont-ils l'expression, l'âme et la vie des tiens? Toujours belle, toujours séduisante, chaque son que tu fais éclore est un sentiment qui pénètre le cœur et qui captive les sens (1). »

On a été longtemps indécis sur la date de la naissance de Mlle Fel. La Borde, en cela suivi par Fétis, la fait naître en 1716, les frères de Goncourt, ayant naturellement à parler d'elle dans leur étude sur son ami, le fameux pastelliste La Tour, reculent cette date jusqu'en 1710, et Charles Desmazes, dans son *Reliquaire de M. Q. de La Tour*, va plus loin encore et indique 1706. Or, aucune de ces dates n'est exacte, comme on peut le voir par le texte de son acte de naissance, relevé par mes soins à la mairie de Bordeaux :

Du Mardy trente et un octobre mil sept cent treize, a esté baptisée Marie, fille légitime de Henry Fel, organiste, et de Marie Deracle, paroisse Ste-Eulalie. Parrain : Jean Mary Fel; marraine : Marie Quesnel; nasquit le 24 de ce mois à une heure après minuit.

[Signé au registre :] Fel, parin *(sic)* : Marie Quesnel (2).

Nous savons donc, de source certaine, que Marie Fel naquit à Bordeaux, le 24 octobre 1713. Nous savons, de plus, qu'elle était fille d'un organiste, et ce détail a son importance en ce qui concerne son éducation musicale, qui dut naturellement être solide et sérieuse. On a dit qu'elle s'était perfectionnée à Paris à l'aide des leçons de Mme Vanloo, et la supériorité qu'elle montra toujours dans l'exécution du chant italien rend cette supposition très plausible. Mme Vanloo, cantatrice d'un talent supérieur, était la fille du célèbre violoniste italien Somis; elle devint la femme du fameux peintre français Vanloo, qui la connut lors de son premier séjour en Italie. Elle vint à Paris avec

(1) Daquin : *Siècle littéraire de Louis XV*. — Et plus loin, le même écrivain dit encore : « ... On peut cependant désirer encore quelque chose, c'est d'entendre l'incomparable mademoiselle Fel chanter l'italien. Au gosier le plus brillant, aux éclats les plus sonores, cette inimitable actrice unit une justesse et une précision qui n'appartiennent qu'à elle. Les étrangers ne connoissent qu'elle et la regardent comme la première chanteuse de France. »

(2) Archives municipales de Bordeaux, série GG. — Reg. 64, acte 796. — Aux mêmes archives se trouve l'acte de baptême d'une sœur cadette de la cantatrice, Jeanne Fel, née à Bordeaux le 12 avril 1716.

son mari en 1734, se fit entendre dans le monde et conquit aussitôt une très grande renommée. Elle importait en France la musique et le grand style vocal italiens, qui y étaient alors complètement inconnus, et comme elle joignait à un talent de premier ordre une voix expressive et d'une beauté rare, elle fit aussitôt tourner toutes les têtes et obtint à la cour et dans le monde les succès les plus flatteurs. Dandré-Bardon, dans sa *Vie de Carle Vanloo*, en faisait ainsi l'éloge : — « La belle voix de madame de Vanloo, les grâces qu'elle met dans son chant, le choix des airs agréables et pathétiques que son discernement présente aux Français, gagnent tous les cœurs à la musique italienne : on en goûte pour la première fois le charme délicieux. Ce genre est fêté dans les plus belles assemblées; telle est l'époque de son établissement en France. » Il semble donc assez naturel que Mme Vanloo ait consenti à donner tout au moins des conseils à une jeune artiste déjà excellente musicienne, douée elle-même d'une voix délicieuse et d'une organisation rare, et que ces conseils aient complété le talent déjà remarquable de la jeune cantatrice.

Comment Mlle Fel vint-elle à Paris, et comment entra-t-elle à l'Opéra, c'est ce que je ne saurais dire. Ce qui est certain, c'est qu'elle débuta à ce théâtre à la fin de 1734, et que le *Mercure* enregistrait ainsi son début : — « Le 29 octobre (1734), la D[lle] Feld *(sic)*, nouvelle actrice, qui n'avoit jamais paru sur aucun théâtre, chanta pour la première fois sur celui de l'Opéra le rolle de Vénus dans le prologue de *Philomèle;* le public l'a fort applaudie; elle a la voix douce et harmonieuse, belle cadence et tous les talens convenables pour devenir un très bon sujet. » Et un mois après, à propos d'une reprise d'*Iphigénie en Tauride*, ce journal dit encore : — « Cet opéra est parfaitement bien remis au théâtre, et on n'a rien épargné pour la satisfaction du public. La D[lle] Petitpas remplit le rôle d'Electre, doublée par la D[lle] Fel, qui est de plus en plus goûtée. »

Dès ses débuts, en effet, Mlle Fel était bien accueillie du public. Le 23 mars 1735, on lisait dans les *Nouvelles de la cour et de la ville :* — « On donna hier *Omphale* (1), où chanta Mlle de Fel ; elle

(1) Le rédacteur est en retard d'un jour. Les frères Parfait, dans leur *Agenda his-*

devient de jour en jour l'objet de nos espérances pour remplacer la Petitpas. » Cependant, au bout de huit mois elle quittait tout à coup l'Opéra, et brusquement. Pour quelles raisons? Je l'ignore. C'est le Mémoire manuscrit intitulé *Etat du personnel*, aux archives de l'Opéra, qui nous l'apprend. Ce Mémoire dit, au nom de Mlle Fel : — « Entrée à l'Opéra en novembre 1734, à 1050 livres d'appointemens sans gratification. A signifié son congé le 18 juillet 1735 et a quitté ledit jour. Est rentrée à Pasques 1736 sur le pied de 1200 livres et 300 livres de gratification. » Ceci est probant. Mais ce départ ne dut pas avoir lieu sans quelques difficultés, car au sujet du congé ainsi donné par Mlle Fel (et par son frère, qui, comme simple choriste, était entré aussi à l'Opéra, sans doute en même temps qu'elle), on trouve cette lettre adressée par l'administration de la maison du roi, de qui ressortissait ce théâtre, à Thuret, qui en était alors le directeur :

A Verlles le 20 Juillet 1735.

M. Thuret, directeur de l'Opéra.

J'ay, M., rendu compte au Roy, en l'absence de M. le comte de Maurepas, du placet des Sr et Dlle Fel, qui demandent permission de se retirer dès à présent de l'Académie Royalle de Musique. Sa Mté veut absolument qu'aucuns acteurs ne puissent se retirer qu'ils n'ayent demandé leur congé six mois auparavant, et par conséquence vous ne devés pas accorder le congé que demandent les Sr et Dlle Fel sous quelque prétexte que ce puisse être.

Je suis, M., tout à vous (1).

Cependant, nous avons vu que, malgré cette lettre, Mlle Fel était partie, pour ne rentrer qu'au bout de huit mois environ, à la réouverture de Pâques de l'année suivante (et son frère en même temps qu'elle). Elle ne devait plus, désormais, s'éloigner de l'Opéra que pour prendre sa retraite après vingt-trois années de brillants services.

Mais consultons de nouveau le Mémoire déjà cité, pour voir ce que son rédacteur pensait et disait de Mlle Fel à son arrivée à

---

torique et chronologique des théâtres, enregistrent ainsi cette représentation : — « Le 21 mars, *Omphale* pour les acteurs (c'est-à-dire à leur bénéfice), où la demoiselle Fel chanta une cantatille et la demoiselle Bourbonnois un air italien. » Mlle Bourbonnais venait de débuter, le 25 février.

(1) Cette pièce, tirée des archives de l'Opéra, a été publiée par M. J.-G. Prod'homme dans un travail très documenté sur Marie Fel.

l'Opéra : — « Fel, petite fille, mais grande musicienne, chantant fort bien l'italien. Elle n'est point jolie, cependant on la dit maîtresse de M. le duc de Rochechouart. » Je n'ai que faire de M. le duc de Rochechouart, et n'ai point à m'occuper des relations qu'on lui attribue ici, sur un « on dit », avec Mlle Fel ; on verra plus tard, lorsque je serai amené à parler des intimités de la grande artiste, de ses deux liaisons avec le poète Cahusac et le peintre La Tour, en quelle estime la tinrent les parents et les amis de ce dernier et la reconnaissance qu'ils lui témoignèrent de son dévouement et de ses soins envers lui. Je retiens seulement ces deux mots du Mémoire : « elle n'est point jolie », et je constate qu'à vingt et un ans, qui était l'âge alors de Mlle Fel, une femme n'est pas toujours en possession de l'ensemble des qualités physiques qui constituent la beauté, et que, d'autre part, une femme peut n'être point jolie, au sens strict du mot, et n'en être pas moins séduisante. Or, Mlle Fel avait précisément cela pour elle, la séduction, que rien ne remplace ; tous les contemporains sont d'accord sur ce point, et le délicieux portrait que La Tour a laissé d'elle suffit à nous prouver qu'ils avaient raison. Les frères de Goncourt l'ont compris lorsque, dans leur étude sur le peintre, ayant été amenés à parler de son amie, ils ont analysé ce portrait : — « ... Nommer Mlle Fel, disent-ils, c'est expliquer ce grand et long amour de La Tour. Nous la retrouvons au Musée de Saint-Quentin ; tête étrange, imprévue et charmante, qui semble dépaysée là, au milieu de cette galerie de femmes du XVIIIe siècle, avec son front pur, ses beaux sourcils, la langueur de ses grands yeux noirs veloutés de cils dans les coins, son nez grec, ses traits droits, sa bouche paresseuse, son ovale long, tout cet ensemble de physionomie exotique, si bien couronnée par cette coiffure, un mouchoir de gaze liseré d'or, coupant le front de travers, descendant sur l'œil droit, chatouillant une tempe, et remontant sur le bouquet de fleurettes piqué à l'autre : ainsi l'on se figurerait une Levantine, rapportée d'Orient sur une page de l'album d'un Liotard ; ou plutôt telle on rêverait l'Haydée du Don Juan (1). »

---

(1) Ed. et J. de Goncourt : *L'Art du dix-huitième siècle.*

Quoiqu'il l'eût laissé partir sur sa demande de « congé », il faut bien croire que l'Opéra tenait à Mlle Fel, puisque, lorsqu'il la reprit l'année suivante, ce fut avec une augmentation de ses appointements primitifs (1.200 livres au lieu de 1.050, et 300

Marie Fel, d'après le pastel de La Tour, au Musée de Saint-Quentin

livres de gratification en sus). Mais à ce moment elle avait devant elle, outre Mlle Antier, qui tenait encore le grand emploi dans le répertoire, Mlle Pélissier, puis Mlle Lemaure, à qui étaient confiés les rôles importants dans les ouvrages nouveaux, et aussi

Mlle Erremans, qui, bien que ne venant qu'en seconde ligne, occupait cependant une place qu'elle n'était pas disposée sans doute à céder. Il en résulte que Mlle Fel, dont pourtant les succès au Concert spirituel étaient dès lors éclatants, avait quelque peine à se faire à l'Opéra la situation que son talent lui permettait d'ambitionner. Si elle ne cessa, dès les commencements, de faire montre dans son service d'une activité qu'il est facile de constater, il n'en est pas moins vrai que pendant quelques années on ne la voit guère chargée, soit dans les pièces nouvelles, soit même dans la plupart des reprises, que de rôles relativement peu importants. Ses créations, en effet, sont secondaires dans *Achille et Déidamie*, *les Grâces*, *les Voyages de l'Amour*, *les Romans*, *le Triomphe de l'harmonie*, *les Caractères de l'amour*, *Zayde, reine de Grenade*, *Dardanus*, *Nitétis*, *Isbé*, *les Caractères de la Folie*, *l'École des amants*.

Mais avec le départ de Mlle Lemaure la situation de Mlle Fel commence à changer, comme, par le départ de Tribou, venait de changer celle de Jélyotte. Tous deux étaient exactement du même âge, tous deux étaient ardents, tous deux étaient doués de voix exquises et excellents musiciens, et ils allaient, tous deux, devenir les idoles du public et faire la gloire de l'Opéra. Rameau trouve bientôt en eux ses interprètes préférés, et nous voyons Jélyotte et Mlle Fel créer successivement tous les nouveaux ouvrages du vieux maître : *les Fêtes de Polymnie* (1), *le Temple de la gloire*, puis *Zaïs*, *les Fêtes de l'hymen et de l'amour*, *Naïs*, *Zoroastre*, *la Guirlande*, *Acanthe et Céphise*. Mais à ceux-là s'en joignent bien d'autres, dont plusieurs leur valent des succès éclatants : *Scylla et Glaucus* de Leclair, *Daphnis et Chloé* de Boismortier, *Léandre et Héro* du marquis de Brassac, mais surtout *le Carnaval du Parnasse*,

---

(1) Bien qu'elle soit morte fort âgée, sa santé fut toujours frêle et délicate, et elle se vit, à diverses reprises, obligée de suspendre son service. Elle venait d'être longtemps et dangereusement malade lorsqu'elle reparut pour la première fois à la scène, dans la première représentation de cet ouvrage, ainsi que nous l'apprend le *Mercure* : — « Mlle Fel, qu'une longue et dangereuse maladie avoit forcée de s'absenter du théâtre pendant plusieurs mois, a reparu dans ce ballet : les applaudissemens réitérés qu'elle a reçus montrent combien le public est équitable, et Mlle Fel a justifié ces applaudissemens par la façon dont elle a chanté le rôle d'Argélie ; sa voix est plus belle que jamais ; nous ne dirons rien du goût avec lequel elle chante, nous n'apprendrions rien à personne. »

Titon et l'Aurore et *Daphnis et Alcimadure* de Mondonville et *le Devin du village* de Jean-Jacques Rousseau. Cela, c'est ce qu'on peut appeler la partie héroïque de leur carrière, c'est la série de leurs triomphes, à l'un et à l'autre. Et quand Jélyotte aura quitté l'Opéra (1755), Mlle Fel, privée de son partenaire habituel, créera encore quelques ouvrages : *Deucalion et Pyrrha*, *Célime*, *les Surprises de l'amour*, *Enée et Lavinie*, *les Fêtes de Paphos*, puis se retirera elle-même à la fin de 1758 ou au commencement de 1759. La Borde nous dit : — « Pendant plus de vingt-cinq ans sa voix charmante, pure, argentine, a fait les plaisirs du public, et l'aurait pu faire encore plus de vingt, si sa mauvaise santé et la délicatesse de sa poitrine ne l'avaient obligée d'abandonner le théâtre en 1759. » Ceci est peut-être exagéré, car lorsqu'elle se retira, Mlle Fel était âgée déjà de quarante-six ans. Constatons toutefois qu'elle continua de chanter au Concert spirituel, et toujours avec succès, jusqu'en 1770 (1).

Dès le commencement de 1757, se sentant fatiguée sans doute, elle avait demandé sa retraite ; mais, artiste consciencieuse et dévouée autant que remarquable et distinguée, elle se serait fait scrupule de mettre dans l'embarras un théâtre auquel elle devait sa gloire et ses succès. Aussi n'hésita-t-elle pas à accéder au désir qui lui était exprimé de continuer son service jusqu'à ce qu'on eût trouvé une artiste digne de la remplacer et prête à prendre son emploi. D'ailleurs, l'expression de ce désir était formulée d'une façon si flatteuse et accompagnée de tels avantages qu'il lui eût été difficile de s'y soustraire. Voici, en effet, la lettre qui lui était adressée à ce sujet par le ministre de la maison du roi :

---

(1) Elle avait débuté au Concert le 1er novembre 1734, trois jours après son début à l'Opéra, dans un grand motet de Mondonville, *Exurgat Deus*. Au cours de ses trente-six années de service on juge quelle put être l'étendue de son répertoire. Elle chanta des motets de La Lande, de Mouret, de Fiocco, du chevalier d'Herbain, le *Salve Regina* que Jean-Jacques Rousseau dit avoir écrit pour elle, et, entre autres œuvres particulièrement importantes, l'*In convertendo* de Rameau, le *Stabat Mater* de Pergolèse (avec Richer), un concerto pour voix et violon de Mondonville (avec Gaviniès), etc. On n'a qu'à ouvrir le *Mercure* et à consulter ses comptes rendus pour trouver la trace et l'écho des triomphes ininterrompus de la cantatrice au Concert spirituel.

A Vers^lles le 9 avril 1757.

A Mlle Fel.

Les services que vous avez, Mademoiselle, rendus à l'Académie Royalle de Musique avec l'applaudissem^t du public, vous ont mérité un traitement distingué, et comme vous avez demandé et obtenu dès le mois de Mars votre congé, vous pouvez être assurée d'une pension de 1000^tt de retraite et d'une gratification annuelle de 500^tt; j'écris en conséquence à M^rs les concessionnaires du privilège de l'Opéra, mais je compte qu'étant nécessaire au théâtre et agréable au public, vous suivrez la promesse que vous serez en état de servir.

Vous connoisses, Mademoiselle, les sentimens que j'ai pour vous (1).

A cette époque, et depuis longtemps déjà, les appointements de Mlle Fel comme premier sujet étaient de 3.000 livres, avec une gratification annuelle et ordinaire de 1.000 livres. Mais il arrivait que, pour récompenser son zèle et son dévouement, à cette gratification ordinaire venait s'en joindre parfois une extraordinaire. Voici, pour exemple et comme renseignement, une quittance signée par la cantatrice :

GRATIFICATION EXTRAORDINAIRE ET PARTICULIÈRE.

La D^lle Fel, 400 l.

Veu l'Etat arresté au Bureau de la ville le deux octobre 1750, et approuvé par le Roy suivant la lettre de M. le comte d'Argenson en date du 7 dudit mois, le s^r Deneuville payera à la D^lle Fel, actrice dans le chant, des fonds de l'Académie royale de musique, la somme de Quatre cents livres pour laquelle elle est employée dans le dit état pour gratification extraordinaire et particulière, et en rapportant le dit s^r Deneuville le présent mandement quittance de la ditte D^lle Fel, la dite somme de quatre cents livres lui sera passée et allouée dans la dépense de ses comptes sans difficulté.

Fait et arresté au Bureau de la ville le huit octobre 1750.

DE BERNAGE.

pour aquit, FEL (2).

---

(1) Et voici la lettre que le ministre adressait aux directeurs de l'Opéra :

« A Vers^lles, le 9 avril 1757.

Mrs Rebel et Francœur, cessionnaire (sic) de l'Opéra.

« La D^lle Fel ayant, M^rs, demandé son congé, méritant par les services qu'elle a rendus à l'Académie Royalle de Musique un traitement distingué, il lui a été assuré dès le mois de Mars d^er une retraite de 1000^tt et une gratification annuelle de 500^tt sur l'Opéra, mais estant nécessaire au théâtre, je compte qu'elle suivra la promesse qu'elle m'a faite de ne point quitter tant qu'elle sera en état de servir.

» Je vous suis, Messieurs, entièr^t dévoué ».

(*Archives de l'Opéra.*)

(2) Cette quittance a été publiée par M. Maurice Tourneux dans les « appendices » de son édition de la *Correspondance* de Grimm. Il en existe d'autres du même genre.

C'est dans *les Fêtes de Paphos*, ouvrage assez fâcheux de Mondonville, que Mlle Fel avait fait sa dernière création; c'est dans ce même ouvrage qu'une jeune artiste destinée à lui succéder se montrait pour la première fois dans un rôle nouveau. Cette jeune artiste, c'était la future Iphigénie, la future Eurydice de Gluck, c'était Sophie Arnould, qui avait débuté modestement, quelques semaines auparavant, en chantant un air détaché intercalé dans *les Amours des Dieux*, de Mouret. Son succès fut éclatant dans ce rôle de Psyché des *Fêtes de Paphos*, et un écrivain peu enclin d'ordinaire à la louange et à l'enthousiasme, le sec et dédaigneux Collé, en parlait avec une chaleur qui devait le surprendre lui-même : — « La musique de ce ballet, dit-il, fut trouvée pitoyable à la première représentation, et il n'en auroit pas eu six sans la circonstance du jeu d'une jeune actrice qui n'a paru que cet hiver et qui, en quatre mois de temps, est devenue la reine de ce théâtre. Je n'ai point encore vu dans la même actrice rassemblés à la fois plus de grâces, de sentiment, de noblesse d'expression, de belles attitudes, d'intelligence et de chaleur; je n'ai point encore vu de plus belles douleurs; toute sa physionomie les peint, en rend toute l'horreur sans que son visage perde les moindre traits de sa beauté. Si la nature lui eût donné les deux tiers de la voix de Mlle Lemaure, elle vaudroit deux fois mieux que cette chanteuse qui sera à jamais célèbre: je parle de Mlle Arnould, qui n'a pas encore dix-neuf ans... ».

Sophie avait donné sa mesure, comme on le voit; elle la donna plus encore en se montrant coup sur coup dans les reprises de *Proserpine*, d'*Amadis de Gaule*, de *Pyrame et Thisbé*, et en entrant victorieusement dans le répertoire. L'Opéra avait trouvé la remplaçante de Mlle Fel; celle-ci pouvait désormais se retirer.

On peut dire qu'elle disparut du théâtre en pleine gloire, et au plus fort des succès qui ne l'avaient jamais abandonnée. On n'a qu'à consulter tous les écrits du temps : journaux, correspondances, mémoires, livres, brochures, feuilles de tout genre, on n'y trouvera que des éloges, éloges sans restriction ni réserve, pour les grâces, la voix et le talent de la cantatrice, talent fait surtout de pureté, de charme et d'élégance, qui, je le crois bien, ne se haussait jamais jusqu'aux grands élans pathétiques, jusqu'à la peinture véhémente des passions, mais qui laissait dans l'esprit de l'auditeur l'impression d'un art toujours aimable et sûr de lui-même et d'une absolue perfection. Grimm, dont j'aurai à parler tout à l'heure, Grimm, dans sa fameuse *Lettre sur Omphale* qu'il publia à propos de la reprise qu'on fit de cet ouvrage en 1752 et qui fut le signal de la fameuse Guerre des Bouffons, met en relief ce talent et le fait ressortir avec une véritable chaleur :

> Mlle Fel, dit-il, qui, avec le plus heureux organe du monde, avec une voix toujours égale, toujours fraîche, brillante et légère, connaissait encore l'art que nous appelons, en langage sacré, chanter, terme honteusement profané en France et appliqué à une façon de pousser avec effort des sons hors du gosier, et de les fracasser sur les dents par un mouvement de menton convulsif. C'est ce qu'on appelle chez nous crier, et qu'on n'entend jamais sur nos théâtres [en Allemagne], à la vérité, mais tant qu'on veut dans les marchés publics. Faut-il s'étonner si j'ai été charmé, séduit, par les grâces et la légèreté de cette voix unique, par le talent de Mlle Fel, qui a appris à sa nation que l'on pouvait chanter en français, et qui, avec la même hardiesse, a osé donner une expression originale à la musique italienne?

Et Grimm n'était pas le seul. Qu'elles partissent d'un camp ou de l'autre, de celui de la musique française ou de celui de la musique italienne, du coin du roi ou du coin de la reine, la plupart des brochures nées de la guerre des bouffons, si violemment hostiles entre elles, se rencontrent du moins sur un point, un seul, les louanges toujours adressées au talent de Mlle Fel. Qu'on lise *le Petit Prophète de Boehmischbroda* du même Grimm, *le Correcteur des bouffons* de Jourdan, *la Guerre de l'Opéra* de Cazotte, *l'Arrêt du Conseil d'État d'Apollon* de Travenol, la *Lettre à une dame d'un certain âge* du baron d'Holbach, *la Réforme de l'Opéra*, et bien d'autres, on sera édifié à ce sujet et l'on verra que, chose bien rare ! Mlle Fel réunissait sur son nom les éloges de tous les partis. Il faut qu'un talent soit bien parfait, bien complet, pour opérer un tel prodige.

Et la physionomie aimable et touchante de la femme complète d'une façon charmante le portrait et la nature de l'artiste. Je ne puis me retenir d'exprimer ma sympathie pour cette créature séduisante, que je veux essayer de faire connaître et à qui Voltaire adressait, peu de temps après qu'elle eût quitté l'Opéra, la jolie lettre que voici, pour la remercier d'une visite récemment faite par elle aux Délices (1) :

Aux Délices, 7 août [1759].

Très aimable rossignol,

L'oncle et la nièce, ou plutôt la nièce et l'oncle, avaient besoin de votre souvenir. Les gens qui n'ont que des oreilles vous admirent, ceux qui, avec des oreilles, ont du sentiment, vous aiment. Nous nous flattons d'avoir de tout cela. Et sachez, malgré toute votre modestie, que vous êtes aussi séduisante quand vous parlez que quand vous chantez. La société est le premier des concerts, et vous y faites la première partie. Nous savons bien que nous ne jouirons plus de votre commerce, dont nous avons senti tout le prix : les habitants des bords de notre lac ne sont pas faits pour être aussi heureux que ceux des bords de la Seine. Voici ce que notre petit coin des Alpes dit de vous :

Du rossignol pourquoi porter le nom ?
Il est bien vrai qu'ils ont été ses maîtres ;
Mais tous les ans, dans la belle saison,
L'amour les guide en nos réduits champêtres.
Elle n'a pas tant de fidélité :
Elle nous fuit, peut-être nous oublie.
C'est le phénix à jamais regretté.
On ne le voit qu'une fois en sa vie.

C'est ainsi qu'on vous traite, mademoiselle : et quand vous reviendriez, vous n'y gagneriez rien : on vous traiterait seulement de phénix qu'on aurait vu deux fois. Pour moi, quelque forte envie que j'aie de venir vous rendre mes hommages, il n'y a pas d'apparence que j'aille à Paris. Le rôle d'un homme de lettres y est trop ridicule et celui de philosophe trop dangereux. Je m'en tiens à achever mon château, je ne veux plus bâtir en Espagne.

Vraiment, vous faites à merveille de me parler de M. de La Borde. Je sais que c'est un homme d'un vrai mérite, et nécessaire à l'État. *Sono pochissimi i signori* de cette espèce.

Adieu, mademoiselle ; recevez sans cérémonie les assurances de l'attachement très véritable de l'oncle et de la nièce. Nos compliments à monsieur votre frère.

VOLTAIRE.

---

(1) Deux mois auparavant, le 11 juin, pendant même cette visite de Mlle Fel, Voltaire écrivait à son vieil ami Thiériot : — « ... Mon ancienne amie Mlle Fel est chez moi avec son frère, qui est plus vieux que vous, qui a fait le voyage gaiement, et qui chante encore. Quand vous voudrez venir nous voir sans chanter, vous ne serez pas si bien reçu que chez les Montmorency, mais... *Oves ad flumina pascit Adonis...* »

Le frère de Mlle Fel était, nous l'avons vu, entré, sorti, puis rentré à l'Opéra en même temps qu'elle. Il resta toujours confiné dans les chœurs, si ce n'est pour jouer parfois quelques petits rôles accessoires, simples coryphées, quitta le théâtre en 1753 avec une pension de 300 livres, et mourut vers 1772. Il s'occupait de composition et publia deux recueils de douze cantatilles, dont M. Prod'homme a retrouvé un exemplaire à la Bibliothèque Nationale.

Et ce n'est pas la seule lettre que Voltaire écrivit à Mlle Fel, non plus que la seule fois qu'elle alla le voir. Deux ans après elle retournait chez le vieux maître, qui était alors à Ferney, et après son départ celui-ci lui adressait cette nouvelle lettre, qui montre, comme la précédente, l'affection qu'il portait à la charmante femme et le fond qu'il faisait sur elle, car il s'agissait d'une affaire importante à laquelle elle s'était trouvée mêlée :

Au château de Ferney, par Genève, 29 juillet [1761].

Il me semble, mademoiselle, que je vous dois des remerciements, toutes les années, d'avoir bien voulu venir dans ma petite retraite ; mais il faut que je vous remercie d'une autre sorte de plaisir que vous m'avez fait, et que vous ne savez peut-être pas.

Vous me dites, aux Délices, qu'il y avait à Paris un homme plein d'esprit et de générosité, dont le plus grand plaisir était celui d'obliger, et que c'était M. de La Borde. Je m'en suis souvenu lorsqu'il a été question d'imprimer un Corneille avec des commentaires, et d'en faire une édition magnifique, au profit de la famille infortunée de ce grand homme. J'ai répété mot pour mot à M. de La Borde, très indiscrètement, tout ce que vous m'aviez dit de lui. Je vous assure qu'il n'a pas démenti vos éloges ; il favorise cette entreprise avec tout le zèle d'un excellent citoyen, et il m'a écrit une lettre qui fait bien voir qu'il a autant d'esprit que de noblesse d'âme. Je suis si pénétré de tout ce qu'il daigne faire que je ne puis m'en taire avec vous.

Vous qui avez des talents si supérieurs, mademoiselle, vous sentez bien mieux que personne combien il sera beau à notre nation de protéger les talents du grand Corneille cent ans après sa mort, et vous devez être flattée que ce soit votre ami M. de La Borde qui ait fait les premières démarches. Pardonnez donc à mon enthousiasme, et comptez que nous en avons toujours beaucoup pour vous au pied des Alpes, madame Denis et moi.

Recevez, avec votre bonté ordinaire, les sentiments respectueux du vieux

VOLTAIRE (1).

On peut croire, pour que Voltaire recherchât sa société et l'attirât ainsi chez lui, que Mlle Fel était une femme distinguée par l'esprit. Il est permis de supposer qu'elle l'était aussi par le

(1) L'excellent de La Borde, dont parle ici Voltaire, est le fermier général bien connu, grand amateur de musique, compositeur très actif, auteur de plusieurs opéras, de la musique du recueil célèbre connu sous le titre de *Chansons de La Borde*, et aussi du grand ouvrage intitulé *Essai sur la musique*, ouvrage assurément très imparfait, mais le premier de ce genre qui ait paru en France, et que Fétis, en s'en servant beaucoup, a décrié beaucoup plus que de raison. La Borde est mort sur l'échafaud, à l'époque de la Terreur.

cœur, et je crois qu'il est possible de l'affirmer. De toutes les femmes qui parurent à cette époque sur la scène de l'Opéra, il semble bien que Mlle Fel est celle qui fit le moins parler d'elle pour sa conduite. On lui connut deux liaisons, toutes deux sérieuses, l'une avec le poète Cahusac, le collaborateur de Rameau, l'autre avec le peintre La Tour, qui ne prit fin qu'en 1784, alors que celui-ci commença à tomber en enfance et qu'on dut le transporter près de son frère à Saint-Quentin, son pays natal. Il avait quatre-vingts ans et elle soixante et onze. Ils vivaient ensemble depuis près de trente ans. Ce n'est sans doute pas là le fait d'une dévergondée.

On se rappelle la note d'un employé de l'Opéra sur Mlle Fel, lors de son entrée à ce théâtre : « On la dit maîtresse de M. le duc de Rochechouart. » Voilà sans doute le bruit qui courait dans les coulisses, où il en court tant de toutes sortes; ce n'est qu'un bruit. Peut-être, après tout, avait-il sa raison d'être. Et quand cela serait? Mon intention n'est nullement de faire de Mlle Fel une vestale. On en trouve peu sur un tel terrain. Je maintiens seulement qu'elle ne s'afficha point, qu'elle ne fit point parler d'elle, et je constate que les rapports des inspecteurs de police, où il était si souvent question des « filles d'Opéra », ces rapports fameux qui faisaient la joie du prince dissolu qu'était Louis XV, sont muets sur son compte et ne mentionnent jamais le nom de Mlle Fel. Ceci me paraît être une forte présomption en faveur de la discrétion de sa conduite.

Cependant, comme il est toujours des misérables pour salir tout ce qu'ils touchent, il s'est trouvé un pamphlétaire ignoble pour verser l'outrage sur la cantatrice aimée du public et que respectait Voltaire. C'est l'infâme Chevrier, qui, dans son libelle immonde, *le Colporteur*, réceptacle de toutes les ordures, publié aux environs de 1760, s'exprimait ainsi sur son compte : — « .... Voyez la Fel, qui a fait de nos jours la gloire de l'Académie royale de musique et dont les accents enchanteurs l'ont disputé pendant longtemps à la mélodie du rossignol. Elle crut autrefois honorer un souverain en le recevant entre ses bras ; elle rendit fou le tendre Cahusac, qui vient de mourir dans les loges de Charenton, et cette précieuse en est aujourd'hui réduite à quêter un regard ou à déshonorer son goût. » Mais qui s'aviserait de prêter quelque créance, ou seulement quelque attention, à Chevrier et à ses prétendues révélations? On aurait de la peine à en accorder davantage au fameux aventurier Casanova, qui, dans ses *Mémoires*, dont on connaît la valeur, raconte en ces termes une visite censément faite par lui en 1751 à Mlle Fel, qu'il s'obstine à appeler *Le Fel :*

> En sortant des Tuileries, Patu me conduisit chez une fameuse actrice de l'Opéra, qui se nommait Mlle Le Fel, bien aimée de tout Paris et membre de l'Académie royale de musique. Elle avait trois enfants charmants en bas âge, qui voltigeaient dans la maison.
>
> — Je les adore, me dit-elle.
>
> — Ils le méritent par leur beauté, lui répondis-je, quoique chacun ait une expression différente.
>
> — Je le crois bien ! L'aîné est du duc d'Annecy, le second est du comte d'Egmont, et le plus jeune doit le jour à Maisonrouge, qui vient d'épouser la Romainville (1).
>
> — Ah ! excusez, de grâce ; je croyais que vous étiez la mère de tous trois.
>
> — Vous ne vous êtes pas trompé, je la suis.
>
> En disant cela elle regarde Patu et part avec lui d'un éclat de rire qui ne me fit point rougir, mais qui m'avertit de ma bévue.
>
> J'étais nouveau et je n'avais pas été accoutumé à voir les femmes empiéter sur le privilège des hommes. Mlle Le Fel n'était pourtant pas effrontée, elle était même de bonne compagnie : mais elle était ce qu'on appelle au-dessus des préjugés. Si j'avais mieux connu les mœurs du temps, j'aurais su que ces choses étaient dans l'ordre et que les grands seigneurs qui parsemaient ainsi leur progéniture laissaient leurs enfants entre les mains de leurs mères en leur payant de fortes pensions. Par conséquent, plus ces dames cumulaient, plus elles vivaient dans l'aisance.

Tout cela n'est pas sérieux, et l'on n'a jamais eu connaissance de tant d'enfants qu'aurait eus Mlle Fel. Ce qui est vrai, ce qui a été de notoriété publique, c'est que Mlle Fel s'attacha pendant plusieurs années à cet être étrange qu'était le poète Louis de Cahusac, auquel Rameau dut la plupart des livrets de ses opéras. Ces livrets n'étaient pas toujours très heureux et provoquaient de nombreuses critiques, auxquelles leur auteur se montrait fort sensible. Et l'on raconte qu'il était si peu habitué à la louange, qu'un jour, rencontrant un journaliste qui avait été

(1) A remarquer que, comme on le verra plus loin, Maisonrouge n'épousa Mlle Rotisset de Romainville qu'en 1752, c'est-à dire un an après cette prétendue visite.

indulgent pour son poème de *Zoroastre*, il lui sauta au cou et lui dit en l'embrassant: « Ah! monsieur, que je vous ai d'obligation! vous êtes le seul homme en France qui ayez eu le courage de dire du bien de moi. » Mais tout le monde n'était pas aussi tendre que ce journaliste. Témoin cette épigramme qui vint s'abattre sur l'infortuné Cahusac, justement à propos de ce même *Zoroastre* :

Ombre de Pellegrin, sors du fond du Ténare.
Pauvre rimeur sifflé si longtemps et si haut,
L'Opéra t'a vengé, ta gloire se répare.
Le poète gascon à qui l'on te compare
Est au-dessous de toi plus que toi de Quinault.

La liaison de Mlle Fel avec Cahusac dura plusieurs années. Puis, le poète, qui était ombrageux, envieux, atrabilaire, tomba en démence et finit par devenir fou furieux, si bien qu'on dut l'enfermer et qu'il mourut dans un cabanon, le 22 juin 1759. Grimm annonçait sa mort en ces termes: — « ... Nous venons de perdre un autre poète. Louis de Cahusac est mort fou enragé. Cet homme avait peu de talent et beaucoup de prétention. Son caractère l'a rendu odieux et malheureux toute sa vie. Il a fait plusieurs opéras que la musique de Rameau a fait réussir en France (1). »

Puisque j'ai parlé de Grimm, c'est ici le cas de raconter, d'après Jean-Jacques Rousseau, l'histoire bizarre de la passion qu'il parut éprouver un instant pour Mlle Fel, et qui ne fut point payée de retour. On se rappelle ce récit singulier, fait par Rousseau au livre VIII de ses *Confessions* :

Grimm, après avoir vu quelque temps Mlle Fel de bonne amitié, s'avisa tout à coup de devenir éperdument amoureux d'elle et de vouloir supplanter Cahusac. La belle, se piquant de constance, éconduisit ce nouveau prétendant. Celui-ci prit l'affaire au tragique et s'avisa d'en vouloir mourir. Il tomba dans la plus étrange maladie dont jamais peut-être on ait ouï parler. Il passait les jours et les nuits dans une continuelle léthargie, les yeux bien ouverts, le pouls bien battant, mais sans parler, sans manger, sans bouger,

(1) Chevrier prétend, dans son *Colporteur*, que Cahusac est « mort de chagrin de n'avoir pu épouser la Fel ». Cela peut sembler singulier puisqu'ils vivaient tous deux comme s'ils eussent été mariés. Mais on sait ce qu'il faut penser des renseignements de Chevrier.

paraissant quelquefois entendre, mais ne répondant jamais, pas même par signe, et du reste sans agitation, sans douleur, sans fièvre, et restant là comme s'il eût été mort. L'abbé Raynal et moi nous partageâmes sa garde : l'abbé, plus robuste et mieux portant, y passait les nuits, moi les jours, sans le quitter jamais ensemble, et l'un ne partait jamais que l'autre ne fût arrivé. Le comte de Friese, alarmé, lui amena Senac, qui, après l'avoir bien examiné, dit que ce ne serait rien, et n'ordonna rien. Mon effroi pour mon ami me fit observer avec soin la contenance du médecin, et je le vis sourire en sortant. Cependant le malade resta plusieurs jours immobile, sans prendre ni bouillon ni quoi que ce fût que des cerises confites que je lui mettais de temps en temps sur la langue, et qu'il avalait fort bien. Un beau matin il se leva, s'habilla et reprit son train de vie ordinaire sans que jamais il m'ait parlé, ni que je sache, à l'abbé Raynal, ni à personne, de cette singulière léthargie, ni des soins que nous lui avions rendus tandis qu'elle avait duré.

Cette aventure ne laissa pas de faire du bruit, et c'eût été réellement une anecdote assez merveilleuse que la cruauté d'une fille d'Opéra eût fait mourir un homme de désespoir (1).

La liaison de Grimm avec Mme d'Epinay s'étant nouée vers 1756, ceci devait donc se passer un peu avant, sans doute vers 1754 ou 1755 (2). Cahusac était déjà malade, et ne devait pas tarder à être enfermé. (Son dernier ouvrage à l'Opéra, *les Amours de Tempé*, mis en musique par d'Auvergne, fut représenté le 7 novembre 1752.) C'est vraisemblablement vers la même époque que Mlle Fel fit la connaissance de La Tour. En tout cas, c'est au Salon de 1757 que celui-ci exposa le délicieux portrait de la cantatrice, avec ceux de Tronchet et de Monnet, le directeur de l'Opéra-Comique, et l'on peut, je pense, placer en ce

---

(1) Rousseau comprit plus tard la comédie que Grimm avait jouée à propos de Mlle Fel. C'est au sujet de la mort du comte de Friese, à qui ledit Grimm devait des services ; Rousseau conte ceci :

« Tout Paris fut instruit de son désespoir après la mort du comte de Friese. Il s'agissait de soutenir la réputation qu'il s'était donnée par son histoire de *carpe pâmée* après les rigueurs de Mlle Fel, et dont j'aurais vu la forfanterie mieux que personne si j'eusse alors été moins aveugle. Il fallut l'entraîner à l'hôtel de Castries, où il joua dignement son rôle, livré à la plus mortelle affliction. Là, tous les matins, il allait dans le jardin pleurer tout à son aise, tenant sur ses yeux son mouchoir baigné de larmes tant qu'il était en vue de l'hôtel ; mais au détour d'une certaine allée, des gens auxquels il ne songeait pas le virent mettre à l'instant le mouchoir dans sa poche et tirer un livre. » — (*Confessions*, livre IX.)

(2) « Grimm avait trente-trois ans quand il la connut (Mme d'Epinay), et durant vingt-sept années que dura leur liaison, son attachement pour elle ne se démentit pas un seul jour. » (SAINTE-BEUVE : *Causeries du Lundi*, T. II, p. 205.) Grimm étant né en 1723, cela place bien à 1756 la date que j'indique.

temps ou à peu près les commencements d'une liaison qui devait, je l'ai dit, durer jusqu'aux derniers jours du peintre.

En 1752 on voit Mlle Fel logée rue Saint-Thomas-du-Louvre, « à côté de l'hôtel Longueville ». Cahusac demeure tout auprès, et un rapport de police (le seul où il soit question d'elle, et où elle est simplement nommée) nous apprend qu' « ils font ordinaire ensemble ». Quelques années plus tard on la trouve rue des Filles-du-Calvaire, après quoi elle s'en va demeurer à Chaillot, Grande rue, n° 13 « auprès de la paroisse », dans une maison dont elle acquiert, par acte notarié, au prix de 9.325 livres, la jouissance sa vie durant, et où La Tour la suit de près (1). En quittant l'Opéra en 1759, elle avait vu sa pension de retraite réglée à 1.500 livres. D'autre part, comme musicienne de la chambre du roi elle obtint, en guise de retraite après trente années de service, en premier lieu la continuation de ses appointements de 2.000 livres, ensuite une gratification annuelle de mille écus sur les fonds des Menus-Plaisirs, ainsi que nous l'apprend une note de sa main conservée aux Archives nationales :

La demoiselle Fel, ordinaire de la musique du Roy, née à Bordeaux le 31 octobre 1713 (2), baptisée à la paroisse Saint-André, catédrale dudit lieu, demeurant présentement à Chaillot, faubourg de la Conférance, déclare avoir servi la musique du Roy près de trente ans aux honoraires de deux mile francs et obtenu en 1763 une gratiffication annuelle de mile écus sur l'état des menus plaisirs, qui luy a toujours été payée sans retenue et dont il luy reste dû deux années.

Fait à Chaillot, le 14 octobre 1779. FEL (3).

---

(1) Au sujet de l'achat à bail de cette maison, M. Prod'homme a donné des détails très curieux, très circonstanciés et tout à fait inédits dans son travail sur Mlle Fel, publié en français dans le *Sammelbände der Internationalen Musik-Gesellschaft* d'avril-juin 1903.

(2) Il doit y avoir ici une erreur de transcription, puisque la date de naissance de Mlle Fel est le 24, et non le 31 octobre 1713.

(3) C'est M. Émile Campardon qui, dans son livre : *L'Académie royale de musique au XVIIIe siècle*, a publié cette pièce, ainsi que le brevet suivant, qui coordonnait les avantages faits à Mlle Fel :

« 1780. 1er mai. — Brevet d'une pension de 5,000 livres, en faveur de la demoiselle Marie Fel, née à Bordeaux le 24 octobre 1713, baptisée le 31 du même mois dans l'église métropolitaine de ladite ville. Cette pension composée des objets ci-après : appointemens de 2,000 livres qui lui ont été conservés sur le fonds ordinaire des menus plaisirs, sans retenue, à titre de retraite, en qualité de musicienne ordinaire de la chambre du Roi ; une gratification annuelle de 3,000 livres, aussi sans retenue, qui lui a été accordée sur les dépenses extraordinaires desdits menus plaisirs, le 27 mars 1778, en considération de ses services. »

J'ai dit que La Tour n'avait pas tardé à aller rejoindre son amie à Chaillot, où il se logea non loin d'elle. On ne connait qu'une lettre d'elle à lui adressée. Elle est de cette époque, et c'est Charles Desmaze qui l'a publiée dans son *Reliquaire de M. Q. de La Tour.* Il semble qu'il y soit question de certains dîners que La Tour voulait sans doute offrir périodiquement à quelques amis, et pour lesquels il avait demandé à Mlle Fel une sorte de petit budget approximatif. La lettre répond gentiment à cette demande :

Je me suis mise, mon très cher voisin, dans les détails de notre dinné, jusqu'au coû et pour que vous sachiès ce qu'il en coûte de donner à manger aujourd'huy, je vous envoye la feuille, qui ne ressemble nûllement à celle des bénéfices, vous n'y trouveres point de vin, de liqueur, attendu, que nous faisons cette dépense en comun. Vous sores actuellement où peuvent aller vos dinners, car j'ai mis l'attention la plus scrupuleuse a tout voir, et tout sçavoir. Je puis vous assurer, mon très cher voisin, que je n'en ferois pas tant pour moy. Je vous souhaitte le bon jour, et vous embrasse du fond de mon cœur.

A Chaillot, ce jeudi. FEL.

J'ai pris de la mâne, ce matin, pour me délivrer de mes lenterneries, je me trouve mieux.

Mais La Tour était vieux. Il était né le 5 septembre 1704. Aux environs de 1780 sa santé devint si précaire que sa famille crut bon de le ramener auprès d'elle, à Saint-Quentin, où son frère, le chevalier de La Tour, ancien capitaine de gendarmerie, veillerait sur lui avec sollicitude. La séparation dut être cruelle, après tant d'années d'affection passées l'un près de l'autre; mais les relations ne cessèrent point, au moins par correspondance, et si nous n'avons point de lettres de Mlle Fel à La Tour lui-même, nous verrons, par celles qu'elle adressait à sa famille, à son frère surtout, quels égards on avait pour elle, combien elle était respectée de tous, et à quel point on lui savait gré des soins qu'elle avait prodigués à son ami.

Lui, d'ailleurs, ne l'oubliait pas, et la preuve s'en trouve dans son testament, daté du 9 février 1784, où il lui laisse, sa vie durant, tout ce qui est resté dans son appartement : — « A Mlle Fel, tous les meubles, glaces, sièges, tableaux, etc., qui sont dans mon appartement, le grand télescope excepté, lesquels effets seront, après son décès, au cousin Dorizon ou appartiendront à ses enfants, s'il n'existe plus. »

Portrait de La Tour, dessiné par Desrochers et gravé par Petit.

Mais la santé de La Tour s'affaiblissait de plus en plus, et sa raison même finit par sombrer. Il tomba à peu près en enfance, et sa famille jugea à propos de le faire interdire. Même dans cet état il songeait toujours à sa vieille amie. Son biographe, Charles Desmaze, nous l'apprend : — «... De temps en temps un nom montait de son cœur à ses lèvres, celui de Mlle Fel, la seule qu'il eût véritablement aimée et dont le souvenir ne l'abandonna jamais. L'amie de Maurice Quentin de La Tour était restée en correspondance avec le chevalier (son frère), et nous avons d'elle plusieurs lettres qui montrent que leurs relations étaient excellentes. »

Voici une de ces lettres :

Paris, le 5 janvier 1785.

J'ai reçû en incluse, Monsieur le chevalier, l'état des meubles dont votre honnêteté me laisse la jouissance ma vie durant. Je suis très touchée des nouvelles offres que vous me faittes, mais croyés, Monsieur le chevalier, que je ne me suis attendûe à aucune marque de reconnoissance de votre part, n'ayant écouté que ma conscience, qui est mon guide ordinaire dans toutes les actions de ma vie. Quant à l'appartement que j'occupe à Paris, qui me convient par la proximité de mes amis, mais qui est si triste, que si la partie que je ne connois pas l'est moins, je pourrai peut-être louer le tout pour me sauver des boues de Chaillot pendant l'hiver. Quand vous serés à Paris je me décideray. M. Dorizon a dû vous mander que, d'après l'avis qu'a donné M. Paquier, pour les dangers et le domage que la fumée pourroit causer aux pastels de M. de la Tour, il est instant que vous veniés faire fermer les écartements du mur; ainsy je compte que cet accident vous determinera à rendre possible votre petit voyage.

Recevés les assurances de souhaits bien sinsères que je fais pour vous dans tous les tems, et du devouement parfait avec lequel je suis, pour la vie,

Monsieur le chevalier

Votre très humble et très obéissante servante

FEL.

Tous nos amis me chargent de vœux et de complimens pour vous; faittes passer les miens où vous êtes.

Autre lettre de Mlle Fel au chevalier de La Tour, quatre années plus tard, celui-ci lui ayant adressé ses souhaits de nouvel an :

Paris, le 5 janvier 1788.

Je vous rend grâces, Monsieur le chevalier, des vœux obligeans que vous formez pour moy et de leur sincérité, dont je ne saurois douter d'après la connoissance que j'ai de votre caractère : je me flatte aussy que vous êtes bien persuadé que personne au monde ne desire plus que moi de vous savoir heureux et tranquille.

Je suis charmée que la santé de votre pauvre frère se soutienne; il ne faut pas s'étonner si les forces diminuent à son âge; le temps met à tout des proportions, il faut compter sur cela. Je crois pourtant qu'il seroit à propos de lui persuader que la Céleste trouve mauvais qu'il s'obstine à être deux jours sans manger (1). Quand aux bénédictions, je les crois aussi indifférentes que celles du pâpe, aussy vous pouvez le laisser faire. Ce que vous me mandés de M. Ribert, inspecteur des manufactures, me prouve que ma réponse a croisé votre lettre. Il m'a écrit la lettre du monde la plus honnête, et j'ai eu l'honneur de lui répondre d'une façon très détaillée que j'avois chanté au concert d'Amiens du tems que M. de Chauvelin en étoit intendant : insi Monsieur le chevalier, il a gagné la discrétion, et j'en suis bien aise; faites-luy mes complimens, et je vous prie tous de boire à ma santé. Vous connoissez mes sentimens : comme je n'ai pas envie d'en changer, je suis sans cérémonie

Monsieur le chevalier,

Votre très humble et très obéissante servante

FEL.

La santé de La Tour ne se soutint plus longtemps après cette lettre, et il mourut à Saint-Quentin, dans les bras de son frère, six semaines après, le 17 février 1788. Ce dut être une grande douleur pour la tendre amie dont la chère affection avait si bien et si longtemps répondu à la sienne. Nous n'avons point de lettre d'elle en cette circonstance; mais voici, sans date, une note qu'un peu plus tard elle adressait au chevalier sur son frère même. Cette note est curieuse :

Un monsieur d'Argenville (2), conseiller au Châtelet, je crois, qui estimoit beaucoup votre frère, s'occupe depuis longtems à recueillir des anecdottes, pour satisfaire l'envie qu'il a d'écrire la vie de son ami, pour mettre au grand jour ses vertus et ses grands talens. J'ai creusé ma tête, monsieur le chevalier, pour luy en trouver, d'après ce qu'il m'a conté luy meme; comme son arrivée à Paris, sa vie dissipée, le portrait de Mme Boulogne, la remarque du vieux Boulogne, beau-père de la dame, ce grand peintre voulut connoitre le jeune homme, on luy présenta; il le trainne par le collet de son habit, vis-à-vis du portrait, en luy disant : Regarde, malheureux, si tu es digne du don que t'a fait la nature; va-t'en dessiner, si tu veux devenir un homme.

---

(1) La Tour avait l'habitude d'appeler Mlle Fel « sa Céleste ».

(2) Auteur des *Vies des plus fameux peintres et sculpteurs* (1787). Il n'a pas écrit la biographie de La Tour, ainsi qu'il l'avait projeté, et, par conséquent, n'a pas eu à se servir des renseignements qu'il avait demandés à Mlle Fel.

Je luy ai aussi raconté, d'après luy, les portraits de M. et Mme de l'Arenière, qu'il ne voulût livrer à moins de deux mille écus, en leur disant : que les riches devoit payer pour les pauvres. Il m'a raconté aussi : qu'en peignant les enfans de France, à Meudon, il avoit eu le courage de dire à M. le dauphin, que ses enfans étoit mal élévés. Il m'a raconté aussi que peignant Mme de Pompadour, le roy, après l'affaire de Rosbach arriva fort triste, elle luy dit : qu'il ne falloit point qu'il s'affligeât, qu'il tomberoit malade, qu'au reste, après eux le déluge.

La Tour retint le mot; quand le roy fut party, il dit à la dame que ce mot l'avoit affligé, qu'il valoit mieux que le roy fut malade, que si son cœur étoit endurcy. Voila, monsieur le chevalier, ce que ma tête a pu fournir d'anecdottes à M. d'Argenville; si vous en avez que je ne connoisse pas, vous voudres bien me les envoyer, pour que je les luy fasse parvenir.

Adieu, monsieur le chevalier, recevez sans cérémonie l'assurance des sentimens que vous me connoissez pour vous et qui dureront autant que moi.

Fel.

Mais ce qui prouve à quel point Mlle Fel était considérée et estimée non seulement de la famille de La Tour, mais de ses amis et de ses compatriotes de Saint-Quentin (et l'on sait ce que sont, sous ce rapport, les préjugés des petites villes de province!), c'est la lettre suivante, adressée à un gros personnage de l'endroit, Cambronne-Huet, qui avait été tour à tour juge-consul, échevin et « greffier du point-d'honneur », et qui s'était employé là-bas pour lui trouver un domestique dont elle avait besoin. Cette lettre nous renseigne aussi sur le caractère de Mlle Fel :

Chaillot, ce 8 juillet 1789.

Les précautions, Monsieur, que vous faites prendre à M. le chevalier de La Tour, s'accordent tout affet avec ma façon de pençer. Dans la crise où il se trouve, on ne sauroit veiller de trop près les sconveniens, et franchement, il est tems que le pauvre chevalier se mette en repos.

Je recevrai Mulér avec plaisir pour mon domestique, d'autant plus que j'étois décidée à renvoyer le mien, qui, comme je l'avois prévû, s'est crû un personnage, depuis qu'il a eu l'honneur d'en imposer à un fou. Je vais arrêtter les soins de nos amis, qui s'étoit enquêttes de me trouver un sujet tel qu'il le faut pour son bonheur et le mien : si Mulér me sert avec affection, qu'il ne se relâche poin sur ses devoirs, il n'ora jamais envie de me quitter car il trouvera ches moy de la justice, de l'humanité, une maison réglée, et beaucoup de tranquilité! Mes gages sont de cent Ecus y compris son habillement, il sera blanchi, et les étrennes sont en proportion du meritte.

Si ma condition luy convient, M. le chevalier me l'envoyera avec un mot de letre, pour me donner des nouvelles de M. de La Tour : j'orai un entretien avec luy, ou je deciderai le jour de son entrée ches moy, pendant que Muler se reposera, je me deferai de ma lourde bête.

Je vous prie Monsieur de continuer vos bons offices d'ami, et d'ami de la vérité! qui a scu vous appercevoir, a du remarquer ces sentimens dans votre cœur. J'ai l'honneur d'être avec la plus parfaite considération

Monsieur

Votre très humble et très obéissante servante,

FEL.

Bien des choses je vous prie à M. le chevalier et quoique je n'ye pas l'honneur d'être connüe de Mme Cambronne, j'ai celuy de la saluer ainsi que toute votre famille.

Cette lettre était écrite six jours avant la prise de la Bastille. On entrait en pleine période révolutionnaire. Qu'allait devenir, que devint Mlle Fel en ces jours troublés et terribles? La Révolution lui enleva, comme à tant d'autres, les pensions qu'elle tenait de la munificence royale et qui n'étaient pourtant, en ce qui la concerne, que la juste rémunération de services éclatants et prolongés. Peut-être ses derniers jours s'écoulèrent-ils péniblement, dans une gêne voisine de la misière? On aimerait à penser qu'il en fut autrement, et que celle qui fut tour à tour Thalie, Vénus, Andromède, Herminie, Philomèle, Chloé, Omphale, Isbé, put jouir, sans privations cruelles et sans rigueurs imméritées, du repos qu'elle avait si bien gagné.

La fin de Mlle Fel était restée jusqu'ici complètement mystérieuse. Grâce à des pièces d'archives heureusement retrouvées et opportunément publiées par M. Prod'homme, le mystère est maintenant éclairci. L'une de ces pièces, relative à la maison dont, nous l'avons vu, elle avait acquis la jouissance sa vie durant, permet de fixer la date de sa mort d'une façon sinon absolument précise, du moins très approximative ; c'est une prescription du directeur de l'enregistrement, datée du 2 Floréal an II (21 avril 1794), et qui, en ordonnant d'établir l'état matériel de cette maison et d'en fixer la valeur locative, constate que « la citoyenne Fel est décédée depuis environ deux mois ». Elle serait donc morte sans doute entre le 15 et le 25 février 1794. Elle avait quatre-vingts ans accomplis, et laissait, comme héritière, une nièce qui vivait avec elle.

C'est ainsi que finit, au milieu des jours les plus sombres, au plus fort de la Terreur, confiné dans un coin des faubourgs de ce Paris qui l'avait tant fêté, le gentil rossignol qui pendant trente-cinq ans, tant à l'Opéra qu'à la cour et au Concert spirituel, avait charmé, séduit, enchanté par la grâce exquise de sa personne, par les prodiges de sa voix souple et harmonieuse, par son talent plein d'élégance, de finesse et d'originalité, deux générations d'artistes, de dilettantes, de gens de goût, qui n'avaient cessé de l'applaudir et de lui exprimer en toute occasion, avec leur joie de l'entendre, une admiration sincère et sans réserve. Mlle Fel, maintenant oubliée et ignorée de tous, disparaissait ainsi, obscurément, presque clandestinement, et sa mort, qui en d'autres temps eût été un véritable deuil artistique, passa complètement inaperçue au milieu de la tragédie sanglante qui secouait la France entière et ne laissait place à aucune autre préoccupation. Quelle fin plus étrange, après de tels commencements!

Mais je veux effacer cette vision pénible et douloureuse. Je ne veux voir et me représenter Marie Fel que dans tout l'éclat de sa beauté rayonnante, de son talent primesautier, de sa gloire triomphante, alors qu'entourée des hommages de tous, objet de la sympathie et de l'admiration générales, elle excitait de véritables transports, alors que, souriante et heureuse, elle partageait avec son camarade Jélyotte les bravos et les acclamations du public, je ne veux voir en elle que la tendre amie, la compagne chère et dévouée de Maurice Quentin de la Tour, que l'artiste exquise et séduisante qui personnifiait avec une candeur pleine de poésie la Céphise de Rameau, la Colette de Jean-Jacques Rousseau, l'Alcimadure de Mondonville... Marie Fel, c'est pour moi la grâce, la jeunesse, la beauté, unies à l'élégance artistique dans ce qu'elles ont de plus parfait, de plus harmonieux et de plus accompli. C'est une figure originale et exemplaire, qui concentre en elle tous les charmes et toutes les séductions.

V

Tandis que Mlle Fel charmait surtout le public dans les rôles de grâce et de tendresse, une autre artiste était venue gagner les suffrages de celui-ci par le talent qu'elle déployait dans le grand emploi tragique, laissé vacant par le triple départ de Mlle Marie Antier, de Mlle Pélissier et de Mlle Lemaure. C'était Mlle Chevalier, qui tint pendant vingt-cinq ans une grande place à l'Opéra, et dont la renommée considérable semble avoir été justifiée par de réelles et rares qualités. Fille d'un officier dans les gardes suisses, elle s'appelait de son vrai nom Marie-Jeanne Fesch (1), était née à Paris le 12 septembre 1722, et était à peine âgée de dix-huit ans lorsqu'elle débuta, en 1740, avec un succès immédiat et prononcé. Elle se montra d'abord sous les traits de Cybèle dans une reprise d'*Atys*, de Lully, et ne tarda pas à entrer de plain-pied dans le répertoire. La Borde nous apprend qu' « elle joignait à une belle voix une belle représentation, un jeu noble et une manière aisée de chanter la musique de son tems ». Ces qualités lui valurent dès l'abord de grands applaudissements dans les grands rôles de divers ouvrages de Lully : Lybie dans *Phaéton*, Médée dans *Thésée*, Mérope dans *Persée*, *Armide*, *Alceste*, etc. A propos d'une reprise de *Thésée* (10 décembre 1744), le *Mercure* disait : — « Les rolles sont exécutés comme on l'espéroit des acteurs qui les remplissent. Mlle Chevalier a infiniment sur-

(1) Voy. *L'Académie royale de musique au XVIIIe siècle* de M. Émile Campardon, où se trouve l'acte de baptême de cette artiste intéressante.

passé l'attente du public dans celui de Médée. Cette actrice fait des progrès rapides qui marquent son goût et son application. M. de Chassé est sublime et majestueux dans le personnage d'Égée, comme il étoit terrible et menaçant dans celui de Poliphème, et M. Jélyotte arrive sur la scène avec l'air imposant d'un vainqueur ». Et lors d'une autre reprise, celle d'*Armide* (7 janvier 1746), le même journal nous donne ces détails : — « Mlle Chevalier, qui jouoit le rôle d'Armide, obtint les applaudissemens de la ville après avoir mérité les suffrages de la Cour (l'ouvrage avait été joué à Versailles le 30 décembre précédent). Les représentations ont toujours été nombreuses depuis la première. Il est juste d'instruire le public de l'honneur qu'a procuré le talent à Mlle Chevalier. La Reine, Madame la Dauphine et Mesdames de France ont daigné lui marquer leur satisfaction publiquement dans la galerie, et Mesdames de France l'ont emmenée dans leur appartement, où différens airs qu'elles lui ont fait chanter ont été suivis de la même approbation (1) ».

A ce moment, la réputation de Mlle Chevalier était déjà solidement établie, bien qu'elle n'appartînt à l'Opéra que depuis six années à peine. Ce qui prouve qu'elle avait déjà su se faire à ce théâtre une situation considérable, c'est qu'elle se trouva chargée, dans une circonstance mémorable, d'une tâche et d'un rôle tout particuliers. C'était à la fin de 1746. Le maréchal de Saxe, de retour à Paris de sa campagne de Flandre, où il venait de gagner sur les Autrichiens la bataille de Raucoux, se montrait pour la première fois à l'Opéra, où il était l'objet d'un

(1) Deux mois après, toujours à propos d'*Armide*, *le Mercure*, qui était assez réactionnaire en musique et qu'effrayaient les progrès de la musique de Rameau, faisait ces réflexions curieuses : — « L'Académie royale de musique continue les représentations d'*Armide* avec un succès qu'on n'espéroit pas de la flotante incertitude du goût du siècle. Il paroit, aux applaudissemens et à l'affluence continue des auditeurs, que les novateurs en musique n'ont pas encore subjugué les Lullistes et que l'auteur de l'harmonie aimée du cœur avoit encore bien des oreilles dans son parti. Si le schisme règne dans nos concerts, il n'a pas soumis entièrement le théâtre lyrique. Nous pourrions nous étendre loin sur ce sujet, et raisonner long-tems sans superfluité sur l'injuste prévention des différentes sectes des amateurs de la musique, mais ce seroit raisonner bien inutilement. Nous aurions affaire à des disputeurs qui ne connoissent pas les argumens réguliers et qui n'apportent jamais pour preuve de leurs opinions que les sillogismes des marquis de Molière : *cela est détestable, parce que cela est détestable.* » — *Mercure*, mars 1746.

hommage éclatant, dont l'avocat Barbier, dans son *Journal*, nous donne le récit, à la date de novembre de cette année : — « Le maréchal comte de Saxe est arrivé à Fontainebleau le 14, et a été reçu par le roi comme il le mérite. Dimanche 20 il vint ici, à l'Opéra, dans le balcon. Il a été reçu du public comme l'année dernière, avec de grandes démonstrations de joie et d'applaudissements, par des claquements de mains réitérés, et il a eu une grande marque de distinction. La toile ayant été levée, au lieu de commencer le prologue, mademoiselle Chevalier, première actrice de l'Opéra, a paru et a chanté une cantate à la louange du maréchal, avec trompettes et timbales, ce qui a renouvelé les claquements du public. Le maréchal a été surpris et décontenancé. On dit même qu'il a été mécontent d'une réception aussi marquée. Cependant il n'est pas à présumer que cela se passe sans permission de la Cour, ou pour mieux dire du roi. Ni le directeur de l'Opéra, ni même M. le comte de Maurepas n'auraient, de leur chef, décerné une espèce de triomphe à un sujet dans un spectacle public tel que l'Opéra. L'on convient que si le roi y venait lui-même au retour d'une campagne victorieuse, on ne pourrait lui faire rien de plus éclatant (1). »

Mlle Chevalier faisait preuve de très grandes qualités dramatiques dans les opéras de Lully (2). On a vu le succès qu'elle obtint particulièrement dans les rôles de Médée et d'Armide. Mais elle ne se confinait pas exclusivement dans la tragédie lyrique, et il va sans dire aussi que sa carrière ne se borna pas aux reprises d'anciens ouvrages, et que les rôles sont nombreux qu'elle établit dans les opéras nouveaux. Deux surtout lui firent beaucoup d'honneur : ceux de la magicienne Circé dans *Scylla et Glaucus*, du grand violoniste Leclair, et de la princesse Erinice dans *Zoroastre*, de Rameau. Elle semble d'ailleurs avoir été l'une

---

(1) Sans le récit de Barbier nous n'aurions nulle connaissance de ce fait, dont ne disent mot ni *la Gazette de France*, ni *le Mercure*, ni le *Journal de Verdun*. Déjà quelques mois auparavant, à son retour de la bataille de Fontenoy, comme on le verra plus loin, le maréchal avait été, à l'Opéra, l'objet d'une ovation du même genre.

(2) Un biographe caractérisait la nature de son talent en ces termes assez singuliers : « Elle remplit long-tems les premiers rôles avec beaucoup de succès ; son genre étoit le grand, les fureurs, etc. » *(Anecdotes dramatiques)*.

des interprètes préférées du vieux maître, car elle parut dans plusieurs de ses ouvrages : *les Fêtes de Polymnie*, *le Temple de la Gloire*, *les Fêtes de l'hymen et de l'amour*, *Acanthe et Céphise*, *les Surprises de l'amour*. Il faut signaler encore la part qu'elle prit, entre autres, dans l'interprétation de divers autres opéras : *Zélindor, roi des Sylphes*, *le Carnaval du Parnasse*, *les Amours de Tempé*, *Titon et l'Aurore*, *les Fêtes de Paphos*, *Canente*, *Polyxène*, etc. Jusqu'à l'arrivée de Sophie Arnould, c'est-à-dire pendant près de vingt ans, Mlle Chevalier resta seule en possession des grands rôles dramatiques, et cela à la grande satisfaction du public, qui l'estimait autant pour ses rares qualités scéniques que pour son talent de cantatrice. Le chansonnier Collé, qui n'était jamais content de rien et qui ne partageait pas l'opinion générale, la malmène assez dans son *Journal* : « Mlle Chevalier, dit-il, exprime quelquefois passablement la colère et la fierté, mais elle grimace l'amour ; je la soupçonne d'avoir médiocrement d'intelligence ». Grimm, qui s'en prend à sa voix, est cependant plus équitable. Il en parle ainsi (28 juin 1751), à propos de son mariage : — « Mlle Chevalier, qui a la voix aigre et dure, et qui est pourtant la première actrice de notre Opéra, vient de se marier avec un homme d'affaires médiocrement riche, nommé Duhamel. On croit que cet établissement la déterminera à quitter le théâtre. Cette retraite serait funeste aux tragédies lyriques, qu'il serait impossible d'exécuter passablement sans Mlle Chevalier. Ceux qui sont ici le plus au fait des anecdotes des coulisses prétendent que la nouvelle mariée est la seule fille du théâtre qui ait jamais été sage (1) ».

(1) Ce Duhamel, qu'épousa Mlle Chevalier, était un ancien intendant du maréchal de Richelieu. A l'encontre de ce qu'on avait cru d'abord, le mariage n'amena pas la retraite de l'aimable artiste, qui demeura encore plus de quinze ans à l'Opéra. Quant à la réputation de vertu que Grimm lui attribue, elle était générale en effet; témoin, entre autres, ces vers à elle adressés et que le *Mercure* insérait dans son numéro de Février 1746, à propos de son succès dans *Armide* :

Lorsque l'on vous donna ce rolle difficile
Où vous charmez toute la ville
En nous peignant si bien Armide et ses fureurs,
On consulta vos sons étendus et flatteurs,
Vos gestes gracieux, votre air plein de noblesse.
Si l'on eût consulte vos mœurs
Dans le prologue aussi vous feriez la Sagesse.

D'autres contemporains nous parlent, d'une façon élogieuse, de Mlle Chevalier. C'est d'abord le rédacteur des *Mémoires secrets*, qui, en faisant une revue de l'Opéra, s'exprime ainsi sur le compte de trois artistes de ce théâtre : — « *8 janvier 1762.* — ...En femmes, nous comptons Mlle Chevalier, Mlle Arnoux *(sic)* et Mlle Le Mierre. La première jouit d'une réputation faite depuis longtemps, et l'excellence avec laquelle elle rend le rôle d'Armide est une preuve qu'elle peut encore acquérir. La seconde est, au gré des connoisseurs, l'actrice la plus naturelle, la plus onctueuse, la plus tendre qui ait encore paru. Elle est sortie telle des mains de la nature, et son début a été un triomphe. Qui ne seroit enchanté de la méthode, du goût, du prestige avec lequel Mlle Le Mierre nous peint tous les objets sensibles de la nature ? Sa voix est une magie continuelle. C'est tour à tour un rossignol qui chante, un ruisseau qui murmure, un zéphir qui folâtre. Toutes trois font l'admiration, l'amour et les délices des partisans du théâtre lyrique. »

C'est ensuite l'auteur du *Siècle littéraire de Louis XV*, qui ne cherche pas à contenir son enthousiasme à l'endroit de Mlle Chevalier, et qui analyse ainsi son talent, en en faisant ressortir la souplesse et la variété : — « Qu'entends-je ? C'est Mlle Chevalier. Héritière des talens et des grâces des Rochois et des Journet, elle les fait revivre sur notre théâtre. Semblable à Mlle Pélissier elle peut allier les deux contraires, et sait émouvoir et réjouir les spectateurs. Ne lui a-t-on pas vu jouer le rôle de la Folie avec autant d'agrément qu'elle avoit rendu celui d'Erinice dans *Zoroastre* avec force et noblesse ? Quelle naïveté, quels charmes lorsqu'elle a fait le rolle de Lycoris dans *le Carnaval du Parnasse !* La houlette lui sied aussi bien que la baguette magique, et si, transformée en Médée, elle inspire de l'effroi et de la terreur, devenue bergère elle nous plait, elle nous intéresse. C'est M. Royer, dit-on, qui a formé Mlle Chevalier. Quel honneur pour lui ! Il ne trouvera plus, je crois, de semblables élèves (1). »

Après vingt-six ans de services, cette artiste distinguée prit sa

(1) Daquin : *Siècle littéraire de Louis XV.* — Le compositeur Royer, qui aurait fait ainsi l'éducation musicale de Mlle Chevalier, était chef d'orchestre de l'Opéra lorsque la jeune artiste débuta à ce théâtre.

retraite et quitta l'Opéra en 1766, avec la grande pension de 1.500 livres. Dès ses débuts à ce théâtre elle avait été appelée à faire partie des « récitantes », c'est-à-dire des solistes du Concert spirituel, ce qui est un témoignage en faveur de son talent de cantatrice. Elle fit aussi partie de la musique ordinaire de la chambre du roi, et à ce titre obtint, en 1780, une autre pension de 2.000 livres. Selon M. Émile Campardon, elle vivait encore en 1789. L'époque de sa mort est inconnue (1).

Toutes les artistes dont il vient d'être question formaient ce qu'on peut appeler la tête de la troupe féminine de l'Opéra. Il en reste à connaître un certain nombre qui, au temps de Jélyotte, appartinrent à ce théâtre, mais n'y occupèrent qu'un rang plus ou moins secondaire, bien que certaines paraissent n'avoir pas été dépourvues de talent. De celles-là quelques-unes, il faut le dire, acquirent une notoriété tout autre qu'artistique.

L'une des plus intéressantes paraît être Mlle Bourbonnais, qui fut sans doute une chanteuse habile, puisqu'elle appartint au Concert spirituel en même temps qu'à l'Opéra, et que dans les intermèdes fréquents alors à ce théâtre on lui faisait souvent chanter des cantatilles ou des airs italiens. Elle avait une sœur qui fit partie des chœurs. La Borde consacre à l'une et à l'autre ces quelques et simples lignes : — « La D[lle] Bourbonnais entra à l'Opéra en 1735 et s'est retirée en 1747. Sa sœur cadette, entrée aussi à l'Opéra en 1737, fut remerciée en 1738, alla chanter à celui de Lyon, rentra à l'Opéra pendant un an, en 1741, et mourut l'année suivante. »

C'est le 25 février 1735 que Mlle Bourbonnais débuta à l'Opéra, dans la seconde représentation d'*Achille et Déidamie*, le dernier ouvrage de Campra, ainsi que nous l'apprend le *Calendrier historique et chronologique des théâtres;* celui-ci ajoute que « le 21 Mars elle chanta un air italien », et que le 26 Mars, jour de la clôture,

(1) Je trouve dans les *Mémoires du marquis d'Argenson*, à la date du 16 décembre 1755, ce détail assez curieux : — « La demoiselle Chevalier, première actrice de l'Opéra, est devenue folle d'une réprimande que mon frère (qui avait ce théâtre sous sa juridiction) lui a faite sur ce qu'elle refusait souvent de jouer son rôle à l'Opéra. Elle est enfermée. » Il s'agissait sans doute d'une simple attaque nerveuse et la chose n'eut pas de suites, puisque Mlle Chevalier resta encore plus de dix ans à l'Opéra.

« la demoiselle Bourbonnais et le sieur Jeliot chantèrent un air italien. » Pendant les douze années qu'elle passa à l'Opéra, cette artiste participa à l'exécution de quatorze ouvrages nouveaux; mais à l'exception des *Amours de Ragonde*, de Mouret, où elle jouait le rôle de Mathurine à côté de Jélyotte, qui jouait celui de Colin, tous ceux qu'elle remplit dans les autres ouvrages n'étaient guère que des rôles épisodiques, d'une importance toute relative. Mlle Bourbonnais fut sans doute une artiste utile, comme il en faut, mais qui n'eut pas ou la chance ou l'occasion de se mettre en lumière et de se distinguer d'une façon particulière. Peut-être plus cantatrice de concert que de théâtre? Lorsqu'elle eut disparu de l'Opéra, on n'entendit plus parler d'elle.

Après Mlle Bourbonnais il faut citer Mlle Coupé, qui, en même temps qu'elle obtenait des succès à l'Opéra, tint une large place dans la chronique érotique du temps. Douée d'une beauté blonde, exquise et délicate, elle était jolie comme l'Amour, si bien qu'on le lui fit personnifier dans une foule d'ouvrages (1). Née à Paris le 22 avril 1723, elle était fille d'un valet de pied de l'ambassadeur de Malte et s'appelait Marie-Angélique Couppé, nom dont, au théâtre, elle fit Coupé. Elle n'avait pas encore quinze ans et demi lorsqu'elle débuta à l'Académie royale de musique, le 10 octobre 1738. Elle s'y fit promptement une triple réputation de beauté, de talent et de galanterie. Et il faut croire que les plaisirs qu'elle poursuivait ne nuisaient en rien à son activité artistique, car celle-ci chez elle ne se ralentit jamais, et nous la voyons, dans l'espace de quinze années, établir des rôles dans plus de vingt ouvrages nouveaux, sans compter ceux, très nombreux, qu'elle reprenait dans le répertoire courant. Les plus importants de ces rôles paraissent être ceux qui lui furent dévolus dans *Daphnis et Chloé*, *les Amours de Ragonde*, *Zélindor, roi des Sylphes*, *Pygmalion*, *Naïs* et *Ismène*. Très aimée du public, Mlle Coupé s'en sépara cependant et se retira du théâtre dans tout l'éclat de sa jeunesse et de sa beauté, en 1754, à peine

---

(1) Elle représenta en effet l'Amour dans *Dardanus*, *Zaïde*, *Ajax*, *l'Empire de l'amour*, *les Éléments*, *les Caractères de la Folie*, *Alcide*, *le Pouvoir de l'amour*, *l'École des amants*, *Daphnis et Chloé*, *les Fêtes de l'hymen et de l'amour*, *Pygmalion* et *Titon et l'Aurore*.

accomplie sa trente et unième année. Elle avait sans doute fortune faite. Mais ce qui prouve qu'elle avait occupé une place importante à l'Opéra, c'est qu'en se retirant elle obtint une pension de 1.000 livres, l'une des plus fortes que permît le règlement. Toutefois, en quittant le théâtre elle n'abandonna pas son service de musicienne ordinaire de la chambre du roi, ce qui lui valut beaucoup plus tard, en 1780, une autre pension de 1.000 livres. Elle faisait aussi partie du personnel du concert de la reine.

Il faut cependant bien le dire, ce ne sont pas ses qualités artistiques qui ont fait venir jusqu'à nous la renommée de Mlle Coupé. Si sa personne occupa beaucoup le public, ce fut d'autre façon, et en raison des nombreuses conquêtes qu'elle fit dans tous les rangs de la société, passant indifféremment de la robe à la finance, de la finance à la noblesse, de la noblesse à la diplomatie, et prodiguant ses grâces aussi bien aux étrangers qu'aux nationaux, à la seule condition que la bourse de chacun fût bien garnie. On cite en effet, parmi ses nombreux adorateurs, un millionnaire anglais, lord Stafford, le fermier général d'Ogny, son confrère Roslin, Doublet de Bauche, conseiller au parlement, Mocenigo, ambassadeur de Venise, le comte de Durazzo, autre diplomate, sans compter le reste. Elle ne dédaignait même pas le sang royal, et c'est le marquis d'Argenson qui inscrit gravement dans ses Mémoires que « M. le duc de Chartres entretient la demoiselle Coupé, de l'Opéra ». Un autre mémorialiste, Dufort de Cheverny, l'ami de Jélyotte, nous donne sur elle quelques détails curieux : « Roslin jeune, dit-il, égoïste dans toute l'étendue du terme, peu aimable pour ce qui lui appartenait, froid, despote comme un fermier général, vivait avec Coupé, actrice de l'Opéra, fille qui n'était plus jeune, mais douce, aimable et de bon ton. Elle avait rue Saint-Marc, vis-à-vis l'hôtel Luxembourg, la maison la plus singulière qu'il y eût à Paris. Elle n'avait que deux croisées de façade et cinq étages : au rez-de-chaussée, la cuisine ; au premier, la salle à manger ; au second, le salon ; au troisième, la chambre à coucher ; au quatrième, le logement de ses gens ; et au-dessus, un jardin grand comme le reste et aussi haut que ceux de Sémiramis ».

La gentille Coupé vivait encore, dit-on, en 1789 (1).

Précisément le même jour qu'elle (10 octobre 1738) avait débuté à l'Opéra une artiste, fort jolie aussi, et qui paraît n'avoir pas été non plus sans quelque talent, Mlle Louise Jacquet, dont on ne sait pas autre chose. A cette date du 10 octobre, les frères Parfait enregistrent ainsi le double début de l'une et de l'autre dans une représentation du *Carnaval et la Folie* : « Le même jour les D[lles] Jacquet et Coupet *(sic)*, nouvelles actrices, débutèrent pour la première fois sur le théâtre de l'Académie, la première au troisième acte par un air de feu Lalande tiré du ballet de *Cardenio* dansé par le Roy en 1720 sur le théâtre des Thuilleries, et la seconde chanta au 4e acte du ballet un air pris de l'opéra de *Créuse*, de Lacoste. Le public trouva dans ces deux filles beaucoup de dispositions et leurs voix très agréables ». Mlle Jacquet paraît avoir tenu une place honorable dans un rang secondaire. Je ne trouve à son avoir que peu de créations, et peu importantes, dans une demi-douzaine d'ouvrages : *le Temple de la Gloire, Zoroastre, Scylla et Glaucus, l'Année galante, Platée, Ismène, Æglé, les Surprises de l'amour*. Lorsqu'elle quitta l'Opéra vers 1758, ce fut néanmoins avec une pension de 1.000 livres, pour laquelle elle était encore inscrite en 1784 (2). Assez mauvaise camarade, paraît-il, elle en donna la preuve par la part qu'elle prit, en 1740, dans une assez vilaine affaire dont le scandale dépassa les limites de l'Opéra et qui, durant plusieurs semaines, fit grand bruit dans tout Paris, égayant les badauds et donnant naissance à des gloses de toutes sortes. Sur sa dénonciation on avait surpris une danseuse, Mlle Petit, dans un entretien d'un intérêt aussi vif que décolleté avec un gentilhomme, le marquis de Bonnac. Grand brouhaha, comme on pense, devant un fait aussi insolite! On ne pouvait rien contre le gentilhomme, mais incontinent on

---

(1) Un de ces versificateurs ineptes, comme il en pleuvait tant à cette époque, lui adressa un jour ce délicieux quatrain :

> Charmante nymphe à l'œil finet,
> Mignonne comme une poupée,
> La langue qui ne te loûrait
> Mériterait d'être *coupée*.

(2) Le rédacteur des *Anecdotes dramatiques* (1775) disait d'elle à cette date : « aujourd'hui retirée à Aix en Provence ». L'époque de sa mort est inconnue.

expulsa la danseuse, qui fut impitoyablement rayée des cadres du théâtre. Celle-ci, outrée d'une sévérité qu'elle jugeait excessive, voulut pourtant essayer de se justifier. A cet effet elle chargea un certain La Mare, auteur des deux livrets de *Zaïde* et de *Titon et l'Aurore*, de lui confectionner un petit écrit qu'elle publia et répandit sous ce titre : *Factum pour Mlle Petit, danseuse de l'Opéra, révoquée, complaignante au public.* Mlle Jacquet, un peu émue du tour qu'avaient pris les choses, fit paraître à son tour, en réponse à ce factum, un Mémoire dans lequel elle tentait d'expliquer sa conduite en une circonstance aussi... délicate. Mais le public ne prit pas le change sur l'excès de sa vertu, et les rieurs ne furent pas de son côté (1).

Malgré tout, Mlle Jacquet, je l'ai dit, ne manquait point de talent. Non plus Mlle Rotisset de Romainville, qui, ne se contentant pas d'être fort jolie, d'avoir une très belle voix et de porter un nom quelque peu ronflant, appartenait tout à la fois à l'Opéra, au Concert spirituel, à la musique du roi et au concert de la reine, ce qui milite en faveur de sa valeur artistique. Elle s'était produite au Concert spirituel avant même de paraître à l'Opéra, où elle débuta d'une façon heureuse aux environs de 1740. Pendant les dix ou douze années qu'elle passa à ce théâtre, elle établit des rôles d'importance secondaire dans à peu près autant d'ouvrages : *l'École des amants*, *les Fêtes de Polymnie*, *Scylla et Glaucus*, *l'Année galante*, *Zaïs*, *Pygmalion*, *les Fêtes de l'hymen et de l'amour*, *le Carnaval du Parnasse*, *Léandre et Héro*, *Titon et l'Aurore*, *Acanthe et Céphise*, sans compter ceux qu'elle reprit dans le répertoire (*Armide*, *les Grâces*, *les Fêtes d'Hébé*, *Zaïde*, etc.).

Elle quitta l'Opéra sans pension, en 1752, à la suite d'un mariage qui fut un scandale et que Barbier nous fait connaître dans son *Journal :* — « M. Masson de Maisonrouge, dit-il, fils d'un riche fermier général, lui receveur général des finances d'Amiens, a perdu sa femme le 3 décembre 1751, dont il a un fils unique âgé de 17 ans. M. de Maisonrouge était depuis longtemps séparé d'elle et en procès pour séparation. Il a toujours entretenu des filles, et en dernier lieu Mlle Rotisset de Romainville, actrice

(1) Mlle Petit rentra en 1742 à l'Opéra, qu'elle quitta définitivement en 1746. Elle y avait débuté tout enfant, en 1722.

chantante de l'Opéra, qui n'est ni trop jeune ni trop jolie, et qui a toujours été dans un libertinage public. Il a beaucoup dépensé avec elle, des diamants en quantité, une maison qu'il lui a achetée 150.000 livres, rue des Bons-Enfants, en sorte qu'elle est très riche. Or, ce M. de Maisonrouge, qui a cinquante et un ans, qui est une bête et un peu bœuf, vient d'épouser, le 3 de ce mois, par conséquent deux mois après la mort de sa femme, cette demoiselle de Romainville. Il s'est déshonoré entièrement par ce mariage et fait enrager sa famille... »

Ce qui aggravait encore le scandale, c'est que Mlle Romainville se trouvait alors, paraît-il, dans une de ces situations que l'on qualifie d'intéressantes. Et Barbier nous apprend encore que les receveurs généraux, confrères de Maisonrouge, outrés de sa conduite, voulaient s'entendre pour l'obliger à vendre sa charge, tandis que la famille voulait faire constater de quelle époque datait l'état intéressant de la nouvelle mariée, parce que, selon le cas, l'enfant qui en résulterait ne pourrait pas être légitimé par le mariage, et qu'une grosse question d'intérêt était en jeu. Barbier ne nous donne pas, d'ailleurs, la solution de ce conflit singulier. Ce qui est certain, c'est que Mlle Romainville, devenue Mme de Maisonrouge et sûre désormais de l'avenir, dit adieu à l'Opéra, à ses pompes et à ses œuvres. Cette drôlesse avait un frère, qui portait roturièrement le simple nom de Rotisset et qui était très protégé par le ministre d'Argenson, auprès duquel il remplissait les fonctions de secrétaire.

C'est en 1752 que Mlle Romainville, gorgée de richesses, quittait l'Opéra. C'est l'année suivante que se retirait, avec une bien modeste pension de 400 livres, une autre artiste, Mlle Tulou, dont la carrière fut assez singulière. Celle-ci avait débuté dès 1718, et avait tenu aussitôt un emploi d'une certaine importance. On lui voit créer coup sur coup un assez grand nombre de rôles, notamment dans *le Ballet des Ages*, *Sémiramis*, *les Plaisirs de la campagne*, *Polydore*, *les Amours de Protée*, *Renaud*, *Pirithoüs*, etc. Puis, après six années de succès, elle disparaît brusquement de l'Opéra, pour y rentrer au bout de dix-sept ans. Les frères Parfait en parlent ainsi : — « Mlle Tulou joua pendant quelques années les premiers rôles tendres, dans lesquels elle avait en quelque sorte succédé à Mlle Journet. Elle quitta le théâtre en 1724, après avoir rempli le rôle de Niquée à une reprise d'*Amadis de Grèce*. Aujourd'hui vivante et rentrée au théâtre au mois d'avril 1741. » Mais ce qu'ils ne disent pas, c'est que cette artiste, qui n'était évidemment pas la première venue, puisque, selon eux, elle avait jusqu'à un certain point succédé à Mlle Journet, rentra à l'Opéra .. comme simple choriste! Il y a là, peut-être, le mystère d'une vie douloureuse. Toujours est-il que Mlle Tulou prit sa retraite en qualité de choriste, en 1753, trente-cinq ans après avoir débuté d'une façon presque brillante. Elle mourut en 1777, dans un âge assurément très avancé.

Une autre artiste, qui semble avoir tenu aussi une place au moins honorable, et qui fut connue sous le seul nom de Mlle Julie, n'a pas laissé plus de souvenirs, bien que sa présence à l'Opéra n'ait pas été moindre de vingt-trois ans. La Borde lui consacre seulement deux lignes dans son *Essai sur la musique*, mais cette simple mention même de sa part tend à prouver que l'artiste n'était pas sans quelque valeur : — « Mlle Julie, dit-il, entrée à l'Opéra en 1721, fut mise à la pension en 1744, et est morte bientôt après. » Pour n'avoir point laissé de traces, sa carrière fut pourtant active à ce théâtre, car en dehors des ouvrages courants, on trouve son nom dans la distribution d'une vingtaine d'opéras nouveaux, entre autres *les Amours des Dieux*, *Orion*, *la Princesse d'Elide*, *Endymion*, *le Ballet des Sens*, *Biblis*, *le Triomphe de l'harmonie*, *les Caractères de l'amour*, *Isbé*, etc.

Il convient de citer encore une jeune cantatrice dont la carrière fut courte, bien qu'on la crût destinée à marcher sur les traces de sa glorieuse tante, Mlle Antier. Elle était fille de la sœur cadette de celle-ci et s'appelait Mlle de Metz. Après s'être distinguée dès ses débuts en 1744, après s'être produite non sans succès au Concert spirituel, elle devint folle, ou pour mieux dire idiote, au bout de quelques années. La Borde nous la fait ainsi connaître : — « Mlle de Maiz *(sic)*, fille de Mlle Antier cadette, est entrée à l'Opéra en janvier 1744, était bonne actrice et réunissait les charmes de la voix à ceux de la figure. Elle a quitté en 1751. Son esprit s'est aliéné, et aujourd'hui, en 1779, elle vit dans le silence le plus profond, sans que depuis plusieurs années on ait pu tirer d'elle une seule parole. » C'est surtout dans le répertoire qu'elle avait commencé à se faire une réputation, car je ne vois à son actif qu'une seule création, dans *Daphnis et Chloé.*

L'abbé de Fontenai, dans son *Dictionnaire des Artistes*, en rappelant la part que Mlle Antier avait prise à l'ovation dont le maréchal de Villars avait été l'objet à l'Opéra à la suite de sa victoire de Denain, signale le rôle analogue que joua sa nièce dans une circonstance semblable : — « ... La même chose se pratiqua pour le maréchal de Saxe, à son retour de la campagne de 1745. Ce général étant dans les balcons de l'Opéra, la demoiselle de Metz, nièce de la demoiselle Antier, représentant la Gloire dans le même opéra d'*Armide*, lui présenta aussi la couronne de laurier, que sa modestie ne lui permit d'accepter qu'avec beaucoup de peine. Et ce maréchal, aussi généreux que grand guerrier, envoya le lendemain à la demoiselle de Metz pour dix mille livres de diamants ».

Une autre nièce de Mlle Antier, Mlle Louise Gondré, appartint aussi à l'Opéra, où on la vit un peu avant Mlle de Metz, dès 1742. Le *Mercure* de novembre de cette année signalait ainsi son apparition : — « Le 11 novembre, l'Académie royale de musique donna la dernière représentation d'*Hippolyte et Aricie.* La Dlle Gondré, jeune personne qui a la voix fort belle et beaucoup de talens, avoit chanté le 6 le rôle de Diane dans le même opéra, avec beaucoup d'applaudissement. Cette nouvelle actrice est la nièce de la Dlle Antier, dont les sublimes talens sont connus à la cour et à la ville. Il y a d'autant plus lieu d'espérer que la jeune personne qui donne lieu à cet article fera de grands progrès, que son illustre tante prend soin de son éducation et lui montre l'art du chant et de la déclamation. »

Cependant Mlle Gondré ne fut jamais autre chose qu'un coryphée important. Elle était, de même que toutes celles dont il me reste à parler, comprise dans le personnel de l'Opéra comme « chantant dans les chœurs et doublant les rôles », ainsi que l'établissait l'article 21 du Règlement de l'Opéra du 19 novembre 1714, ainsi conçu :

Tous les acteurs et actrices, à l'exception de ceux et de celles qui occupent les huit premiers rolles, seront obligés de servir dans les chœurs et d'y chanter, lors même qu'ils seront chargés de quelques petits rolles, après l'exécution duquel ils reprendront leur place ordinaire.

Mlle Gondré établit ainsi quelques rôles accessoires dans *Don*

Quichotte chez la duchesse, les Fêtes de l'hymen et de l'amour, Acanthe et Céphise, etc. On la produisit même un jour d'une façon singulière, en la chargeant d'un rôle qui n'était guère de son emploi. C'est encore le *Mercure* qui nous l'apprend : — « Le charmant ballet de *l'Europe galante*, qui obtient d'équitables applaudissements les mardis et les jeudis, en a eu de nouveaux le mardi 19 décembre, quand Mlle Gondré a chanté le rôle de la basse-taille dans l'entrée espagnole. Malgré la louable timidité que lui inspiroit le public, elle s'est parfaitement acquittée de ce singulier emploi, et les suffrages nombreux se sont déclarés par des battemens de mains fréquens et redoublés (1) ».

En dépit de la bonne volonté dont elle faisait preuve, malgré les leçons et le puissant appui de sa tante, Mlle Gondré ne parvint jamais à sortir de l'obscurité. Ce qui le démontre, c'est que c'est avec une maigre pension de 250 livres qu'elle prit sa retraite en 1755, après treize années de service.

Une autre, Mlle Cartou, fut plus favorisée, car sa pension fut de 400 livres. Il est vrai que son séjour à l'Opéra fut plus prolongé, car elle n'y resta pas moins de vingt-quatre ans. Mais celle-ci est un type amusant, qui a laissé un nom dans les coulisses du théâtre, moins pour son talent, qui sans doute était mince, que pour ses saillies, son esprit et ses gamineries. Jolie, bonne fille, vive et pétulante, gracieusement effrontée, la langue bien pendue mais non point venimeuse, on lui pardonnait quelques menus écarts et certains propos un peu crus en faveur de son caractère enjoué, de son éternelle bonne humeur et d'une gaîté qu'elle communiquait à tous.

Marie-Claude-Nicole Cartou débuta le 14 septembre 1727 à l'Académie royale de musique, qu'elle ne devait quitter qu'en 1751. C'était à la première représentation d'un opéra de Mouret, *les Amours des dieux*. « Mlle Cartou, jeune actrice nouvellement reçue à l'Opéra, chanta avec applaudissement un air champêtre », disent les frères Parfait. On la voit ensuite chanter dans les chœurs, puis jouer beaucoup de petits rôles dans les ouvrages en cours, et même en établir quelques-uns, notamment dans *Platée*

(1) *Mercure*, Décembre 1747.

et dans *les Fêtes nouvelles*. Si elle sut se rendre utile dans sa sphère modeste, la vérité est qu'elle ne sortit non plus jamais de l'obscurité en tant qu'artiste ; mais elle se fit une réputation par ses réparties, par ses bons mots, souvent très plaisants, parfois aussi très salés, et dont malheureusement, pour cette raison, la plupart sont impossibles à reproduire. Comme beaucoup de ses compagnes elle eut de nombreux amants, dont plusieurs en vue et très haut placés, tels que le maréchal de Saxe et le duc de Quinstown. Un chroniqueur disait, lorsque celui-ci eut rompu avec elle : — « La Cartou s'est jetée dans la finance pour se consoler de la perte qu'elle a faite du duc de Quinstown ; c'est un nommé Le Noir de Cindré, que vous avez vu à Lyon, qui l'entretient. Il est intéressé dans les vivres d'Allemagne, ce qui donna lieu à la Cartou de dire : « Je me suis jetée dans les vivres, mais je lui ferai manger bien des rations ». C'est à Mlle Cartou qu'on attribue aussi la répartie bien connue faite à Rameau le jour de la représentation d'un de ses ouvrages qui, comme la plupart de ceux du grand homme, n'avait pas été compris tout d'abord et avait reçu du public un accueil plus que tempéré. « Allons, s'écria Rameau, la poire n'est pas encore mûre ! — Cela ne l'a pourtant pas empêchée de tomber », répliqua l'autre.

Grimm, dans sa Correspondance, parle de Mlle Cartou et raconte une de ses aventures : — « C'était une fille, mais de bonne compagnie pour les hommes, distinguée par son esprit et ses saillies. Elle comptait l'illustre comte de Saxe parmi ses conquêtes. Elle le suivit au fameux camp de Muhlberg, en Saxe, en 1730, où elle eut la gloire de souper avec les deux rois Auguste II de Pologne et Frédéric-Guillaume de Prusse et les princes leurs fils et leurs successeurs au trône, dont l'un (Frédéric II) a un peu fait parler de lui depuis. Après cette brillante aventure, Cartou n'en revint pas moins en France brailler sur le théâtre de l'Opéra comme auparavant. Elle s'est retirée du théâtre et du monde presque en même temps que Camargo ».

La même année qu'elle en effet, en 1751, comme on l'a vu. A partir de ce moment elle vécut dans une profonde retraite, et l'on n'entendit plus parler d'elle. Elle mourut à Paris, rue Saint-Lazare, aux Porcherons, le 22 avril 1770, désignant, dit-on, pour son exécutrice testamentaire son amie Mlle Coupé, avec laquelle elle était étroitement liée.

Il y a bien peu de choses à dire de deux ou trois autres artistes, dont la situation à l'Opéra ne fut pas beaucoup plus brillante que celle de Mlles Gondré et Cartou et qui n'ont pas laissé plus de traces de leur passage à ce théâtre.

L'une, Mlle Catin, qui débuta en 1721, épousa en 1724 son camarade Jean Dun (fils), dont alors elle porta le nom, et se retira en 1754, après trente-trois ans de service, avec la pension. Elle ne jouit pas longtemps de celle-ci, car elle mourut deux ans après, en 1756.

Mlle Monville paraît avoir débuté aux environs de 1730. Comme les précédentes elle était comprise « dans les chœurs et doublant les rôles ». Elle en établit quelques-uns dans *Hippolyte et Aricie*, *Achille et Déïdamie*, *Scanderberg*, *les Voyages de l'amour*, *le Triomphe de l'harmonie*. Retraitée et mise en 1748 à la pension de 400 livres, elle mourut en 1768.

Mme Chefdeville, née Marie-Madeleine Jendrest, qui était femme de Jean-Étienne Chefdeville, l'un des nombreux instrumentistes de ce nom, débuta à l'Opéra vers 1740, y fut longtemps comprise dans les chœurs, et en 1754 devint « actrice chantante ». Cette situation, un peu moins effacée que celle des précédentes, lui valut, lorsqu'elle se retira en 1762, une pension un peu plus élevée, qui se montait à 500 livres. Elle mourut en 1769.

Il y a peu de chose à dire de Mlle Dupéray ou Du Péray, qui cependant ne devait pas être inhabile comme chanteuse, puisqu'en même temps qu'à l'Opéra elle appartint au Concert spirituel, où elle était fort bien accueillie. En 1748 on la trouve dans les chœurs de ce théâtre. En 1751 elle prend place parmi les « récitantes », ainsi qu'au Concert. L'année suivante son nom cesse de figurer sur les registres de l'Opéra, et il en est de même en 1756 quant au Concert. A partir de ce moment, il n'est plus question d'elle en aucune façon. Il est à supposer qu'elle mourut jeune.

Il suffit de mentionner les noms de Mlles Cazeau, Duplessis, De Lorge, Victoire, Cohendet, etc., parfois aussi chargées de petits rôles, mais dont l'existence artistique (?) est restée complètement obscure. A remarquer cependant que la dernière,

Mlle Cohendet, se produisit un instant au Concert spirituel.

Je ne saurais pourtant me dispenser de citer tout au moins le nom de Mlle Lemierre, et de signaler sa courte présence à l'Opéra aux derniers jours de la carrière de Jélyotte. Je dis bien « sa courte présence », car si son début date de 1750, elle s'éloigna de ce théâtre en 1752 ou 1753, après avoir créé quelques rôles secondaires dans *Almasis*, *Acanthe et Céphise* et *Titon et l'Aurore*, pour n'y reparaître qu'en 1757, deux ans après le départ de Jélyotte, et c'est seulement à cette époque que commença sa carrière brillante. Sœur cadette d'un violoniste fort distingué qui fut élève de Gaviniés et qui appartint lui-même à l'orchestre de l'Opéra pendant plus de vingt ans, Marie-Jeanne Lemierre était née à Sedan le 29 novembre 1733. On sait les succès retentissants qu'elle obtint jusqu'à sa retraite en 1777, d'abord sous son nom de demoiselle, puis sous celui de Mme Larrivée, lorsqu'en 1762 elle eut épousé son camarade, le grand chanteur de ce nom. Mais elle n'appartient que d'une façon fugitive à l'époque que j'ai pris à tâche de retracer, et je n'ai pas à m'occuper davantage ici, malgré sa célébrité, de cette artiste fort distinguée (1).

---

(1) Mlle Lemierre fut sur le point de quitter une seconde fois l'Opéra, en 1759, par suite d'une prétention assez intempestive, et dans laquelle d'ailleurs elle eut le bon esprit de ne pas s'obstiner. On remontait l'*Amadis* de Lully, et Mlle Lemierre réclamait, comme lui appartenant par son emploi, le rôle d'Oriane, rôle très dramatique, au-dessus de ses moyens physiques, et que l'administration voulait très sagement confier à Sophie Arnould. Mlle Lemierre prétendit qu'elle le jouerait, et qu'elle le jouerait à l'exclusion de toute autre, ou qu'elle quitterait le théâtre. Le récit de cette anecdote se trouve tout au long dans le *Mercure de France*, qui, tout en se montrant très sympathique au talent de la jeune artiste, disait à ce sujet : — « Une voix enchanteresse, une figure charmante, une action noble et juste, de l'intelligence et du sentiment, donnent à Mlle Lemierre le droit de prétendre à exceller dans tous les rôles gracieux et tendres. Mais ces sons brillants, ces cadences légères, cette douce sérénité d'une physionomie riante ne semblent pas faits pour les rôles passionnés tels que celui d'Oriane. » Elle finit par céder et laisser le rôle à Sophie Arnould ; mais elle voulut s'y essayer cependant, quelques mois plus tard, et n'y réussit que médiocrement.

Mme Lemierre-Larrivée mourut à Paris, au mois d'octobre 1786.

VI

Sans vouloir faire pour le personnel dansant de l'Opéra au temps de Jélyotte ce que j'ai fait pour le personnel chantant, je ne puis pourtant me tenir de rappeler les hauts faits de deux artistes justement célèbres en ce genre et qui ont eu la gloire de mériter les éloges de Voltaire. Il me semble que si j'omettais de citer ici les noms demeurés fameux de Mlle Sallé et de la Camargo, il manquerait quelque chose au tableau que j'essaye de tracer de l'ensemble de notre grande scène lyrique à l'époque des triomphes de Rameau. Bien qu'à cette époque le ballet d'action n'ait pas encore fait son apparition à ce théâtre, on sait quelle importance la danse proprement dite y avait conquise, combien le public s'en montrait friand et quelles exigences il manifestait en ce qui la concerne. Aussi, l'Opéra ne présentait-il sous ce rapport à ce public que des artistes de premier ordre, des danseurs tels que Dupré, Dumoulin, Maltaire, Vestris père, Javillier, Lyonnais, Lany, Laval, et des danseuses qui s'appelaient Carville, Mariette, Le Breton, Dallemand, Lany, Puvigné, en tête desquelles brillaient surtout ces deux étoiles, Mlle Sallé et Mlle Camargo. Elles y parurent pour la première fois presque ensemble, Mlle Camargo en 1726, Mlle Sallé en 1727, et l'on peut dire que dès leur début elles enchantèrent les spectateurs et excitèrent un véritable enthousiasme, chacune avec ses qualités propres et sa personnalité particulière. Cependant, si la première fournit toute sa carrière à l'Opéra, où, à part une assez longue interruption, elle resta jusqu'en 1751, la seconde alla terminer la sienne à Londres, où son talent fit fureur et où elle obtint d'incomparables triomphes. On sait les vers par lesquels Voltaire caractérisait l'une et l'autre :

Ah! Camargo, que vous êtes brillante,
Mais que Sallé, grands dieux, est ravissante!
Que vos pas sont légers, et que les siens sont doux!
Elle est inimitable, et vous êtes nouvelle.
Les Nymphes sautent comme vous
Et les Grâces dansent comme elle (1).

Marie-Anne de Cupis de Camargo était née le 15 avril 1710 à Bruxelles, où son père était maître de musique et de danse. On a dit et répété que les Cupis descendaient d'une noble famille romaine, ce qui semble très exact; ce qui l'est moins, c'est qu'un membre de cette famille, qui fut cardinal, évêque d'Ostie et membre du Sacré Collège, aurait porté le nom de Jean-Dominique de Cupis de Camargo (2). La vérité est qu'un ancêtre de la célèbre danseuse, simplement appelé de Cupis et attaché à la maison d'Autriche, s'étant fixé en Flandre, y épousa une jeune Espagnole de la famille de Camargo, dont il ajoutait volontiers le nom au sien. L'aïeul de la future artiste, tué au service de l'Empereur, laissa un fils au berceau et peu de fortune, si bien que sa veuve, pour permettre à l'enfant de gagner sa vie, lui fit apprendre la musique et la danse. Quant au nom véritable de la

(1) On a reproché à Voltaire ce vers appliqué à la Camargo : *Les Nymphes sautent comme vous*. Les danseuses, disait-on, ne sautent pas, elles dansent. Mais c'est que le saut était précisément une des caractéristiques de l'art de la Camargo. Un pas de deux qu'elle exécutait fréquemment et avec beaucoup de grâce en compagnie du danseur Dumoulin avait pour titre « le saut de Basque ». Et je lis ceci dans les *Mémoires* du marquis d'Argenson : — « Il a paru hier une nouvelle danseuse à l'Opéra. Elle est italienne; elle s'appelle la Barbarini; elle saute très haut, a de grosses jambes, mais danse avec précision. Elle ne laisse pas d'avoir des grâces dans son dégingandage... Elle a été fort applaudie, et il est à craindre que sa danse ne soit suivie. Nous voyons déjà par là que Camargo a pris chez les étrangers les sauts périlleux qu'elle nous a produits. Notre danse légère, gracieuse, noble et digne des nymphes, va donc devenir un exercice de bateleur et de bateleuse, ce que nous prendrons chez les Italiens et chez les Anglais... » Voltaire n'avait donc pas si grand tort.

(2) Peut-être en effet le cardinal de Cupis, mort en 1553, faisait-il partie de cette famille; mais dans son *Dictionnaire critique de biographie et d'histoire* Jal a prouvé, par une pièce probante, qu'il ne porta jamais le nom de Camargo.

famille, c'était bien Cupis, et ce qui le prouve, c'est que le frère et le neveu de la danseuse, qui furent tous deux musiciens distingués, n'en portèrent jamais d'autre. Mais elle, trouvant sans doute celui de Camargo plus élégant et plus sonore, en quoi elle n'avait pas tort, l'adopta d'autant plus volontiers en prenant le théâtre, qu'en quelque sorte il lui appartenait. Elle sut d'ailleurs le rendre fameux.

Une notice très informée, publiée à l'époque de sa mort par le petit almanach *les Spectacles de Paris*, nous donne des détails précis et circonstanciés sur les jeunes années et les commencements de Mlle Camargo :

...Elle reçut en naissant ces dons heureux que l'art perfectionne, mais qu'il ne donne pas, et l'on dit qu'étant dans les bras de sa nourrice, elle ne pouvoit entendre son père jouer du violon sans être animée par des mouvemens si vifs, si gais, si mesurés, qu'on augura dès lors qu'elle seroit un jour une des plus grandes danseuses de l'Europe. Lorsqu'elle eut atteint l'âge de dix ans, la princesse de Ligne et d'autres dames de la cour de Bruxelles firent les frais de l'envoyer à Paris avec son père pour y recevoir des leçons de danse de Mlle Prévost, dont les grâces, la vivacité, la cadence charmoient la cour et la ville. Elle fut recommandée au prince d'Isenghien et au comte de Middelbourg, son frère, qui engagèrent Mlle Prévost à prendre la jeune provinciale comme élève. Celle-ci profita si bien de ses leçons qu'en moins de trois mois elle retourna à Bruxelles pour être la première danseuse de l'Opéra de cette ville.

Le sieur Pélissier, entrepreneur de celui de Rouen (1), sur la réputation de cette jeune personne offrit à son père des avantages si considérables qu'il l'engagea avec sa fille pour son spectacle, mais cet Opéra ne pouvant se soutenir, le directeur fut obligé de l'abandonner et ses débris enrichirent celui de Paris.

Mlle Camargo, présentée par Mlle Prévost, débuta par *les Caractères de la danse*. Jamais salle de spectacle ne retentit d'autant d'applaudissemens qu'en reçut la débutante. Il ne fut plus question, pendant la vivacité de l'enthousiasme du public, de parler d'autre chose dans les sociétés que de la jeune Camargo. Toutes les modes nouvelles portèrent son nom. Un jour, Mme la maréchale de Villars vint à elle auprès du bassin des Tuileries avec tant de bonté que tout ce qui étoit à la promenade s'attroupa autour d'elles et remplit le jardin du bruit des battemens de mains et des applaudissemens (2).

La jeune Camargo avait à peine accompli sa seizième année

(1) On a vu que c'était le mari de « mademoiselle » Pélissier.

(2) Une autre notice, celle du *Nécrologe des hommes célèbres de France* (1771) met cette petite aventure sur le compte du maréchal de Villars lui-même.

lorsqu'elle vint débuter à Paris d'une façon si brillante. Les frères Parfait nous rendent ainsi compte de sa première apparition :

Le 5 mai (1726) l'Académie royale de musique reprit l'opéra d'*Atys*, que l'on continua les 9, 10 et 12 suivans. Le même jour Mlle Camargo, cy devant danseuse de l'Opéra de Bruxelles et qui n'avoit jamais paru à Paris, dansa *les Caractères de la danse* avec toute la vivacité et l'intelligence qu'on peut attendre d'une jeune personne de 15 à 16 ans. C'étoit une élève de Mlle Prévost, qui la présenta au public, quoi qu'alors elle eût encore bien des perfections à acquérir pour égaler son inimitable maîtresse. Cependant, dès son début le public la regarda comme une des plus brillantes danseuses qu'on pût voir, surtout pour la justesse de l'oreille, la légèreté et la force. Nous aurons lieu de parler dans la suite de cette célèbre danseuse, qui a si bien mérité tous les éloges qu'on lui a donnés (1).

La Camargo était charmante, et ses qualités physiques ne pouvaient qu'aider à son talent plein d'originalité. Petite, mignonne et de proportions exquises, douée d'une physionomie souriante et d'une grâce pleine de délicatesse, elle semblait précisément faite pour l'art qui fit sa gloire. « Sa conformation, disait un chroniqueur, étoit sans contredit la plus favorable à son grand talent. Ses pieds, ses jambes, sa taille, ses bras et ses mains étoient de la forme la plus parfaite. » Et l'écrivain ajoute : « Son cordonnier fit la plus grande fortune dans son état par la vogue que lui donna notre danseuse; toutes les femmes vouloient être chaussées à la Camargo (2). » Ajoutons à son portrait que la Camargo ne manquait ni de finesse ni d'esprit, quoiqu'elle fût, dit-on, de nature un peu mélancolique, ce qui peut paraître singulier si l'on songe à l'étonnante gaîté, pleine d'entraînement et de séduction, qu'elle apportait dans sa danse.

On a vu le succès qu'elle obtint d'emblée, dès sa première apparition. Ce succès fut tel qu'il excita le dépit de sa propre

(1) « Les caractères de la danse » étaient un pas célèbre, dont je n'ai pu découvrir l'origine, qui était exécuté par diverses danseuses, mais que la Camargo s'appropria en quelque sorte, qu'elle intercalait dans une foule d'ouvrages, et qui lui valut toujours un énorme succès. Ce pas, qui semble avoir eu quelque chose de classique en son genre, n'appartenait pas d'ailleurs en propre à l'Opéra, car les danseuses de la Comédie-Italienne l exécutaient aussi avec beaucoup de succès.

(2) Un autre nous a transmis le nom de cet heureux artisan, qui appartient de droit à la postérité. Il s'appelait Choisy. (Voy. *Nécrologe*, etc., 1771.)

maîtresse, Mlle Prévost, que sa situation exceptionnelle à l'Opéra aurait dû cependant garantir contre tout mouvement de jalousie. Celle-ci fut à ce point furieuse qu'elle obligea son élève à entrer dans le corps de ballet, d'où elle ne tarda pas d'ailleurs à sortir à la suite d'un incident singulier, incident ainsi raconté par le biographe que j'ai déjà cité :

> Des succès si distingués déplurent à Mlle Prévost ; elle voulut humilier son élève en l'obligeant d'entrer dans les ballets, ce qui occasionna l'aventure suivante. Mlle Camargo figuroit dans une danse de démons. Dumoulin, surnommé le Diable, qui devoit y danser seul, ne s'y trouva pas lorsqu'on vint à exécuter son air. La jeune danseuse, toute hors d'elle-même, voyant que cette entrée n'étoit pas remplie, s'élança de son rang, dansa de caprice et transporta les spectateurs d'admiration et de ravissement. Ce trait acheva de la brouiller avec Mlle Prévost, qui se refusa de lui faire danser une entrée que Mme la duchesse [de Berri] avoit fait demander. Le célèbre Blondi voyant cette jeune élève tout en pleurs de ce refus, lui dit : « Quittez, mademoiselle, quittez cette dure et jalouse maîtresse qui vous fait éprouver tant de mortifications. Je veux être votre maître : je ferai l'entrée que Mme la duchesse demande, et vous la danserez mardi prochain. » Les progrès de Mlle Camargo répondirent aux soins de ce grand danseur. Elle réunit bientôt, par les soins de son nouveau maître, la noblesse et le feu de l'exécution aux grâces, à la légèreté et à la séduisante gaité qu'elle avoit sur le théâtre (1).

Elle en profita si bien en effet qu'elle fut aussitôt la favorite et l'enfant gâtée du public, qu'enchantaient son jeune âge, sa grâce mignonne, son talent précoce et les efforts incessants qu'elle faisait pour lui plaire. Elle se montra successivement dans *Ajax*, *les Amours déguisés*, *les Amours des Dieux*, *le Jugement de Pâris*, *Médée et Jason*, *Bellérophon*, *Roland*, partout recueillant les applaudissements et les preuves d'affection des spectateurs enthousiasmés. Dès lors elle n'était pas seule de sa famille à l'Opéra, et les frères Parfait nous apprennent que dans la reprise de *Roland*, qui eut lieu le 11 novembre 1727, « Camargo, frère de la Dlle Camargo, parut dans le ballet, ainsi qu'une petite sœur ». Quel était celui de ses frères qui se montra ainsi auprès d'elle, et dont il ne fut plus question par la suite? Je ne sais. Ce n'est certainement pas François Cupis, le violoniste, qui devait plus tard faire partie de l'orchestre de l'Opéra. Il était trop jeune

(1) *Les Spectacles de Paris*, 1771.

alors, étant né en 1719. Quant à la « petite sœur », qui disparut aussi rapidement, nous allons apprendre que c'était la jeune Sophie, de deux ans moins âgée que son aînée, et c'est ici que se place un incident bizarre, qui vaut que l'on s'y arrête quelque peu.

Les succès de la Camargo avaient naturellement attiré sur elle l'attention de certains personnages plus ou moins importants qui, alors comme aujourd'hui, fréquentaient avec assiduité les coulisses de l'Opéra. L'un deux, le comte de Melun, entreprenant et peu chargé de scrupules, poursuivait avec obstination non seulement la gentille Camargo, mais en même temps sa jeune sœur, et, chose vraiment singulière, parvint à les enlever l'une et l'autre, dans la nuit du 10 au 11 mai 1728, et par les séquestrer toutes deux dans l'hôtel qu'il possédait rue de la Couture-Saint-Gervais. Ce double rapt donna lieu tout naturellement à une plainte du père des deux jeunes filles, plainte adressée directement au cardinal de Fleury, ministre d'État. Ce document, qui, comme on va le voir, ne manque pas de saveur, mérite d'être reproduit, d'abord en raison des renseignements qu'il nous apporte sur la famille, ensuite pour la complaisance avec laquelle, en exposant ses justes griefs et pour leur donner plus de poids, Ferdinand-Joseph de Cupis parle de ses ancêtres et fait étalage de ses titres, de ses alliances et de sa noblesse. Voici le texte de sa requête, dont l'original faisait partie de la collection fameuse de Beffara :

A son Éminence Monseigneur le cardinal de Fleury.

Mai 1728.

MONSEIGNEUR,

Ferdinand-Joseph de Cuppis, *alias* Camargo (1), écuyer, seigneur de Renoussart, représente très respectueusement à Votre Éminence que, né d'une des plus nobles familles de Rome, qui a donné à l'Église romaine un archevêque de Trani, un évêque d'Ostie et un cardinal du titre de Saint-Jean *ante Portam Latinam*, doyen du sacré collège en l'an 1517, sous le pontificat de Léon X; s'étant trouvé privé des biens de la fortune par les malheurs, les procès et les ravages des guerres que ses pères ont essuyés, il a évité avec plus de soin que

(1) Il écrivait *Cuppis*, on le voit, tandis que partout, même dans les actes publics, son nom était écrit Cupis. On sait de quelle liberté on usait, au dix-huitième siècle, avec les noms propres.

la mort de déroger à sa naissance et à ses ancêtres, dans la noblesse desquels il n'y a jamais eu aucune altération, pas même par les alliances, le suppliant étant en état de prouver seize quartiers, tant de père que de mère, puisque la famille des Cuppis *a sorti* de Rome pour venir s'allier à Bruxelles à celles des Derville et Vanghen Derlaclein, qui sont du nombre des sept familles qui ont fondé la ville de Bruxelles, et dont les descendants confondent en eux la noblesse et la bourgeoisie.

Hors d'état de pouvoir soutenir son rang et chargé de sept enfants, il a gémi sans murmurer, il a cherché à procurer à ses enfants des talents particuliers et des arts libéraux qui pussent, sans qu'ils dérogeassent, subvenir aux besoins de la vie, et les faire sortir de la misère en attendant des temps plus heureux : il a fait donner à l'un des instructions pour la peinture, à d'autres pour la musique, à d'autres pour la danse. Dans ce nombre sont deux filles, actuellement âgées l'une de dix-huit ans, l'autre de seize.

Comme le feu roi, de glorieuse mémoire, a voulu qu'on pût être à l'Opéra sans déroger, le suppliant, ayant été d'ailleurs sollicité, même forcé par des personnes qui savaient les grandes dispositions de l'aînée, n'a pu s'empêcher de consentir qu'elles entrassent à l'Opéra, mais sous la condition que lui ou son épouse les y conduiraient et les reprendraient en sortant. En effet, l'aînée, qui y est depuis trois ans (1), s'est toujours parfaitement comportée, et cette conduite a été universellement admirée, aussi bien que sa danse. Mais depuis trois ans M. le comte de Melun a usé de séductions et de voies également indignes de lui et du suppliant. Après avoir trouvé le secret de faire interposer des ordres au suppliant, que l'on a dit émaner d'une part respectable, pour ne point réprimer sa fille, quoiqu'il y eût occasion de le faire, il a cru que la soumission du suppliant à ces ordres, quoique surpris par de faux exposés, avancerait ses lâches desseins ; il a osé proposer au suppliant de consentir à la débauche de sa fille, et lui a offert pour cela de lui abandonner les appointements qu'elle a à l'Opéra. Le suppliant ayant traité comme il le devait cette proposition, le comte a trouvé le moyen de s'introduire pendant plusieurs nuits dans la chambre de ses filles (!), et enfin, les 10 et 11 de ce mois de mai, il les a enlevées toutes deux et les tient actuellement en son hôtel à Paris, rue de la Couture Saint-Gervais.

Le suppliant, ainsi déshonoré aussi bien que ses filles, poursuivrait à l'ordinaire si le ravisseur était un simple particulier ; et les lois établies par Sa Majesté et ses augustes prédécesseurs veulent que le rapt soit puni de mort. Il y a double crime : deux sœurs enlevées, dont une âgée de dix-huit ans, l'autre de seize. Mais le suppliant ayant pour partie une personne du rang du comte de Melun, est obligé de recourir au législateur, et espère de la bonté du Roi qu'il lui fera rendre justice, et qu'il ordonnera à M. le comte de Melun d'épouser la fille aînée du suppliant et de doter la cadette. Il ne peut que par là réparer une injure si sanglante. Le suppliant espère de la charité et de

(1) Ici il y a erreur. Il y avait juste deux ans que la Camargo avait débuté à l'Opéra (5 mai 1726).

l'équité de Votre Éminence qu'elle voudra bien lui faire rendre cette justice et réparer l'injure qu'on lui a faite par le rapport qu'il se flatte que Votre Éminence voudra bien en faire au Roi, et en l'honorant de sa protection auprès de lui et le favorisant des sages conseils qu'elle lui donne. Il continuera ses vœux pour la santé et conservation de Votre Éminence (1).

Qu'advint-il de cette supplique? On ne saurait le dire. Le comte de Melun accorda-t-il, de gré ou de force, un dédommagement à Ferdinand-Joseph de Cupis? Toujours est-il bien certain qu'il n'épousa point sa fille, mais qu'il s'empressa sans doute de rendre la liberté à ses victimes, puisque nous voyons Mlle Camargo reparaître à la scène dès le 25 mai, dans une reprise d'*Hypermnestre*, opéra de Gervais. En reprenant son service, elle le continua toujours avec la même grâce, la même activité, faisant chaque jour des progrès dans son art, et ne cessant d'obtenir et de mériter les faveurs d'un public qu'elle enchantait (2).

Elle devait cependant, au bout de quelques années, disparaître pendant un temps de l'Opéra. C'est à l'époque de sa liaison avec le comte de Clermont, cet abbé général, qui avait dans les veines du sang des Condé, et qui voulut la séquestrer à son tour, mais cette fois de son propre consentement, et plus longtemps que n'avait fait le comte de Melun.

Le comte de Clermont, enfant chéri des dames, menait, en dépit de son titre d'abbé, une existence assez dissolue. « M. le comte de Clermont, qui est abbé, nous dit Barbier, et jouit de

(1) Le texte de cette pièce intéressante, qui semble avoir échappé à tout le monde, a été publié dans le premier volume de la *Revue rétrospective*.

(2) Quant à sa sœur Sophie, qui avait partagé sa courte captivité chez le comte de Melun, on n'en a que peu de nouvelles. Je trouve seulement sur elle cette note dans le *Dictionnaire des Théâtres* des frères Parfait (t. VII, p. 751) : — « Camargo cadette, sœur de la fameuse danseuse du même nom, a paru pour la danse au Théâtre-Français, à la rentrée de Pâques 1735 (et même avant, comme on va le voir). Elle revenait d'Angleterre. Le public la voit encore avec plaisir au même théâtre en 1756. » Elle dansait en effet à la Comédie-Française, le 18 janvier 1755, avec le danseur Jean Sarni, un ballet de celui-ci, *le Poirier*, musique de Grenier; et au mois de juillet un autre ballet, *les Bergeries*, de La Rivière, musique de Berthault. L'almanach *les Spectacles de Paris* de 1756 la mentionne comme « première danseuse » dans la liste du personnel de la Comédie-Française; mais dès l'année suivante elle disparaît de cette liste, où elle est remplacée par Mlle Allard, qui devait plus tard faire une brillante carrière à l'Opéra. Mlle Camargo cadette était âgée alors de quarante-cinq ans environ. Impossible de découvrir ce qu'elle devint par la suite.

deux cent mille livres de rentes de bénéfices, ne mène pas une conduite bien régulière. Il est sans épée, mais les cheveux en bourse et en habit brodé et galonné; il doit deux millions dans Paris, et change tous les jours de maîtresse. » Cet inconstant s'était pris d'une passion folle, et qui devait durer, pour la Camargo. Pour elle il avait planté là la duchesse de Bouillon, qui pas plus que lui d'ailleurs ne se piquait de fidélité. Mais à peine était-il heureux que la fantaisie lui vint de prendre du service et de partir en campagne. C'était à la fin de 1733. Barbier nous en parle encore : « Le public souffre de ce que M. le comte de Clermont, abbé et bénéficiaire, a pris le parti des armes. La Camargo, fameuse danseuse de l'Opéra, que le prince a prise depuis peu pour maîtresse, n'a pas dansé depuis son départ, afin de ne pas interrompre sa tristesse. On dit même qu'elle a demandé à ne plus danser jusqu'à son retour, en sorte que le crime s'annonce ouvertement, et qu'en faveur de ces beaux sentiments qu'elle affecte par air, le public se trouve privé d'une actrice qui est gagée par lui. Cela paraît indécent et ridicule. »

Le comte de Clermont fut de retour au commencement de 1734. Il était littéralement fou de la Camargo, à ce point qu'il finit par la décider à quitter l'Opéra et à consentir à vivre pour lui seul. Jules Cousin, dans son livre sur *le Comte de Clermont*, a cité à ce sujet un rapport de police dans lequel se trouvent ces lignes :

En 1733 le comte de Clermont s'empara de Mlle Camargo, et, jaloux de ce que le public participoit avec lui au plaisir de la voir, il lui fit quitter l'Opéra et se séquestra avec elle. Cette nouvelle passion tyrannisa même tout le quartier où elle demeuroit, rue Neuve des-Petits-Champs, car les voisins n'osoient plus se mettre à leurs fenêtres, ni regarder pour ainsi dire la maison de la demoiselle Camargo. Heureusement pour eux que cela ne dura pas longtemps. Le comte prit le parti de s'en aller confiner à Berny, avec sa maîtresse. Il la garda huit ans au bout desquels il la quitta, après en avoir eu deux enfants, pour prendre Mlle Leduc, qu'il enleva au président de Rieux. Celui-ci, piqué du procédé du comte, dont il ne pouvoit se venger directement, imagina de prendre par dépit la demoiselle Camargo, sa veuve, qui se consola d'autant plus facilement que le président lui fit des biens immenses et, pour faire repentir la Leduc, envoya d'entrée de jeu à sa nouvelle maîtresse mille louis dans une écuelle d'or couverte du même métal.

On assure que la Camargo, qui avait peut-être la nostalgie de

LA CAMARGO, d'après le tabl

ncret, gravé par Laurent Cars.

l'Opéra, et qui était devenue lasse aussi d'une existence à ce point retirée, aurait en quelque sorte provoqué cet abandon et prêté les mains à la nouvelle intrigue du comte de Clermont. Toujours est-il qu'une fois devenue libre elle s'empressa de reparaître devant le public. Elle fit sa rentrée à l'Opéra le 28 décembre 1741, à la grande joie de ses admirateurs, dans une représentation des *Fêtes grecques et romaines* (1). Le dernier ouvrage dans lequel elle s'était montrée était *Achille et Déidamie*, qui avait été joué le 24 février 1735. Son absence avait donc duré près de sept ans (2). Cette absence avait été consignée dans les termes qu'on va voir, par les frères Parfait, à propos d'une reprise des *Fêtes de Thalie* qui avait lieu à l'Opéra le 2 juin 1735 : — « ... Le ballet fut très bien exécuté, quoique le public y eût fait une perte irréparable dans la personne de la D[lle] Camargo, qui avoit quitté le théâtre. On regrettera encore longtemps cette célèbre danseuse, unique dans son genre et qui a mérité tous les éloges qu'on lui a donnés. Le sieur Lancret, de l'Académie royale de peinture, a consacré à la postérité le nom et les talens de cette illustre fille dans le portrait historié et très bien caractérisé qu'il en a fait, et a sçu saisir si bien ce qu'un aussi excellent modèle a d'inimitable que jamais figure n'a paru plus dansante. Les accompagnemens sont traités avec goût et discernement. On voit des spectateurs placés naturellement et un très beau fond de paysage. Le sieur de Cars, de la même Académie, a gravé ce portrait de la même grandeur du tableau, et avec tant d'art que les connoisseurs ne sçavent à qui donner la préférence, du burin ou du pinceau. L'estampe en est large et de la

---

(1) En mentionnant la reprise de cet ouvrage à la date du 4 juillet 1741, avec le début d'une nouvelle danseuse, Mlle Cochois, dans le rôle de Terpsichore, les frères Parfait disent, dans leur *Dictionnaire des Théâtres :* « Dans la suite des représentations de ce ballet, Mlle Camargo, qui avoit quitté le théâtre en 1735, y reparut le 28 décembre 1741, sous ce même personnage. »

(2) *Les Spectacles de Paris* disent qu'elle quitta l'Opéra en 1734, et *les Nouvelles de la cour et de la ville* placent son départ en 1736. On voit que les uns et les autres sont dans l'erreur. Pendant sa retraite, à l'invitation et par les soins du comte de Clermont, elle avait obtenu des lettres de « naturalité » et était devenue Française. Le texte de ces lettres, qui portent la date de juin 1739, a été publié par M. Émile Campardon dans son livre *l'Académie royale de musique au XVIIIe siècle.*

même grandeur du tableau. Elle parut en 1732; on y lit au bas ces quatre vers :

« Fidèle aux loix de la décence,
Je forme au gré de l'art les pas les plus hardis.
Originale dans ma danse,
Je puis le disputer aux Balons, aux Blondys. » (1)

Cette seconde partie de la carrière de la Camargo dura dix années, années triomphales, pendant lesquelles elle n'eut même plus à compter avec la rivalité de Mlle Sallé, car celle-ci s'éloignait de l'Opéra précisément comme elle y rentrait et s'en allait définitivement satisfaire l'enthousiasme des Anglais, qui la couvraient d'or en même temps que d'applaudissements. Durant ces dix années il est bien peu d'ouvrages dans lesquels elle ne parût point. Même on la vit, un jour, joindre le talent du chant à celui de la danse. « Elle avoit, dit un biographe, la voix jolie, et chantoit juste. Le public a joui de ce talent, réuni à celui de la danse, dans l'acte d'*Æglé* des *Talents lyriques.* » Ce qui est certain, c'est que son activité ne se démentit jamais, et qu'en aucun cas son éclatante renommée ne lui fit oublier ses devoirs envers le théâtre et envers le public. Et lorsqu'elle prit sa retraite en 1751, dans toute la force de l'âge et dans tout le rayonnement de son merveilleux talent, ce fut au grand regret de ce public, qui se refusait à croire à son départ. En récompense de ses brillants services l'Opéra lui assigna une pension de 1.500 livres, bien que celles des danseuses ne dussent pas dépasser 1.000 livres. Le brevet portait que c'était à son mérite supérieur qu'était due cette distinction. A cette pension de l'Opéra se joignit une pension du roi, qui la réclamait toujours aux spectacles de la cour.

Définitivement séparée de l'Opéra elle vécut très retirée, dans son logis de la rue Saint-Honoré, ne faisant plus en aucune

(1) *Histoire* (manuscrite) *de l'Académie royale de musique.* Ce portrait, « historié » comme disent les écrivains, est l'un des ouvrages les plus délicieux de Lancret. Les contemporains s'accordaient à dire que la ressemblance était frappante. Il existe un autre portrait de la Camargo, exquis aussi et d'un autre genre. C'est celui que fit La Tour, qui se trouve au musée de Saint-Quentin. Les vers placés au bas du portrait de Lancret sont d'un certain de La Faye.

façon parler d'elle. Elle mourut au moment où elle venait d'accomplir sa soixantième année, le 28 avril 1770. « Depuis sa dernière retraite, disait un contemporain, jusqu'au 28 avril 1770, que ses amis l'ont perdue, Mademoiselle de Camargo a vécu en honnête et bonne citoyenne, regrettée de toutes les personnes de son voisinage, comme un exemple de modestie, de charité et de bonne conduite. » Grimm, dans sa correspondance, en annonçant cet événement, le prenait sur le mode ironique :

La mort, disait-il, vient de nous enlever deux vierges émérites de l'Académie de musique, vulgairement dite Opéra. Elles étaient mortes au théâtre depuis longtemps, et leur honorable vieillesse se soutenait des fruits des travaux de leur jeunesse. Les noms de Camargo et de Carton seront éternellement célèbres dans les fastes de l'Opéra. Mlle Camargo, sœur de Cupis, violon, connue dans les coulisses par mille aventures brillantes, s'est immortalisée au théâtre comme fondatrice de cette danse à cabrioles que Mlle Allard a portée de nos jours à ce haut point de perfection et de gloire. C'est Camargo qui osa la première faire raccourcir ses jupons, et cette invention utile, qui met les amateurs en état de juger avec connaissance des jambes des danseuses, a été depuis généralement adoptée; mais alors elle pensa occasionner un schisme très dangereux. Les jansénistes du parterre criaient à l'hérésie et au scandale, et ne voulaient pas souffrir les jupes raccourcies ; les molinistes, au contraire, soutenaient que cette innovation nous rapprochait de l'esprit de la primitive église, qui répugnait à voir des pirouettes et des gargouillades embarrassées par la longueur des cotillons. La Sorbonne de l'Opéra fut longtemps en peine d'établir la saine doctrine sur ce point de discipline qui partageait les fidèles. Enfin le Saint-Esprit lui suggéra, dans cette occasion difficile, un tempérament qui mit tout le monde d'accord : elle se décida pour les jupes raccourcies; mais elle déclara en même temps article de foi qu'aucune danseuse ne pourrait paraître au théâtre sans caleçon. Cette décision est devenue depuis un point de discipline fondamental, dans l'église orthodoxe, par l'acceptation générale de toutes les puissances de l'Opéra et de tous les fidèles qui fréquentent ces lieux saints.

J'ai eu le bonheur, en arrivant en France, de trouver Camargo encore au théâtre ; mais elle était dans son automne, et touchait même à son hiver. Elle a vécu depuis dans une paisible et honorable retraite, avec une demi-douzaine de chiens, et un ami qui lui était resté de ses mille et un amants, et à qui elle a légué ses chiens. Il lui a fait faire un enterrement magnifique, et tout le monde admirait cette tenture en blanc, symbole de virginité, dont les personnes non mariées sont en droit de se servir dans leurs cérémonies funèbres. Depuis que Camargo a quitté le théâtre, la danse de tout genre a fait tant de progrès que sa légèreté, tant admirée de son temps, n'aurait obtenu que des applaudissements bien médiocres à côté de Mlle Allard et d'autres sauteuses moins ingambes que cette dernière ; mais pour aller à la postérité, tout dépend de se trouver à l'époque des jupes raccourcies.

Quoi qu'en puisse dire Grimm, le talent de la Camargo était incontestable et surtout original, et il fut justement admiré de ses contemporains, qui étaient unanimes à son égard. Voici comment l'un d'eux caractérisait sa manière : — « Mlle Camargo avait surpassé aisément Mlle Prévost dans les menuets et les passe-pieds... Les gavottes, les rigaudons, les tambourins, les marches, les loures, et tout ce qu'on appelle les grands airs, conservaient fidèlement avec Mlle Camargo leurs caractères propres. Elle ne fit jamais la *gargouillade*, qu'elle avait jugée peu décente pour son sexe, et qu'elle remplaçait par le *saut de basque*, dont elle et le sieur Dumoulin ont fait l'usage le plus heureux. Avec le principe de prendre tous les pas sous elle-même, elle s'est toujours dispensée de cette précaution chez les danseuses pour ne pas blesser la décence, malgré la grande élévation de ses cabrioles, de ses entrechats et de ses jetés battus en l'air. Avec ce seul dernier pas on l'a vue, par gageure, danser toute une entrée en les faisant en avant, en arrière, en rond et en couronne. Ce pas, qui était très brillant dans son exécution, est aujourd'hui très négligé, surtout avec la condition d'être battu bien en l'air. On n'a jamais mis plus de perfection aux pas de menuet, qu'elle exécutait sur le bord des lampes [c'est-à-dire à la rampe] d'un côté du théâtre à l'autre, d'abord de gauche à droite, et ensuite revenant de droite à gauche; le public les attendait avec empressement et les applaudissait avec transport. » (1).

Mlle Marie Sallé, la rivale, ou plutôt l'émule de la Camargo, car elles ne se ressemblaient ni par leurs qualités physiques ni par la nature de leur talent, avait, comme Mlle Petitpas, commencé sa carrière aux théâtres de la foire, et dut la célébrité qu'elle acquit par la suite à sa rare intelligence et à des facultés scéniques toutes particulières. Sur ses commencements, je ne trouve rien de mieux à faire que de transcrire la petite notice que M. Émile Campardon, dans ses *Spectacles de la Foire*, a consacrée à cette artiste intéressante, qui était plus et mieux qu'une simple danseuse :

(1) *Nécrologe des hommes célèbres*, 1771.

Mlle Sallé, actrice foraine et plus tard l'une des célébrités de l'Académie royale de musique, était la nièce de la femme de Francisque Molin, entrepreneur de spectacles et acteur forain. Mlle Sallé parut pour la première fois sur un théâtre à la foire Saint-Laurent de 1718, dans *la Princesse de Carisme,* opéra-comique en trois actes, de Lesage et Lafont, qui obtint un succès éclatant au spectacle de la dame Baron et de Saint-Edme, alors associés pour l'exploitation du privilège de l'Opéra-Comique. En 1722 on retrouve Mlle Sallé chez Francisque, où elle remplissait le rôle d'une grâce dans *Arlequin Deucalion,* monologue en trois actes, de Piron, qui fut si vivement applaudi. En 1724 elle faisait partie de la troupe de Delaplace et Dolet et remplissait le rôle d'une petite Thessalienne dans *la Conquête de la Toison d'or,* pièce de Lesage et Dorneval, représentée à la foire Saint-Laurent de la même année. Elle passa ensuite à l'Académie royale de musique, où son talent de danseuse la rendit bientôt célèbre (1).

Mlle Sallé était tout enfant, et sans doute à peine âgée de sept ou huit ans, lorsqu'elle se montra pour la première fois à la Foire. J'en trouve la preuve dans ce fait, resté jusqu'ici inconnu, que vers sa dixième année elle fit une première apparition, accidentelle et furtive, sur la scène de l'Opéra, apparition que les frères Parfait, toujours si exactement informés, enregistrent ainsi dans leur Histoire manuscrite de ce théâtre; c'est à la date du 10 juillet 1721, à propos d'une reprise des *Fêtes vénitiennes* : — « Mlle Prévost, qui étoit tombée malade quelque tems avant la reprise de ce ballet, ne pouvant y paroître, pour consoler en quelque façon le public de son absence Blondy fit danser une entrée à une jeune personne de 10 à 11 ans, son élève, Mlle Sallé, qui dès la première fois fit voir ses heureuses dispositions pour cet art, et reçut de grands applaudissemens. »

Elle était précoce, on le voit. Mais ce qui est intéressant surtout dans la note de nos historiens, c'est qu'elle nous fixe d'une façon au moins approximative sur la date de la naissance de Mlle Sallé, qui est restée ignorée jusqu'ici. Si, comme ils le disent, elle était âgée de dix à onze ans lorsqu'elle parut ainsi à l'Opéra en 1721, elle était donc née vers 1710, précisément comme la Camargo. Il n'est pas non plus sans intérêt de savoir que cette

---

(1) Elle avait un frère, danseur comme elle, qui joua avec elle, à la foire, dans *la Princesse de Carisme* et *la Conquête de la Toison d'or.* Vers 1728 il était attaché à l'Opéra-Comique de la foire Saint-Laurent, où il devint bientôt maître de ballet en remplacement de Boudet.

petite actrice foraine était élève du fameux Blondy, qui la protégea sans doute comme il protégea la Camargo.

Les renseignements de M. Campardon s'arrêtent, on l'a vu, à l'année 1724, et Mlle Sallé ne vint débuter sérieusement à l'Opéra qu'en 1727. Que fit-elle dans l'intervalle? Déjà elle se rendit à Londres, où elle préluda par un brillant succès à ses triomphes en cette ville, qui finit par nous l'enlever et l'accaparer tout à fait. C'est encore les frères Parfait qui nous l'apprennent, en annonçant son début dans la première représentation d'un opéra de Mouret, *les Amours des Dieux* (16 septembre 1727): — « Mlle Sallé, jeune danseuse qui venoit d'Angleterre, où elle avoit extrêmement brillé, occupa dans le divertissement du troisième acte la place de Mlle Prévost et dansa avec Dumoulin une entrée où elle fut goûtée (1) ».

Son succès en effet fut complet, et dès ce moment, qui vit pâlir l'étoile de Mlle Prévost, elle partagea les faveurs du public avec la Camargo, déjà depuis un an à l'Opéra. Dans l'espace de trois années on la voit paraître, avec le même bonheur, dans un grand nombre d'ouvrages anciens ou nouveaux, et presque toujours concurremment avec celle-ci : *Roland*, *Orion*, *Hypermnestre*, *la Princesse d'Élide*, *les Amours de Protée*, *Tarsis et Zélie*, *Alceste*, *les Amours des Déesses*, *Hésione*, *Thésée*, *Télémaque*, *Alcyone*. Puis, tout d'un coup, vers la fin de 1730, elle quitte Paris et l'Opéra pour retourner à Londres, chargée pour les Anglais de lettres de recommandation de Voltaire, qui s'intéressait grandement à elle. On peut le voir par celle-ci, qu'il adressait à son ami Thiériot, justement à Londres en ce moment :

Novembre 1730.

Je vous envoie *la Henriade*, mon cher ami, avec plus de confiance que je ne vais donner *Brutus*. Je suis bien malade; je crois que c'est de peur.

Je vous envoie aussi une cargaison de lettres, dont je prie Mlle Sallé de vouloir bien se charger. Toutes les autres qu'elle a eues sont des lettres de recommandation; mais pour moi, je la prie de me recommander, et je n'ai point

---

(1) Le *Mercure* dit de son côté : — « Cet ouvrage a été reçu du public avec une satisfaction générale et très marquée... La Dlle Sallé, jeune danseuse qui vient de la cour d'Angleterre, où elle a extrêmement brillé, danse la Fête avec le sieur Dumoulin et occupe la place de Mlle Prévost, qui est indisposée... La Dlle Sallé a été fort goûtée ».

trouvé de meilleur expédient, pour faire ressouvenir les Anglais de moi, que de supplier mademoiselle Sallé de leur rendre mes lettres. Je vous prie cependant de lui dire qu'elle ne manque pas de voir M. Gay (1), dont M. Kich lui apprendra sans doute la demeure. Il faut que M. Gay la présente à la duchesse de Queensbury, qui est sans contredit la personne de Londres la plus capable de lui ameuter une faction considérable. Madame la duchesse de Queensbury n'est pas trop bien à la cour, mais mademoiselle Sallé est faite pour réunir tous les partis. Madame de Bolingbroke pourra aussi la servir vivement, et surtout auprès de Madame de Queensbury. Que ne suis-je à Londres cet hiver! Je n'aurais d'autre occupation que d'y servir les grâces et la vertu (2).

Adieu: je vous embrasse de tout mon cœur.

VOLTAIRE.

Fêtée, choyée, adulée, Mlle Sallé, qui n'eût pas eu besoin peut-être du secours de Voltaire, retrouva à Londres ses premiers et brillants succès. Nous en avons un écho dans une note du *Mercure*, qui se montra toujours bien informé à son sujet et qui rendait ainsi compte d'une représentation donnée à son bénéfice, représentation dans laquelle, fait à noter, elle avait fait jouer une pièce de Molière :

On mande de Londres que le 15 avril dernier (1731) on représenta sur le théâtre de Lincolns-in-Fields la comédie des *Fourberies de Scapin* au profit de la demoiselle Marie Sallé, fameuse danseuse de l'Opéra de Paris, que le roi, la reine et les princesses honorèrent de leurs présences, et que le concours des spectateurs fut si grand que malgré les échaffauts dressez sur le théâtre, où quantité de personnes se placèrent, on fut obligé de renvoyer bien du monde. Cela faisoit un aspect des plus agréable, et la noblesse, les grâces, la finesse et l'art enfin avec lequel cette excellente danseuse exécuta les entrées qu'elle dansa dans différens caractères, la firent généralement applaudir. Outre la recette de cette représentation, elle a encore eu quantité de présents considérables (3).

Cette représentation était sans doute la dernière que Mlle Sallé donnait cette fois à Londres, car peu de temps après elle était

---

(1) Le fabuliste.

(2) Mlle Sallé avait la réputation d'être absolument vertueuse. On connait ces vers du même Voltaire :

De tous les cœurs et du sien la maîtresse,
Elle allume des feux qui lui sont inconnus.
De Diane c'est la prêtresse
Dansant sous les traits de Vénus.

(3) *Mercure*, mai 1731.

de retour à Paris, et au bout de quelques mois elle reparaissait à l'Opéra, ainsi qu'en témoignent encore les frères Parfait : — « Mlle Sallé, qui avoit quitté le théâtre de l'Opéra l'année précédente pour passer en Angleterre, dansa le mardy 21 Aoust (1731) au 2e acte du ballet des *Fêtes Vénitiennes* une musette, un passepied et un pas de deux avec Dupré. Le public marqua par des applaudissemens réitérés le sensible plaisir que lui fit ce retour, qui fut ensuite célébré par une épître en vers que l'on peut voir dans le *Mercure* de septembre 1731, p. 2.104. »

Je me dispenserai de reproduire cette épître, qui est vraiment par trop médiocre. Mais je crois devoir, en raison du nom de son auteur, en transcrire ici une autre, bien qu'elle ne soit pas non plus un chef-d'œuvre ; c'est celle que Voltaire lui-même adressait alors à Mlle Sallé, pour célébrer son retour en France :

ÉPITRE A MADEMOISELLE SALLÉ.

Les Amours, pleurant votre absence,
Loin de nous s'étaient envolés ;
Enfin les voilà rappelés
Dans le séjour de leur naissance.
Je les vis, ces enfants ailés,
Voler en foule sur la scène ;
Pour y voir triompher leur reine,
Les États furent assemblés.
Tout avait déserté Cythère,
Le jour, le plus beau de vos jours,
Où vous reçûtes de leur mère
Et la ceinture et les atours.
Dieu ! quel fut l'aimable concours
Des Jeux qui, marchant sur vos traces,
Apprirent de vous pour toujours
Ces pas mesurés par les Grâces
Et composés par les Amours !
Des Ris l'essaim vif et folâtre,
Pour contempler ces jeux charmants
Avaient occupé le théâtre
Sous les formes de mille amants.
Vénus et ses nymphes, parées
De modernes habillements,
Des loges s'étaient emparées,
Un tas de vains perturbateurs,
Soulevant les flots du parterre,
A vous, à vos admirateurs,
Vint aussi déclarer la guerre.
Je vis leur parti frémissant.

Forcé de changer de langage,
Vous rendre en pestant leur hommage
Et jurer en applaudissant.
Restez, fille de Terpsichore :
L'amour est las de voltiger:
Laissez soupirer l'étranger
Brûlant de vous revoir encore.
Je sais que, pour vous attirer,
Le solide Anglais récompense
Le mérite errant que la France
Ne fait tout au plus qu'admirer.
Par sa généreuse industrie
Il veut en vain vous rappeler :
Est-il rien qui doive égaler
Le suffrage de sa patrie ?

Voltaire ne fut pas le seul à rendre hommage au talent de Mlle Sallé, dont la renommée, légitimée par ce talent exceptionnel et hors de pair, grandissait d'autant plus que les succès qu'elle obtenait hors de France lui donnaient un lustre tout particulier. Lancret, qui avait fait le portrait de la Camargo, voulut de même, et dans les mêmes conditions, c'est-à-dire en l'agrémentant d'une sorte d'élégante et pimpante mise en scène, faire aussi celui de Mlle Sallé. « Le sieur Lancret, peintre de l'Académie, disait le *Mercure*, compte de donner incessamment au public le portrait historié de Mlle Sallé, pour servir de pendant à celui de Madlle Camargo. Ces deux célèbres rivales, qui par la diversité de leurs talens, n'en concourent que mieux à la gloire de leur art, et qui partagent également les suffrages du public, méritent la même immortalité (1). » L'un ne le cède en rien à l'autre, et le portrait de Mlle Sallé, plein de grâce, d'élégance et de délicatesse en son harmonie exquise, compte, comme celui de la Camargo, parmi les plus jolis chefs-d'œuvre de Lancret (2).

Mais ce n'était pas assez de Voltaire et de Lancret, et Mlle Sallé allait recevoir encore un hommage d'un autre genre. Le très prolifique Boissy donnait dans le même temps, à la Comédie-Italienne, une petite comédie en vers libres intitulée *les Étrennes*

---

(1) *Mercure*, avril 1732.

(2) Et, de même, La Tour, qui avait fait le portrait de la Camargo, fit aussi celui de Mlle Sallé, « habillée comme elle est chez elle ». Ce portrait fut exposé au Salon de 1742.

ou *la Bagatelle*, dans laquelle, comme c'était assez la mode alors, il passait en revue les pièces et les acteurs de divers théâtres (1). Il n'avait eu garde d'oublier Mlle Sallé, dont le succès s'imposait à son attention, et il en avait tracé le portrait. Sa pièce imprimée, il la lui envoya, accompagnée de ces vers, que leur tournure madrigalesque ne saurait rendre meilleurs :

La Bagatelle au jour vient de paroître,
Et son auteur ose te l'envoyer.
Vertueuse Sallé, par le titre peut-être
Que l'ouvrage va t'effrayer.
Rassure-toi ; l'enjouement l'a fait naître,
Mais j'y respecte la vertu.
Je t'y rends, sous son nom, l'hommage qui t'est dû.
Paris avec plaisir a su t'y reconnaître.
Je n'eus jamais que le vrai seul pour maître,
J'y fais ton portrait d'après lui.
J'en demande le prix aujourd'hui,
C'est le bonheur de te connoître.

Et ce n'était pas la première fois que Boissy portait à la scène l'éloge de Mlle Sallé. Dans une autre petite pièce, *le Triomphe de l'ignorance*, donnée par lui à la Foire l'année précédente, il avait, dans deux couplets, établi une sorte de parallèle entre elle et la Camargo. De celle-ci il faisait dire, ou plutôt chanter, à l'un de ses personnages :

(AIR : *Des sept sauts.*)

Pour les entrechats
Et les caprioles,
Pour les entrechats
Tout lui cède le pas.
Jamais si juste et si haut
Personne n'a fait un saut ;
Deux sauts, trois sauts, etc.

Et de Mlle Sallé :

(AIR : *Chantez, petit Colin.*)

Pour l'air noble et décent,
Pour la danse légère,

---

(1) « C'est une critique des nouveautés dramatiques de ce temps-là. Les représentations en furent des plus brillantes et des plus nombreuses, les comédiens ayant à peine la place pour la jouer. » — *(Anecdotes dramatiques.)*

Pour l'air noble et décent
L'autre est un modèle charmant.
Prodige de notre âge,
Elle est jolie et sage.
Applaudissons-la.
La vertu lon la,
Danse à l'Opéra (1).

Pourtant, malgré l'encens qu'on lui prodiguait de toutes parts, Mlle Sallé ne resta guère cette fois plus d'une année à l'Opéra. On la vit et on l'applaudit dans quelques reprises : *Amadis de Gaule*, *Callirhoé*, ainsi que dans deux ouvrages nouveaux : *Jephté*, de Montéclair, et *le Ballet des Sens*, de Mouret, qui fut surtout pour elle l'occasion d'un succès éclatant ; puis, vers le commencement de 1733, elle partait de nouveau pour Londres. Était-ce, comme on l'a dit, inconstance et caprice ? Peut-être moins qu'on a pu le croire. Il faut remarquer ici que Mlle Sallé avait alors en tête certaines idées, certains projets qu'elle ne trouvait pas le moyen de réaliser à l'Opéra, où une routine obstinée s'opposait à toute espèce de tentative et d'innovation, et que sans doute elle caressait l'espoir de faire prévaloir, ou tout au moins d'expérimenter en Angleterre. En quoi d'ailleurs elle réussit.

C'est que Mlle Sallé avait l'intelligence et le tempérament d'une véritable artiste, et que ses aspirations allaient plus loin que la

---

(1) On voit que le genre « revue » ne date pas d'aujourd'hui au théâtre. Dans cette même pièce du *Triomphe de l'ignorance*, Boissy faisait un éloge enthousiaste d'Adrienne Lecouvreur à la Comédie-Française, et avant de signaler à l'Opéra nos deux jeunes danseuses, il caractérisait ainsi, dans un autre couplet, les deux cantatrices qui, on l'a vu, se partageaient alors les faveurs du public, Mlle Lemaure et Mlle Pélissier :

(Air : *On n'aime point dans nos forêts.*)

Elles charment différemment,
L'une tient notre âme captive
Par son art, par son jeu brillant,
Et par son expression vive ;
L'autre, par ses sons enchanteurs,
Maîtrise, enlève tous les cœurs.

C'est là une manière d'appréciation et de critique qui n'est pas indifférente à retenir. La pièce de Boissy n'ayant pas été imprimée, nous n'en saurions pourtant rien aujourd'hui si les frères Parfait, dans leur *Dictionnaire des Théâtres*, ne nous en avaient laissé une analyse détaillée, avec la reproduction des couplets que je viens de citer.

danse proprement dite. Elle avait un sens profond du théâtre, de la vérité scénique, et sut en donner des preuves. D'une part, elle rêvait (et elle fut peut-être la première en France), elle rêvait une réforme du costume, cette réforme que, cinquante ans plus tard, Mme Saint-Huberty elle-même ne put faire accepter à l'Opéra, que Mme Favart s'efforça d'introduire à la Comédie-Italienne, et que Lekain, aidé de Mlle Clairon, réussit presque à opérer à la Comédie-Française. De l'autre, elle avait conçu la pensée du ballet d'action, du ballet-pantomime, où le danseur, non plus réduit au rôle de simple virtuose, pourrait faire vraiment acte de comédien et, au moyen du geste et de l'expression du visage, traduire à la scène des sensations, des sentiments et des situations. Ce genre du ballet, que Gardel et Noverre purent commencer à introduire à l'Opéra seulement aux environs de 1780, Mlle Sallé en avait eu l'idée la première, et l'on peut dire qu'elle en avait fait une sorte d'essai dans un petit épisode imaginé par elle et intercalé au quatrième acte de *l'Europe galante*, dans une reprise de cet ouvrage. C'est Cahusac qui nous le fait savoir dans son *Histoire de la danse*, en nous donnant ces détails intéressants :

> Mlle Sallé, dit-il, qui raisonnoit tout ce qu'elle avoit à faire, avoit eu l'adresse de placer une action épisodique fort ingénieuse dans la passacaille de *l'Europe galante*.
>
> Cette danseuse paroissoit au milieu de ses rivales avec les grâces et les désirs d'une jeune odalisque qui a des desseins sur le cœur de son maître. Sa danse étoit formée de toutes les jolies attitudes qui peuvent peindre une pareille passion. Elle s'animoit par degrés ; on lisoit, dans ses expressions, une suite de sentimens : on la voyoit flottante tour à tour entre la crainte et l'espérance ; mais, au moment où le Sultan donne le mouchoir à la Sultane favorite, ses regards, tout son maintien prenoient rapidement une forme nouvelle. Elle s'arrachoit du théâtre avec cette espèce de désespoir des âmes vives et tendres, qui ne s'exprime que par un excès d'accablement.
>
> Ce tableau plein d'art et de passion étoit d'autant plus estimable qu'il étoit entièrement de l'invention de la danseuse. Elle avoit embelli le dessein du poète, et dès lors elle avoit franchi le rang où sont placés les simples artistes pour s'élever jusqu'à la classe rare des talens créateurs (1).

On peut donc croire que Mlle Sallé, qui n'avait pu parvenir à faire partager ici ses idées et à leur donner un corps, s'en allait

---

(1) Cahusac : *La Danse ancienne et moderne*, T. III.

cette fois en Angleterre avec le désir de les faire connaître, de les présenter au public et d'en obtenir l'approbation. L'influence et l'autorité artistiques qu'elle avait acquises à Londres, les succès, les triomphes éclatants qui marquaient chacun de ses séjours en cette ville, lui donnaient sans doute l'espoir de réussir dans sa double tentative, d'autant plus que c'est à elle-même, à son talent personnel, à son expérience, qu'elle confiait le soin de cette réussite. En effet, elle imagina deux actions scéniques muettes, c'est-à-dire deux pantomimes, dont elle se chargerait d'être l'héroïne, et dans lesquelles, brisant avec des coutumes surannées, elle s'efforcerait de réaliser la vérité du costume. Ces deux actions scéniques avaient pour titres et pour sujets *Pygmalion* et *Ariane et Bacchus;* et pour lui servir de partenaire dans l'une et dans l'autre elle avait fait venir de Paris l'un de ses meilleurs camarades de l'Opéra, le danseur Maltaire. Elle avait bien jugé du résultat, et son succès fut complet sous tous les rapports. L'éclat de ce succès est constaté dans une lettre qu'elle faisait adresser de Londres au *Mercure*, et que ce journal publiait dans son numéro d'avril 1734. Voici cette lettre :

Londres, le 15 mars 1734.

Mademoiselle Sallé, sans trop considérer l'embarras où elle m'expose, me charge, Monsieur, de vous rendre compte de ses succès. Il s'agit de vous dire de quelle manière elle a rendu la fable de *Pigmalion*, celle d'*Ariane et Bacchus*, et les applaudissemens que ces deux ballets, de son invention, ont excités à la cour d'Angleterre. Il y a près de deux mois que l'on voit représenter *Pigmalion*, et le public ne s'en lasse pas. Voici comment se développe le sujet.

Pigmalion entre dans son atelier avec ses sculpteurs, qui forment une danse caractérisée, le ciseau, le maillet à la main. Pigmalion leur ordonne d'ouvrir le fond de l'atelier, orné de statues aussi bien que le devant. Celle du milieu par dessus les autres attire les regards et l'admiration de tous. Il la considère, l'examine et soupire ; il porte ses mains sur les pieds, sur la taille de cette statue, il en observe les contours et les bras qu'il pare de bracelets précieux, il orne son cou d'un riche collier ; baisant les mains de sa chère statue il en devient enfin passionné. Le sculpteur amoureux exprime ses inquiétudes, tombe dans la rêverie et se jette aux pieds d'une image de Vénus qu'il supplie d'animer ce marbre.

La déesse répond à sa prière. Trois rayons d'une vive lumière brillent, et sur une symphonie convenable la statue commence à sortir par degrés de son état d'insensibilité. A la surprise de Pigmalion et de ses suivans elle témoigne son étonnement de sa nouvelle existence et de tous les objets dont elle est entourée. Pigmalion ravi lui tend la main ; elle tâte pour ainsi dire la terre et fait quelques timides pas dans les plus élégantes attitudes que la sculpture puisse désirer. Pigmalion danse devant elle comme pour lui donner une leçon ; elle répète les pas de son maitre, depuis les plus simples jusqu'aux plus difficiles. Il tâche d'inspirer la tendresse dont il est pénétré, sentiment qu'il parvient à faire partager.

Vous concevez, Monsieur, ce que peuvent devenir tous les passages de cette action exécutée et mise en scène avez les grâces fines et délicates de Mlle Sallé. Elle a osé paroitre dans cette entrée sans panier, sans jupe, sans corps, échevelée, et sans aucun ornement sur la tête. Elle n'était vêtue, avec son corset et un jupon, que d'une simple robe de mousseline tournée en draperie, ajustée sur le modèle d'une statue grecque.

Vous ne devez pas douter, Monsieur, du prodigieux succès de ce ballet ingénieux, si bien exécuté. Le roi, la reine, la famille royale et toute la cour ont demandé cette danse pour le jour du *benefit*, pour lequel toutes les loges et les places du théâtre et de l'amphithéâtre sont retenues depuis un mois. Ce sera le premier jour d'Avril.

N'attendez pas que je vous décrive *Ariane* comme *Pigmalion* : ce sont des beautez plus nobles et plus difficiles à rapporter ; ce sont les expressions et les sentimens de la douleur la plus profonde, du désespoir, de la fureur et de l'abattement, en un mot tous les grands mouvemens et la déclamation la plus parfaite par le moyen des pas, des attitudes et des gestes, pour représenter une femme abandonnée par celui qu'elle aime. Vous pouvez avancer, Monsieur, que Mlle Sallé devient ici la rivale des Journet, des Duclos et des Lecouvreur. Les Anglois, qui conservent un tendre souvenir de la fameuse Oldfields, qu'ils viennent de placer dans Westminster parmi les grands hommes de l'État, la regardent comme ressuscitée dans Mlle Sallé quand elle représente Ariane.

Il me semble bien probable qu'a la suite de ce triomphe Mlle Sallé ne dut pas tarder à revenir à Paris, qu'elle tenta vainement de faire représenter à l'Opéra son *Pygmalion* et que, n'y pouvant réussir, elle le porta à la Comédie-Italienne. Ce qui me le fait croire, c'est qu'en effet, deux mois et demi après la lettre qu'on vient de lire, ledit *Pygmalion* était joué à ce théâtre, où le public l'accueillait très favorablement. « Le 28 juin (1734), disait *le Mercure*, les Comédiens Italiens donnèrent la première représentation d'une comédie du sieur Romagnesi, en vers et en trois actes, qui a pour titre *le Petit Maître amoureux;* elle a été reçue favorablement du public. Cette pièce fut suivie d'un nouveau ballet-pantomime représentant la fable de *Pygmalion*, exécuté avec applaudissement par la demoiselle Roland et par le sieur Riccoboni fils, sur des airs de violons de la composition de M. Mouret, très bien caractérisés. Le même sujet de ballet a

Portrait de Mlle Sallé, grav

messin, d'après le tableau de Lancret.

pécher, en la terminant, de mentionner et de regretter ce départ : « Nous sommes bien fâchez, disaient-ils, d'être obligés, en finissant cette histoire, d'annoncer la retraite d'une personne qui a fait pendant plusieurs années l'ornement des ballets. On reconnoît aisément que nous voulons parler de Mlle Marie Sallé. Cette parfaite danseuse, à qui l'on ne peut reprocher qu'un peu d'inconstance pour le théâtre, après avoir paru à diverses fois sur celui de l'Opéra, l'a enfin abandonné pour toujours. Tout le public conviendra avec nous de son mérite et de la vérité des éloges qu'on lui a donnés. »

C'est pour retourner en Angleterre que Mlle Sallé se décida à abandonner complètement l'Opéra. On lui faisait sans doute là-bas des avantages considérables, et elle se rendait à Londres avec le titre de « pensionnaire du roi pour ses ballets ». Elle y resta, et peut-être y mourut. Ce qui est certain, c'est qu'à partir de ce moment il ne fut plus question d'elle en France et qu'on n'en eut plus aucunes nouvelles (1).

Dans les conditions singulièrement capricieuses de la carrière fournie par elle à l'Opéra (qu'elle quitta à peine âgée de trente ans), il fallut que le talent de Mlle Sallé fût bien remarquable pour que l'artiste ait laissé de son passage une trace si lumineuse. De fait, tous ceux qui eurent l'occasion ou la fantaisie de parler d'elle s'accordent à lui adresser des éloges sans restriction, et ces éloges sont tels que l'on croirait volontiers à la supériorité de Mlle Sallé sur Mlle Camargo (2). Celle-ci, mignonne, délicate, gracieuse, visiblement douée d'originalité et remarquable par un entrain endiablé, semble cependant, au point de vue de la technique de son art, devoir céder le pas (c'est le cas de le dire) à son émule. Mlle Sallé, avec sa taille avantageuse, ses formes parfaites, sa beauté fière et d'une élégance un peu hautaine, ses attitudes d'une souplesse séduisante, sa grâce voluptueuse et chaste à la fois, avait un charme tout particulier et exerçait une sorte de fascination. Il me semble que c'est à

(1) Je me trompe. On la revit au moins une fois, à la cour, en 1746, lors des représentations à Versailles de l'opéra de Jélyotte, *Zélisca*, où, comme on le verra plus loin, elle dansait dans un des divertissements.

(2) Voltaire, en un seul vers, semble avoir exactement caractérisé l'une et l'autre

L'agile Camargo, Sallé l'enchanteresse...

elle qu'on eût pu appliquer ces paroles d'Assuérus à Esther :

> Je ne trouve qu'en vous je ne sais quelle grâce
> Qui me charme toujours et jamais ne me lasse.

Le fameux danseur Noverre, qui s'y connaissait, disait d'elle : — « On n'a point oublié l'expression naïve de Mlle Sallé; ses grâces sont toujours présentes, et la minauderie des danseuses de ce genre n'a pu éclipser cette noblesse et cette simplicité harmonique des mouvements tendres, voluptueux, mais toujours décents, de cette aimable danseuse (1). » Un autre établissait une comparaison entre les deux artistes que le public avait en une égale admiration : — « Notre siècle, qui devait être celui de la danse, trop ignorée jusque-là, avait donné à Mlle de Camargo une rivale bien plus redoutable que la D[lle] Prévost ; c'était la D[lle] Sallé, si célébrée par les plus illustres et les plus aimables de nos poètes; il fallut lui céder l'empire des grâces simples, tendres, douces et modestes; mais il restait dans l'art de la danse une assez vaste carrière pour que Mlle Camargo soutînt sa haute réputation à côté de celle de Mlle Sallé (2). »

Après tout ce qu'ont dit d'elle les contemporains, après l'admiration qu'elle excitait en eux, après les louanges sans réserve dont elle fut constamment l'objet de leur part, louanges dont l'unanimité implique la sincérité, il peut sembler singulier qu'on se soit, dans la suite, si peu occupé de Mlle Sallé, alors que chroniqueurs, annalistes, écrivains de toute sorte, et jusqu'aux vaudevillistes, qui l'ont mise en scène à plusieurs reprises, n'ont cessé d'entretenir le public de la Camargo et de lui faire comme une sorte d'auréole de gloire. Il y a là une de ces injustices qui ne sont pas rares dans l'histoire de l'art, et dont on pourrait citer de trop nombreux exemples. Et cependant, à bien comparer ce qui, au temps de leurs succès, fut écrit à l'égard de l'une ou de l'autre, si l'on veut aussi se rendre compte des aptitudes et des visées personnelles de Mlle Sallé, je crois volontiers qu'on pourrait établir entre elles une différence, et dire que la Camargo était une danseuse, tandis que Mlle Sallé était une

---

(1) Noverre : *Lettres sur la danse et les ballets.*
(2) *Nécrologe des hommes célèbres de France,* 1771.

artiste, ce qui n'enlèverait d'ailleurs à la première aucun de ses mérites. J'ajouterais que Mlle Sallé me paraît même une manière de grande artiste, et qu'elle méritait mieux que l'oubli dont son nom est resté à tort enveloppé. Pourtant, je le répète, nul, depuis près de deux siècles, ne s'est occupé d'elle d'une façon un peu sérieuse et suivie, nul n'a songé à la remettre en lumière, à lui marquer sa place, et je puis assurer que les renseignements que j'ai groupés ici à son sujet l'ont été pour la première fois. C'est là, peut-être, une sorte de petite réhabilitation artistique, à laquelle il me semble qu'on ne saurait trouver à redire.

VII

Me voici revenu directement à Jélyotte, et cette fois pour ne plus le quitter. Je l'ai laissé à l'époque de l'apparition à l'Opéra des *Indes galantes* de Rameau. Mais avant de reprendre le récit de sa carrière, je veux donner place au joli portrait qu'en a tracé Marmontel dans ses *Mémoires*, portrait où il le peint au temps de sa gloire et de ses plus grands succès, alors que, ayant succédé définitivement à Tribou, il est devenu le soutien et la fortune de l'Opéra. Marmontel le considère non seulement au point de vue artistique, mais aussi au point de vue moral, et l'on verra que l'appréciation qu'il en fait concorde avec celle que j'ai été appelé à formuler moi-même sous ce rapport, en rappelant les premières années du grand artiste et en faisant ressortir les honnêtes et généreux sentiments dont il était dès lors animé.

Marmontel s'exprime comme on va le voir, en homme qui connait son sujet; on me pardonnera, en faveur de son intérêt, la longueur de la citation. C'est après avoir parlé de Tribou qu'il s'occupe de celui qui allait devenir son successeur :

Un caractère d'une autre trempe, et aussi aimable à sa manière, était celui de Géliote : doux, riant, *amistoux*, pour me servir d'un mot de son pays qui le peint de couleur natale, il portait sur son front la sérénité du bonheur, et en le respirant lui-même, il l'inspirait. En effet, si l'on me demande quel est l'homme le plus complètement heureux que j'aie vu en ma vie, je répondrai : c'est Géliote. Né dans l'obscurité, et enfant de chœur d'une église de Toulouse dans son adolescence, il était venu de plein vol débuter sur le théâtre de l'Opéra, et il y avait eu le plus brillant succès : dès ce moment, il avait été et il était encore l'idole du public. On tressaillait de joie dès qu'il paraissait sur la scène; on l'écoutait avec l'ivresse du plaisir, et toujours l'applaudissement marquait les repos de sa voix. Cette voix était la plus rare que l'on eût entendue, soit par le volume et la plénitude des sons, soit par l'éclat perçant de son timbre argentin. Il n'était ni beau ni bien fait, mais pour s'embellir il n'avait qu'à chanter; on eût dit qu'il charmait les yeux en même temps que les oreilles. Les jeunes femmes en étaient folles : on les voyait, à demi-corps élancées hors de leurs loges, donner en spectacle elles-mêmes l'excès de leur émotion; et plus d'une des plus jolies voulait bien la lui témoigner. Bon musicien, son talent ne lui donnait aucune peine, et son état n'avait pour lui aucun de ses désagréments. Chéri, considéré de ses camarades, avec lesquels il était sur le ton d'une politesse amicale, mais sans familiarité, il vivait en homme du monde, accueilli, désiré partout. D'abord c'était son chant que l'on voulait entendre, et pour en donner le plaisir il était d'une complaisance dont on était charmé autant que de sa voix. Il s'était fait une étude de choisir et d'apprendre nos plus jolies chansons, et il les chantait sur sa guitare avec un goût délicieux; mais bientôt on oubliait en lui le chanteur pour jouir des agréments de l'homme aimable; et son esprit, son caractère lui faisaient dans la société autant d'amis qu'il avait eu d'admirateurs. Il en avait dans la bourgeoisie, il en avait dans le plus grand monde; et partout simple, doux et modeste, il n'était jamais déplacé.

Il s'était fait par son talent, et par les grâces qu'il lui avait obtenues, une petite fortune honnête; et le premier usage qu'il en avait fait, avait été de mettre sa famille à son aise. Il jouissait, dans les bureaux et les cabinets des ministres, d'un crédit très considérable, car c'était le crédit que donne le plaisir; et il l'employait à rendre, dans la province où il était né, des services essentiels. Aussi y était-il adoré. Tous les ans il lui était permis, en été, d'y faire un voyage, et de Paris à Pau sa route était connue; le temps de son passage était marqué de ville en ville; partout des fêtes l'attendaient; et à ce propos je dois dire ce que j'ai su de lui à Toulouse avant mon départ. Il avait deux amis dans cette ville, à qui jamais personne ne fut préféré; l'un était le tailleur chez lequel il avait logé, l'autre son maître de musique lorsqu'il était enfant de chœur. La noblesse, le parlement se disputaient le second souper que Géliote ferait à Toulouse; mais pour le premier, on savait qu'il était invariablement réservé à ses deux amis.

Homme à bonnes fortunes autant et plus qu'il n'aurait voulu l'être, il était renommé pour sa discrétion, et de ses nombreuses conquêtes on n'a connu que celles qui ont voulu s'afficher. Enfin, parmi tant de prospérités, il n'a jamais excité l'envie, et je n'ai jamais ouï dire que Géliote eût un ennemi.

Le portrait est complet, et non flatté.

Nous avons vu que c'est des *Indes galantes* de Rameau qu'on peut dater la véritable carrière de Jélyotte. Non seulement il avait créé dans les deux premières « entrées » de cette pièce à

J. PH. RAMEAU.

Portrait dessiné et gravé par Dagotty.

tiroirs les deux rôles de Valère et de don Carlos, qui lui avaient fait honneur, mais lorsque, l'année suivante, à la reprise de l'ouvrage, les auteurs en ajoutèrent une quatrième, intitulée *les Sauvages*, le rôle de Damon, qui, dans celle-ci, échut encore à Jélyotte, fut pour lui l'occasion d'un succès éclatant.

A ce sujet, il n'est peut-être pas sans intérêt de rappeler ici l'hostilité que rencontrait, de la part de certains, la musique de Rameau, en dépit du triomphe qu'elle finissait toujours par remporter. Précisément à propos des *Indes galantes*, les frères Parfait reproduisent ce fragment curieux d'une lettre anonyme adressée, disent-ils, à un journaliste : — « J'allay hier à l'Opéra. Ce n'est pas la peine de rien dire des paroles; la musique est une magie perpétuelle; la nature n'y a aucune part; rien de si scabreux et de si raboteux, c'est un chemin où l'on cahotte sans cesse. Le musicien semble désireux d'acheter le fauteuil de l'abbé de St-Pierre. L'excellent *trémoussoir* que cet opéra, dont les airs seroient propres à ébranler les nerfs engourdis d'un paralytique! Que ces secousses violentes sont différentes du doux ébranlement que savent opérer Campra, Destouches, Montéclair, Mouret, etc. L'intelligibilité, le galimathias, le néologisme veulent passer dans le discours de la musique. C'en est trop. Je suis tiraillé, écorché, disloqué par cette diabolique sonate des *Fêtes indiennes*, j'en ai la tête toute ébranlée : on souffre moins dans la salle de Caperan (1). L'auteur de Setzos auroit pu mettre une pareille musique dans son purgatoire d'Égypte..... »

D'autre part, le petit recueil de cancans intitulé *Nouvelles de la cour et de la ville*, dont l'auteur était pourvu de peu de tendresse pour Rameau, publiait successivement quelques petites notes caractéristiques à son sujet. Le 12 janvier 1737 : — « On répète plusieurs nouveautés à l'Opéra. *Les Indes galantes* de Rameau, qu'on avait reprises les jeudis et mardis, ont anéanti *Médée et Jason* (de Salomon). Il est étonnant de voir les progrès du goût qui prend pour cet Amphion moderne. Bientôt on ne pourra plus voir d'autres opéras que les siens. » Le 16 février suivant : — « On a donné avant-hier *Persée* (de Lully) à l'Opéra ; les décora-

---

(1) La salle du Concert spirituel, qui était alors placé sous la direction du violoniste Caperan et du compositeur Royer.

tions et les costumes sont superbes ; on n'ose pas dire tout haut la même chose du poème et de la musique, *tant le mauvais goût prend le dessus*. Il faut du Rameau pour plaire. » Et le 23 décembre, à la suite de l'apparition de *Castor et Pollux* (24 octobre), qui étaient furieusement discutés avant leur triomphe final, ce qui excite la verve du rédacteur jusqu'au calembour : — « On joue toujours *Persée*, qui se soutient très bien en dépit des *rameauneurs*, qui sont furieusement consternés de la disgrâce de *Castor*. »

Nous en verrons bien d'autres. Revenons pourtant à Jélyotte.

Tribou, commençant déjà sans doute à se fatiguer, lui abandonnait peu à peu un certain nombre des grands rôles du répertoire. Après avoir joué celui de Mercure dans *les Éléments*, Jélyotte se montra ainsi dans ceux de Pélée dans *Thétis et Pélée*, puis d'Atys dans *Atys*. « L'Académie royale de musique, disaient les frères Parfait, termina cette année (1738) son spectacle par la reprise de l'opéra d'*Atys*. Jelyot, après une longue absence, reparut dans ce rôle et y reçut mille applaudissemens. » Pendant ce temps, il établissait quelques rôles secondaires dans divers ouvrages nouveaux : *Scanderberg*, *les Voyages de l'Amour*, *les Romans*, *le Triomphe de l'harmonie*, *Polydore*, d'autres plus importants dans *les Caractères de l'amour*, le *Ballet de la Paix*, *Zaïde, reine de Grenade*, *les Fêtes d'Hébé*. Particulièrement dans *les Fêtes d'Hébé*, qui étaient encore une pièce à tiroirs comme *les Indes galantes*, les deux personnages de Thélème et de Mercure lui furent surtout favorables (1). Puis enfin, Tribou ayant pris sa

(1) L'auteur du poème des *Fêtes d'Hébé*, Gauthier de Mondorge, « maitre de la chambre aux deniers du roi », n'était, comme écrivain, qu'un simple amateur, qui du reste ne s'en faisait pas accroire ; à preuve la lettre adressée par lui à son illustre collaborateur, qu'il publia en tête de l'édition de sa pièce, et dont je détache ce passage :

« Vous me fâchez beaucoup, monsieur. Quoi ! il faut absolument que le poème d'un ballet soit imprimé avant sa représentation ! Je me flattois qu'on pourroit se soustraire à l'usage et qu'il nous suffiroit d'exposer simplement le sujet de chaque entrée. Songez donc que je n'ai jamais compté vous envoyer qu'un enchaînement de scènes qui prêtassent à la musique et au spectacle, et en vérité des scènes ainsi sacrifiées ne prétendent point à la lecture. Au moins, pour ma consolation, quand les connoisseurs vous reprocheront d'avoir travaillé sur une versification bien différente de celle qui réussit aujourd'hui, qu'ils sachent, je vous prie, que j'en ai dit avant eux tout ce qu'ils pourront dire. Eh ! que la musique de notre ballet soit goûtée autant qu'elle mérite de l'être, et pour cette fois-cy n'en demandons pas davantage... »

Portrait de Rameau, d'après une estampe anonyme du XVIIIe siècle.

retraite, Jélyotte hérite décidément du grand emploi, dont il prend possession, et fait sa première grande création dans *Dardanus*, de Rameau, où il joue Dardanus, ayant pour partenaire Mlle Pélissier dans Iphise. Tous deux y obtinrent un vif succès, plus vif, il faut bien le constater, que celui de l'ouvrage même, qui devait prendre glorieusement sa revanche et rester plus de trente ans au répertoire, mais qui, comme tous ceux du maître, fut discuté avec âpreté, combattu avec fureur et déchiré à belles dents lors de sa première apparition. Entre autres, il exerça la verve toujours caustique de Jean-Baptiste Rousseau, et donna à celui-ci l'occasion d'écrire une épigramme qu'il adressait à son ami Louis Racine, le fils du grand poète :

... J'ai appris le sort de l'opéra de Rameau : sa musique vocale m'étonne. Je voulus, étant à Paris, en entonner un morceau : mais y ayant perdu mon latin, il me vint dans l'idée de faire une ode héroï-comique. En voici une strophe :

Distillateurs d'accords baroques
Dont tant d'idiots sont férus,
Chez les Thraces et les Iroques
Portez vos opéras bourrus.
Malgré votre art hétérogène,
Lully, de la lyrique scène,
Est toujours l'unique soutien.
Fuyez, laissez-lui son partage,
Et n'écorchez pas davantage
Les oreilles des gens de bien.

Et les ennemis de Rameau ne cessaient de le poursuivre, lui et ses œuvres, de leurs critiques et de leurs sarcasmes, heureusement impuissants. Un an après avoir créé *Dardanus*, qui d'ailleurs s'implantait dans le répertoire, Jélyotte ayant joué avec succès Amadis dans une reprise d'*Amadis de Gaule* de Lully (8 novembre 1740), un plaisant fit courir ces couplets satiriques, rythmés sur un air de cet ouvrage : *Sortons d'esclavage :*

Quels chants pleins de charmes !
Amadis, vous l'emportez,
Tout vous rend les armes.
Amadis, vous l'emportez
Sur les nouveautez.

Calmons nos allarmes ;
Le bon goût est rétabli,
Rameau rend les armes.
Le bon goût est rétabli,
Tout cedde à Lully.

Tout cela, fort heureusement, n'empêcha pas Rameau de fournir une assez brillante carrière. Ce serait le cas de penser à La Fontaine et de rappeler la fable du *Serpent et la Lime.*

Quant à Jélyotte, placé désormais et définitivement au premier rang, adopté par le public et sûr de l'autorité qu'il exerçait sur lui, c'est à lui que revenaient, naturellement, tous les rôles importants de son emploi dans tous les ouvrages nouveaux. Il en établit un grand nombre dans l'espace de quelques années : Cambyse dans *Nitétis*, de Mion (1741), Colin dans *les Amours de Ragonde*, de Mouret (1742), Alcidon dans *Isbé*, de Mondonville (1742), Emire, le Dieu du Jour dans *le Pouvoir de l'Amour*, de Royer (1743), Licas, Iphis et Agénor dans *les Caractères de la Folie*, de Bury (1743), Valère, Léandre dans *l'École des Amants,* de Niel (1744), le premier Prêtre dans *les Augustales*, de Rebel et Francœur (petit ouvrage de circonstance écrit pour fêter la convalescence du roi, 1744), Zélindor dans *Zélindor, roi des Sylphes*, des mêmes (1745), Alcide dans *les Fêtes de Polymnie*, de Rameau (1745), Trajan dans *le Temple de la Gloire*, aussi de Rameau (1745).

Ce dernier ouvrage, pour lequel l'Opéra s'était mis en grands frais de mise en scène, et qui était joué par l'élite de la troupe : Jélyotte, Chassé, Le Page, Poirier, Mlles Fel, Chevalier, Bourbonnais, Jacquet, Coupé, n'obtint cependant aucun succès et fut l'un des moins heureux de Rameau, qui avait été trahi en la circonstance par son collaborateur. Ce collaborateur n'était autre pourtant que Voltaire, qui depuis longtemps avait une furieuse démangeaison de travailler avec lui, ce dont témoigne à chaque pas sa correspondance. Voltaire, à l'époque des débuts du compositeur, avait écrit déjà à son intention le livret d'un *Samson* dont la représentation fut empêchée par les criailleries des dévots, prétendant qu'on profanait un sujet religieux en le portant à la scène. C'est à ce propos qu'il écrivait au comte d'Argental :

Septembre 1734.

J'avais, ô adorable ami! entièrement abandonné mon héros à mâchoire d'âne, sur le peu de cas que vous faites de cet Hercule grossier, et du bizarre poème qui porte son nom (1). Mais Rameau crie, Rameau dit que je lui coupe la gorge, que je le traite en Philistin; que si l'abbé Pellegrin avait fait un *Samson* pour lui, il n'en démordrait pas: il veut qu'on le joue; il me demande un prologue. Vous me paraissez vous-même un peu raccommodé avec mon samsonnet. Allons donc, je vais faire le petit Pellegrin, et mettre l'Éternel sur le théâtre de l'Opéra: et nous aurons de beaux psaumes pour ariettes. On m'a condamné comme fort mauvais chrétien cet été, je vais être un dévot feseur d'opéra cet hiver; mais j'ai bien peur que ce ne soit une pénitence publique. Excommunié, brûlé et sifflé, n'en est-ce point trop pour une année? J'ai envie de faire de cela un petit prologue. Je voudrais bien chanter, en un fade prologue, nos césars à quatre sous par jour, et la bataille de Parme, et cette formidable place de Philisbourg, mais cette cacade de Dantzick retient mon enthousiasme. Il me semble que je ferais un beau prologue à Pétersbourg. La czarine n'est point dévote, et elle donne des royaumes. Nous ferions un beau chœur du quatrain de La Condamine...

Mais peu après, Rameau, évidemment fort occupé et préoccupé de son second opéra, *les Indes galantes*, parut, pour le moment du moins, ne plus songer ni à Samson ni à Voltaire. Celui-ci n'en désirait pas moins se rapprocher de lui et s'offrait à lui en toute occasion. Une preuve s'en trouve dans cette lettre qu'il adressait alors à Berger, secrétaire du prince de Carignan et futur directeur de l'Opéra :

1er décembre 1735.

Au nom de Rameau ma froide veine se réchauffe, Monsieur. Vous me dites qu'il a besoin de quelque guenille pour faire exécuter des morceaux de musique chez M. le prince de Carignan. Voici de mauvais vers, mais tels qu'il les faut, je crois, pour faire briller un musicien. S'il veut broder de son or cette étoffe grossière, la voici :

Fille du ciel, ô charmante Harmonie!
Descendez, et venez briller dans nos concerts.
La nature imitée est par vous embellie;
Fille du ciel, reine de l'Italie,
Vous commandez à l'univers.
Brillez, divine Harmonie,
C'est vous qui nous captivez.
Par vos chants vous vous élevez

(1) *Samson*, pièce burlesque de Romagnesi, jouée à la Comédie-Italienne.

Dans le sein du dieu du tonnerre :
Vos trompettes et vos tambours
Sont la voix du dieu de la guerre.
Vous soupirez dans les bras des amours.
Le Sommeil, caressé des mains de la Paresse,
S'éveille à votre voix.
Le badinage avec tendresse
Respire dans vos chants, folâtre sous vos doigts.
Quand le dieu terrible des armes
Dans le sein de Vénus exhale ses soupirs,
Vos sons harmonieux, vos sons remplis de charmes,
Redoublent leurs désirs.
Pouvoir suprême,
L'Amour lui-même
Te doit des plaisirs,
Fille du ciel, ô charmante Harmonie, etc.

Il me semble qu'il y a là un *rimbombo* de paroles et une variété sur laquelle tous les caractères de la musique peuvent s'exercer. Si Orphée-Rameau veut couvrir cette misère de doubles-croches, *ella è padrona*, pourvu qu'on ne me nomme point.

S'il avait demandé M. de Fontenelle ou quelque autre honnête homme pour examinateur, il aurait fait jouer *Samson*, et je lui aurais fait tous les vers qu'il aurait voulu. Peut-être en est-il temps encore. Quand il voudra, je suis à son service. Je n'ai fait *Samson* que pour lui. Je partageais le profit entre lui et un pauvre diable de bel esprit. Pour la gloire, elle n'eût point été partagée, il l'aurait eue tout entière...

Dix ans plus tard, le destinataire de cette lettre, Berger, était devenu directeur de l'Opéra, et Voltaire en profitait pour venir à ses fins et associer sa muse à celle de Rameau. Malheureusement sa pièce était plus que de raison froide et languissante, manquant d'action et n'offrant qu'un mouvement superficiel et factice. Aussi, malgré le luxe fastueux dont on l'avait ornée, malgré son interprétation supérieure, malgré le génie de Rameau, *le Temple de la Gloire*, représenté d'abord à Versailles, devant la cour, puis à l'Opéra, fut accueilli, de l'un et l'autre côté, avec une froideur marquée. Devant cet insuccès, qu'il ne pouvait se dissimuler, Voltaire écrivait à un ami :

J'ai fait une grande sottise de composer un opéra ; mais l'envie de travailler pour un homme comme Rameau m'avait emporté. Je ne songeais qu'à son génie, et ne m'apercevais pas que le mien, si tant est que j'en aie un, n'est point du tout fait pour le genre lyrique. Aussi je lui mandais, il y a quelque temps, que j'aurais plutôt fait un poème épique que je n'aurais rempli des canevas. Ce n'est pas assurément que je méprise ce genre d'ouvrages, il n'y en a aucun de méprisable ; mais c'est un talent qui, je crois, me manque entièrement...

On essaya cependant de galvaniser *le Temple de la Gloire*. Des changements y furent apportés par les auteurs, et l'ouvrage, ainsi modifié, reparut le 19 avril de l'année suivante ; mais rien n'y fit, et il disparut bientôt pour jamais de la scène. Sur quoi Voltaire, un peu dépité, renonça à toute espèce de droits d'auteur pour sa part, ainsi qu'il le faisait connaître à Berger dans cette nouvelle lettre :

13 Juin 1746.

Il me serait bien peu séant, Monsieur, qu'ayant fait *le Temple de la Gloire* pour un roi qui en a tant acquis (!), et non pour l'Opéra, auquel ce genre de spectacle trop grave et trop peu voluptueux ne peut convenir, je prétendisse à la moindre rétribution et à la moindre partie de ce qu'on donne d'ordinaire à ceux qui travaillent pour le théâtre de l'Académie de musique. Le roi a trop daigné me récompenser, et ni ses bontés ni ma manière de penser ne me permettent de recevoir d'autres avantages que ceux qu'il a bien voulu me faire. D'ailleurs, la peine que demande la versification d'un ballet est si au-dessous de la peine et du mérite du musicien. M. Rameau est si supérieur en son genre, et, de plus, sa fortune est si inférieure à ses talents, qu'il est juste que la rétribution soit pour lui tout entière. Ainsi, Monsieur, j'ai l'honneur de vous déclarer que je ne prétends aucun honoraire : que vous pouvez donner à M. Rameau tout ce dont vous êtes convenu, sans que je forme la plus légère prétention. L'amitié d'un aussi honnête homme que vous, Monsieur, et d'un amateur aussi zélé des arts, m'est plus précieuse que tout l'or du monde. J'ai toujours pensé ainsi, et quand je ne l'aurais pas fait, je devrais commencer par vous et par M. Rameau. C'est avec ces sentiments, Monsieur, et avec le plus tendre attachement, que j'ai l'honneur d'être, etc.

Cependant, les interprètes du *Temple de la Gloire* n'avaient pas eu à souffrir de l'accueil très réservé fait à l'ouvrage. Le public avait rendu justice à leurs efforts, et Jélyotte, particulièrement, avait, selon sa coutume, obtenu dans le rôle de Trajan un succès personnel considérable. Mais nous en avons un, d'un autre genre, à enregistrer en ce qui le concerne, un succès non plus de chanteur cette fois, mais de compositeur.

A l'occasion des fêtes très prolongées du premier mariage du Dauphin, on représenta devant la cour, à Versailles, une comédie-balleten trois actes, avec intermèdes de chant et de danses, intitulée *Zélisca* ou *l'Art et la Nature*, dont l'auteur était La Noue, artiste de la Comédie-Française, et dont la musique était écrite par Jélyotte. Le fait est curieux, et unique dans l'histoire de notre théâtre, de cette collaboration de deux artistes dont l'un appartenait à notre grande scène littéraire, l'autre à notre grande scène musicale. La comédie de La Noue était en prose, et jouée par ses camarades de la Comédie-Française : Mlle Gaussin (Zélisca), Mlle Dangeville (Eudilla), Grandval (Zalaïr), Drouin (Félisor) et Armand (Hastir). Les intermèdes de chant avaient pour interprètes Jélyotte et ses camarades de l'Opéra : Chassé, Poirier et Mlles Fel, Lemaure et Bourbonnais. La danse était, naturellement, représentée aussi par les artistes de l'Opéra, au nombre desquels Dupré, Maltaire, Javillier, Laval, Dumoulin, Mlles Sallé (que nous retrouvons ici pour la circonstance), Camargo, Lyonnais, Puvigné, etc. (1).

On voit que *Zélisca* n'était point un opéra, mais bien réellement une comédie-ballet, rappelant celles que Molière écrivait avec Lully pour le service de Louis XIV. Comme pour celles-ci la partie musicale était fort importante, et la partition de Jélyotte ne laissait pas que d'être considérable. Avant d'en apprécier la valeur, constatons, à l'aide du *Mercure*, l'accueil favorable qu'elle reçut à la représentation et qu'elle partagea avec l'œuvre du poète :

---

(1) Voici, exactement, le titre de la pièce et la note qui l'accompagne dans l'édition des *Œuvres de théâtre de M. de la Noue*. (Paris, Duchesne, 1765, 2 vol. in-12) :

« *Zélisca*, comédie-ballet en prose, à trois intermèdes, donnée à Versailles, pour la première fois, le jeudi 10 mars 1746, pour la seconde, le 10 du même mois.

» Cette comédie-ballet fut représentée sur le grand théâtre de Versailles, par ordre du Roi, à l'occasion du premier mariage de M. le Dauphin.

» M. le duc d'Aumont, premier gentilhomme de la chambre en exercice.

» M. Le Noir de Cindré, intendant des Menus-Plaisirs du Roi.

» M. de Lanoue, comédien françois ordinaire de S. M., a donné le projet, composé la comédie et les paroles des divertissements, ordonné les habits, les décorations et tout le spectacle.

» M. Jeliote, ordinaire de la musique du Roi et de l'Académie royale, a composé la musique des trois divertissements.

» M. Laval, maître des ballets de Sa Majesté, a composé toutes les danses des intermèdes.

» M. Slods l'aîné a exécuté les décorations, bâti et orné le théâtre.

» Les Comédiens François, les danseurs de l'Opéra, les musiciens du Roi et de l'Opéra réunis, ont exécuté la comédie et les intermèdes.

Portrait de Sauvé de La Noue, dessiné par Monnet, gravé par Littret.

Le jeudi 3 de ce mois (Mars 1746) on a représenté sur le théâtre de Versailles *Zélisca*, comédie-ballet en trois actes, avec des intermèdes mêlés de chants et de danses. Cette pièce est de M. de La Noue, acteur François, connu par des succès tant sur son théâtre, où il a donné *Mahomet second*, que sur celui des Italiens, où il a produit *le Retour de Mars*, petite comédie semée de traits enjoués et fins. La musique des intermèdes est de M. Jeliotte, excellent acteur de l'Académie royale de musique; on a souvent vu sur le Théâtre-François et sur l'Italien des acteurs devenus auteurs, mais le théâtre lyrique n'en avoit point encore produit qui réunit les deux talens. M. Jeliotte, si accoutumé à enlever tous les suffrages quand il exécute et embellit les ouvrages des autres, a reçu comme auteur les applaudissemens qu'on lui prodigue chaque jour comme acteur; sa musique a plu universellement aux gens de goût, et même elle a réuni les suffrages des partisans des deux différentes sectes qui se sont introduites dans la musique depuis un certain tems. En général elle est agréable sans être commune, neuve sans être bizarre, et travaillée sans être confuse. L'exécution a parfaitement bien répondu au mérite de l'ouvrage, et s'il faut donner de justes éloges à ceux qui l'ont exécuté, il ne faut pas moins louer l'attention du compositeur qui, travaillant pour les voix qu'il employoit, a sçu se proportionner à leur étendue et à leurs différentes propriétés. Cet exemple, et le succès qui l'a suivi, sont une grande leçon dont tous les compositeurs devroient profiter. Il n'est que trop ordinaire de les voir négliger absolument cette partie (1).

Il serait injuste de ne point constater aussi le succès personnel de La Noue. Un autre écrivain disait, en parlant de *Zélisca :*

La Noue eut l'honneur de composer cette pièce pour les fêtes du mariage de M. le Dauphin. C'étoit entrer en concurrence avec M. de Voltaire, qui, dans le même tems et pour le même sujet, avoit fait *la Princesse de Navarre* (2). Ce dernier ouvrage parut, pour le plan et pour l'exécution, au-dessous de celui de La Noue. *Zélisca* n'eut pas le sort des œuvres de commande : Sa Majesté elle-même ne voulut pas que l'auteur pût ignorer le plaisir qu'elle y avoit pris, et daigna l'en instruire de sa bouche. Il y avoit alors à la cour les spectacles des petits Appartemens : La Noue en fut nommé le répétiteur avec mille livres de pension. M. le duc d'Orléans lui donna aussi la direction de son théâtre de Saint-Cloud (3).

La partition de *Zélisca* n'est pas sans importance. Elle n'a point été gravée, mais il en existe à la Bibliothèque nationale une excellente copie (non autographe), qui permet de la juger sous ce rapport (4). Cette copie toutefois n'est pas complète au point

---

(1) *Mercure de France*, Mars 1746.

(2) Celle-ci fut représentée, aussi à Versailles, le 23 février 1745. C'est Rameau qui en avait écrit la musique.

(3) *Anecdotes dramatiques*.

(4) D'où provient cette copie? Évidemment des magasins des Menus-Plaisirs. Elle

de vue de l'instrumentation ; c'est une sorte de « conducteur », où, avec toutes les parties vocales, on ne trouve que celles de violons et de basse, avec quelques rentrées de flûtes, de hautbois et de bassons. Telle qu'elle est cependant, elle suffit pour une appréciation ; de plus, on peut dresser le catalogue des morceaux, et, pour le chant, faire connaître, à l'aide du *Mercure* et de certaines indications du livret, les interprètes.

L'œuvre ne décèle point une grande originalité ; mais elle est correctement écrite, et non sans habileté. Plusieurs morceaux en sont d'ailleurs bien venus, à commencer par l'ouverture, dont l'entrée en canon est curieuse. Le premier intermède contient un air de basse chanté par Chassé (un Génie) avec le refrain pris en chœur, un *loure* (danse), un second air du Génie, un chœur développé (1), un petit air symphonique, une agréable cantatille chantée par Mlle Fel (une Bergère), un air de ballet, une cantatille de ténor confiée à Poirier, et pour finir un passe-pied et un tambourin qui ont de la gaîté et du mouvement. Le second intermède s'annonce par un chœur bien ouvert et plein d'ampleur, auquel succède un air de danse (Mlle Camargo) ; vient ensuite un morceau important comprenant un long dialogue entre une Nymphe (Mlle Bourbonnais) et le chœur, et un petit duo de soprano et basse ; puis une cantatille de ténor très développée (Jélyotte) (2), un grand divertissement de danse (pas de cinq, par Dumoulin, Maltaire 3e, Pitro, Mlles Sallé et Lyonnais), un chœur, un air symphonique, une nouvelle cantatille de soprano à vocalises (Mlle Fel) et une danse finale. Enfin, le troisième

---

ne porte point de titre en tête ; celui-ci est seulement écrit au crayon sur le verso du feuillet de garde du volume. La reliure, pleine, en maroquin à nerfs, est du temps. Sur le dos du volume, le simple titre de l'ouvrage : *Zélisca*, sans même le nom de l'auteur.

(1) Les chœurs sont tous à deux seules parties.

(2) Sur ces vers caressants, que n'eût pas désavoués Favart :

Ici, les ris, les jeux
Forment les chaînes les plus belles ;
Il n'est point d'amants malheureux,
Il n'est point d'amantes rebelles.
Un désir,
Un soupir
Adoucit les plus cruelles,
Et si l'Amour a des ailes,
C'est pour voler vers le plaisir.

intermède comprend une Musette, une scène en duo, très développée, entre un Berger et une Bergère, Daphnis et Thémire (Jélyotte et Mlle Lemaure), un second chœur, un petit rondeau, un divertissement de danse (Dupré, Mlles Sallé et Camargo), et, pour terminer, un très court vaudeville dont le *Mercure* (Mars 1746) publiait la musique. Tout cela, je le répète, sans grande originalité, mais aimable, facile, et d'une veine souvent heureuse.

Malgré le succès obtenu par elle à la cour, *Zélisca* ne fut jamais jouée à Paris. Cela tient sans aucun doute à la nature même de l'ouvrage. Il n'était pas de mise à l'Opéra, puisque c'était une véritable comédie, et, d'autre part, les intermèdes en étaient trop compliqués et exigeaient la réunion de trop d'éléments pour pouvoir trouver place à la Comédie-Française. Mais l'heureux résultat des représentations de *Zélisca* à la cour ne pouvait qu'augmenter encore le renom de Jélyotte et la faveur dont il jouissait de tous côtés, aussi bien chez les grands que de la part du public et des artistes. A ce moment il était, on peut le dire, au comble de sa gloire, et sa situation était absolument exceptionnelle.

Il faut bien dire d'ailleurs qu'il ne ménageait ni son temps ni ses peines, et qu'on trouverait peu d'artistes qui donnassent les preuves d'une activité égale à celle qu'il déployait. En dehors de l'Opéra et du service que, comme artiste de ce théâtre, il devait aussi à la cour, il faisait partie de la musique du roi, non plus comme chanteur, mais comme instrumentiste (1). D'autre part, il était le grand favori du concert de la reine, chez qui, dans la saison, on faisait de la musique plusieurs fois par semaine. Et ceci était loin d'être sans importance, car la reine faisait exécuter chez elle, sous forme de concert, des opéras entiers, et c'est ainsi que Jélyotte était appelé à y chanter les rôles les plus considérables d'une foule d'ouvrages : *Atys*, *Armide*, *Amadis de Gaule*, *Scanderberg*, *Callirhoé*, *l'Europe galante*, *Iphigénie*

---

(1) Le duc de Luynes écrivait dans ses *Mémoires*, à la date d'avril 1745 : — « Le nommé Jéliotte, haute-contre de l'Opéra, fort connu par la beauté de sa voix, a obtenu à la musique du roi une place de maître de guitare. Cet instrument n'est plus d'usage, et la place étoit restée sans être remplie. Jéliotte, qui est grand musicien et qui joue de toutes sortes d'instruments, faisoit avant-hier le premier violon à la chapelle. »

en Tauride, Thétis et Pélée, Issé, Tancrède, les Éléments, etc. Et puis, chose assez singulière, tout en chantant chez la reine, Jélyotte chantait aussi chez Mme de Pompadour, qui, de son côté, donnait des concerts intimes dont il était l'un des principaux sujets et dans lesquels il ne se contentait pas toujours d'exécuter la musique d'autrui, mais où il lui arrivait de chanter parfois quelque motet de sa composition (1). Bien plus, lorsque la favorite eut l'idée, pour égayer son peu égayable et royal amant, d'organiser son fameux théâtre des Petits-Appartements, il fut appelé à faire partie de l'orchestre de celui-ci en qualité de violoncelle. Et c'est de nouveau au duc de Luynes que je vais avoir recours pour faire connaître la composition curieuse de cet orchestre, dont il donne ainsi le détail :

Clavecin. — M. Ferrand, fils d'un fermier général.

Violoncelles. — Le sr Jéliote, de l'Opéra et de la chambre. Chrétien, de la musique du Roi. Picot. Duport, huissier de l'antichambre du Roi.

Bassons. — M. le prince de Dombes. Marlière.

Violes. — M. de Dampierre, gentilhomme ordinaire des plaisirs du Roi. M. de Sourches, grand-prévôt de l'hôtel.

Flûtes. — Bussillet, secrétaire de M. le duc d'Ayen. Blavet, musicien de la chapelle et de la chambre.

Hautbois. — Deselles, *idem.*

Violons 1ers dessus. — Mondonville, maître de musique de la chapelle. Deselles, le même ci-dessus. Bussillet, comme ci-dessus. Mayer, valet de chambre de M. le duc d'Ayen.

Violons 2es dessus. — Guillemain, ordinaire de la musique du Roi. De Courtaumer, porte-manteau de S. M. Fauchet. Belleville.

---

(1) C'est encore le duc de Luynes qui écrivait ceci, à la date du vendredi-saint 12 avril 1748 : — « Hier et aujourd'hui, il y a eu chez Mme de Pompadour une espèce de concert spirituel dans son grand cabinet. Le roi n'y vint point hier ; aujourd'hui il est venu vers la fin. Hier on exécuta le *Miserere* à grand chœur de M. de Lalande ; ensuite Géliote chanta un petit motet qu'il a composé. »

On voit qu'il y avait dans cet orchestre, à côté de musiciens de profession, un certain nombre d'amateurs. Quelques-uns de ceux-ci se donnaient aussi des airs de compositeurs. Tel le claveciniste Ferrand, propre cousin de la marquise, qui, sur des paroles de Cury, intendant des Menus-Plaisirs, écrivit la musique de *Zélie*, opéra-ballet en un acte, représenté aux Petits-Appartements le 13 février 1749. Tel aussi le violoncelliste Duport, qui fit jouer le même jour un autre petit ouvrage, *Jupiter et Europe*, mis en musique par lui et Dugué sur un livret du vieux Fuzelier, alors âgé de soixante-dix-sept ans.

Quant à Jélyotte, il songea à tirer parti, au profit de sa *Zélisca*, de sa présence dans le personnel de ce théâtre d'un genre si particulier et dont la vogue fut si grande pendant les quelques années de son existence. Évidemment aidé en cela par son collaborateur La Noue, qui, en qualité de répétiteur de la petite troupe aristocratique, faisait aussi partie de ce personnel, il obtint la représentation de leur *Zélisca*, qui fut jouée en effet le 6 mai 1751. Et s'il avait eu besoin d'un appui en cette affaire, il l'aurait certainement trouvé en la personne du duc de La Vallière, que la marquise avait mis à la tête de son théâtre avec le titre de directeur général, que celui-ci prenait très au sérieux et dont il remplissait à souhait les fonctions. C'était un type que ce duc de La Vallière, homme charmant d'ailleurs et d'une réelle distinction. Petit neveu de l'illustre maîtresse de Louis XIV, pourvu de la charge de grand fauconnier de France, possesseur d'une immense fortune qui lui permettait de satisfaire ses goûts artistiques délicats, familier de l'Opéra et particulièrement épris de toutes choses relatives au théâtre, il fut l'un des plus raffinés et des plus fameux bibliophiles de son temps et sut réunir dans son château de Montrouge l'une des plus riches et des plus admirables bibliothèques qui se puissent concevoir (1). Il avait épousé une jeune et fort jolie femme, qui, sans qu'à ses yeux cela tirât à conséquence et qu'il en fût autrement ému, lui en faisait

(1) En 1788, huit ans après la mort du duc de La Vallière, cette bibliothèque fut achetée par le comte d'Artois (depuis Charles X), qui en fit don à l'Arsenal. On en avait publié deux catalogues, l'un en trois volumes (1783), l'autre en six volumes (1788). Le duc de La Vallière a laissé un livre qui n'est pas sans quelque utilité : *Ballets, opéras et autres ouvrages lyriques* (Paris, 1768, in-8°).

Le duc de La Vallière, d'après le portrait gravé par Cochin fils.

voir de toutes les couleurs. Il n'était pas seul dans ce cas, et l'on sait que cela était courant alors. Aussi, selon les mœurs étranges de ce temps et de ce monde, il laissait à sa femme liberté entière, pourvu que lui-même restât maitre de ses actions. Or, il arriva que Jélyotte s'était trouvé au nombre des... familiers de la duchesse, et qu'au bout de quelque temps, celle-ci s'en étant lassée, lui avait signifié son congé. Et le duc était sous ce rapport si accommodant, que lorsqu'il eut eu connaissance de cette rupture, il dit simplement à Jélyotte : — « Quoique vous ne soyez plus désormais ami de ma femme, je veux que vous n'en soyez pas moins des miens. Nous vous aurons quelquefois à souper (1). » On conçoit donc qu'il ne dut pas faire obstacle au désir de Jélyotte relativement à *Zélisca*, et qu'au contraire ce fut sans doute avec empressement qu'il fit monter et jouer l'ouvrage de « son ami ». Celui-ci retrouva, auprès des invités privilégiés de la marquise, le succès très flatteur qu'il avait obtenu quelques années auparavant à la cour.

Mais Jélyotte n'était pas seulement l' « étoile » des concerts de la reine, aussi bien que de ceux de Mme de Pompadour, il ne brillait pas seulement aux spectacles de la cour, où son activité égalait celle qu'il montrait à l'Opéra, il n'appartenait pas seulement à la musique de la chapelle royale et à celle de la chambre; à ce moment il passait vraiment à l'état d'artiste unique, exceptionnel, et l'on se demande comment il pouvait satisfaire à toutes les exigences qui se manifestaient à son égard. Il était en effet recherché, désiré, appelé, demandé de tous côtés, littéralement on se l'arrachait, et il n'était pas de fête, de soirée, de réunion, d'assemblée chez tel ou tel grand personnage où il ne se vit sollicité et où, coûte que coûte, il ne fût obligé de se rendre. Tantôt seul, tantôt avec Mlle Fel, ou avec Mlle Lemaure, ou avec Mlle Coupé, il chantait tour à tour soit chez Mme de Lauraguais ou chez la duchesse de La Vallière, soit chez le maréchal de Belle-Isle ou chez la marquise de Villeroy, soit encore au Temple, chez le prince de Conti, dont les fêtes brillantes n'eussent point été complètes sans la présence de l'incomparable, de l'indispensable Jélyotte. Jélyotte, Jélyotte! son nom résonnait

(1) Voy. les *Mémoires* du marquis d'Argenson, qui rapporte ces paroles.

de toutes parts; on ne pensait qu'à lui, on ne réclamait que lui, on ne jurait que par lui, on ne voulait entendre que lui (1).

De tout cela résultait parfois pour lui, on peut le croire, une fatigue qui n'était pas sans quelque danger et qui lui valait certaines indispositions plus ou moins sérieuses. Une de ces indispositions lui fit retarder, en 1747, une reprise des *Fêtes d'Hébé;* une autre, l'année suivante, lui faisait interrompre les représentations des *Fêtes de l'hymen et de l'amour*. Un peu plus tard, la première apparition d'un opéra du marquis de Brassac, *Léandre et Héro*, est encore retardée par son fait, et même après l'avoir joué il se voit obligé, au bout de quelques soirées, d'abandonner décidément son rôle dans cet ouvrage (2). Il arriva aussi que pendant une saison du théâtre des Petits-Appartements, où, cette fois remplaçant Rebel, il avait fait fonctions de chef d'orchestre, il fut pris d'une indisposition assez grave, qu'un chroniqueur nous fait connaître en ces termes: — « La plus grande nouvelle de Paris, après celle de la guerre, est l'indisposition de votre ami Jéliot; son joli gosier a *crachoté* du sang; l'alarme a été chaude; rassurez-vous, il est mieux; les femmes commencent à le voir, il les reçoit dans sa robe de chambre, il leur donne à souper. Je connois une duchesse qui bout d'impatience de lui être présentée; il est absolument de bon air d'avoir soupé chez lui. Le roi lui a fait présent d'une boite d'or, dont la façon seule est pour le moins de quinze cens livres: c'est qu'il avoit battu la mesure à l'orchestre des petits cabinets dans les divertissemens de ce carnaval (3) ».

Ces lignes ironiques m'amènent tout naturellement, et sans vouloir insister sur ce chapitre, à dire quelques mots des bonnes fortunes de Jélyotte. En sa qualité de ténor, il s'en offrait à lui de nombreuses et de toutes sortes, et l'on peut croire qu'il ne se faisait pas faute d'en profiter. On a dit que sous ce rapport il était fort discret et se conduisait en galant homme, ne laissant

---

(1) On peut voir à ce sujet les *Mémoires* du duc de Luynes.

(2) Et comme son camarade La Tour, désigné pour le doubler, se trouvait être malade lui-même, on fut obligé de faire chanter le rôle de Léandre à un certain Baroyer, qui ne fit à l'Opéra que paraître et disparaître (Voy. *Mercure*, Juin 1750).

(3) *Les Cinq années littéraires* ou *Lettres de M. Clément*... — La Haye, 1754. Lettre du 15 Avril 1748.

connaître que celles qui s'affichaient elles-mêmes. On lui a prêté, et ce n'est pas sans raisons, beaucoup de liaisons avec des femmes du grand monde et même de la cour ; on a cité, entre autres, la duchesse de La Vallière, Mme de Jully, même la maréchale de Luxembourg. Pour cette dernière, il n'y a que des conjectures. Quant aux deux premières, rien n'est plus certain, et l'on sait de reste à quoi s'en tenir. Nous avons vu particulièrement ce qu'il en était en ce qui concerne la duchesse de La Vallière. Pour ce qui est de Mme de Jully, belle-fille du fermier général La Live de Bellegarde et belle-sœur de Mme d'Épinay, la tendre amie de Grimm, on peut consulter à son sujet les *Mémoires* de cette dernière, qui était la confidente de tous ses secrets. Mme de Jully, que Jélyotte semble avoir aimée sincèrement, était quelque peu libertine et n'avait eu pour lui qu'une fantaisie dont elle se fatigua promptement pour reporter ailleurs son caprice. C'est à sa belle-sœur même qu'elle confia la singulière mission de lui annoncer sa volonté de rompre leurs relations. Avant cette rupture, Mme d'Épinay faisait connaître ses impressions quelque peu contradictoires sur Jélyotte, qu'elle jugeait et appréciait d'ailleurs d'un ton un peu dédaigneux : — « Une chose m'étonne, disait-elle, et je n'y entends rien. Jélyotte, fameux chanteur de l'Opéra, s'est installé chez madame de Jully pendant l'hiver dernier. Il a un ton, une aisance à laquelle je ne me fais point. Je sais qu'il y a nombre de bonnes maisons où il est reçu ; mais cela m'est toujours nouveau, et quand il perd vingt louis au brelan, je ne puis m'empêcher d'être étonnée qu'on les prenne. Il est réellement d'une société très agréable ; il cause bien, il a de grands airs, sans être fat, je suis même persuadée qu'il parviendrait à le faire oublier s'il n'était pas forcé de l'afficher trois fois la semaine (1) ».

Il est assez longuement question de ces amours de Jélyotte dans ces *Mémoires* de Mme d'Épinay. Mais ce sujet ne saurait nous retenir plus longtemps. J'ai voulu seulement l'effleurer pour compléter ce qu'il faut savoir de l'existence de Jélyotte. Revenons à ses hauts faits à l'Opéra.

Nous avons vu qu'une indisposition lui avait fait retarder, en

(1) *Mémoires* de Mme d'Épinay, chap. VI.

1747, une reprise des *Fêtes d'Hébé* (que l'on appelait alors de leur second titre, *les Talents lyriques*). Cette reprise ne lui valut pas moins un grand succès, que Grimm constate, tout en formulant une critique : — « Notre divine haute-contre Jélyotte, dit-il, y ravit tout le monde. Quelques personnes de bon goût croient pourtant que son chant est trop lâché et un peu mignard ; il n'est pas bien loin du précieux. Ce qui est sûr, c'est que ce qui plaît en lui déplaît en un autre. » Peu auparavant il avait créé le rôle de Glaucus dans *Scylla et Glaucus*, le seul ouvrage que le grand violoniste Le Clair ait donné à l'Opéra. On le voit ensuite dans *Daphnis et Chloé*, de Boismortier, et dans *l'Année galante*, de Mion. Dans ces trois ouvrages il a pour partenaire Mlle Fel, et c'est encore avec elle qu'il se montre dans un nouvel opéra de Rameau, *Zaïs*. Le poème de celui-ci, dû à Cahusac, le collaborateur ordinaire du maître, contenait un prologue dont le sujet, disait un chroniqueur, « est le débrouillement du chaos pour la formation de l'univers ». Ce prologue donna à Rameau l'occasion de faire, dans son ouverture, une musique descriptive destinée précisément à caractériser et à peindre ce « débrouillement » du chaos. C'est que Rameau croyait à la puissance de la musique pittoresque et imitative, il croyait qu'un compositeur peut, sans le secours des paroles, évoquer des sentiments et exprimer des situations. Il l'a prouvé par ses efforts en ce sens, non seulement dans *Zaïs*, mais encore dans divers autres ouvrages, notamment dans *Naïs* et dans *Platée*. Sous ce rapport, il pourrait passer pour un précurseur de Berlioz. Pour ce qui est de *Zaïs*, voici comme en parle Grimm, et de quelle façon il analyse particulièrement l'ouverture :

La musique de ce ballet a des censeurs et des partisans. En général, les airs de violon sont très bien, les airs chantants fort inférieurs. On a dit qu'à l'ouverture on croyait être à l'enterrement d'un officier suisse, parce qu'un roulis de timbales couvertes d'une gaze annonce par un bruit sourd le débrouillement du chaos. Cependant il faut convenir que cette idée du musicien est assez naturelle. Ce n'est pas le moment des autres instruments ; ce n'est qu'à mesure que le développement se fait, que la nature naît et s'anime. Alors vous entendez un léger frémissement, c'est le zéphir ; les flûtes résonnent, c'est le ramage des oiseaux ; les violons se joignent aux flûtes, et par leurs modulations variées, tantôt vives et tantôt lentes, vous représentent l'idée d'un torrent qui coule à grand bruit et d'un ruisseau qui coule lentement, ou la séparation des éléments de l'air et du feu (!!). Puis, tout à coup, par des sons plus marqués, plus hardis, le musicien vous transporte dans les airs. Là, il vous peint à la fois le bruit des vents ou du tonnerre, ou bien, par une harmonie voluptueuse, ou pleine de majesté, il vous inspire le plaisir de l'amour, il calme vos sens ou vous annonce la présence des dieux. Rameau passe pour le seul de nos musiciens qui possède au dernier degré ces sortes de transitions. Les oreilles harmoniques ont toujours avec lui de quoi se satisfaire, même dans les plus petites choses (1).

Après *Zaïs*, Jélyotte se montra coup sur coup dans trois autres ouvrages de Rameau. Ce fut d'abord un petit acte intitulé *Pygmalion*, où il établit le rôle de Pygmalion, qui fut considéré comme une des productions les plus aimables du vieux maitre, et accueilli par le public avec une extrême faveur. Cette faveur fut telle que *Pygmalion* se maintint pendant trente ans au répertoire et fut joué plus de deux cents fois (2). Ce fut ensuite un opéra de circonstance, *les Fêtes de l'hymen et de l'amour*, commandé et écrit à l'occasion du second mariage du Dauphin, et qui ne fut représenté à l'Opéra que vingt mois après avoir été joué à Versailles, devant la cour. Ce fut enfin *Naïs*, autre ouvrage de circonstance, destiné à célébrer la paix conclue à Aix-la-Chapelle, qui ne méritait pas tant de solennité.

C'est à propos de l'apparition de *Naïs*, dont le succès fut complet, que le *Mercure* faisait cette réflexion : — « Nous devons remarquer une singularité qui regarde M. Rameau. Depuis le printems de l'année dernière, on a joué *les Talens lyriques*, *Zaïs*, *les Fêtes de l'amour et de l'hymen*, *Pygmalion*, *Platée* et *Naïs*. Jusqu'à présent, il n'étoit arrivé à aucun autre de nos musiciens de voir six de leurs ouvrages se succéder ainsi au théâtre dans le cours d'une année » (3).

---

(1) GRIMM : *Correspondance*.

(2) « Cet acte faisoit partie du ballet du *Triomphe des Arts*, représenté en 1700, et est de feu La Motte ; la musique étoit de La Barre, et comme elle n'étoit pas bonne, la pièce ne put se soutenir. M. Balot de Sovot, frère de M. Balot, notaire, fit quelques augmentations et les changemens nécessaires aux paroles, qui furent mises de nouveau en musique par M. Rameau, et cela en moins de huit jours de tems, à ce que l'on prétend. Cet acte ne se ressent nullement de cette précipitation de travail, et le public, qui le revoit souvent avec plaisir, le regarde comme un des plus beaux morceaux de ce grand musicien. » — (DE LERIS : *Dictionnaire portatif des théâtres*.)

(3) *Mercure*, mai 1749. — *Les Talents lyriques (les Fêtes d'Hébé)* avaient été remis à la scène, et voici les dates de représentation des cinq opéras nouveaux de Rameau :

D'après une est

Rameau.

buée à Basan.

Le fait, effectivement, était intéressant et valait d'être relevé. Il ne le fut pas seulement de cette façon. Boissy, qui décidément avait le sens de l'actualité, le mit en relief dans une petite comédie en vers libres, *la Comète*, qu'il fit représenter à la Comédie-Italienne le 11 juin 1749 et où il faisait parler ainsi deux de ses personnages :

LE CHEVALIER.

Au théâtre lyrique, au Théâtre François
Éclate en même temps une double merveille (1) ;
L'une frappe l'esprit, l'autre étonne l'oreille.
Le cothurne, prêt à déchoir,
Voit tout à coup renaître son espoir,
Et l'empire chantant a trouvé son Corneille.

LA COMÈTE.

Son esprit créateur lui mérite ce nom.
Avec Paris je me récrie,
Quel vaste, quel fécond génie !
Il enfante en un an *Zaïs*, *Pygmalion*,
Les Fêtes de l'hymen, où son talent suprême
Est après tant de vœux secondé du poème :
Il met *Platée* au jour, et l'aimable *Naïs*,
Dont le gosier nous charme autant qu'il nous étonne,
D'un cinquième laurier aujourd'hui le couronne
De cette même main qu'applaudissent nos cris
Lorsqu'au Dieu de la danse elle livre le prix
Que depuis si longtemps tout le public lui donne.

C'est, je pense, à cette époque qu'il faut faire remonter la publication de la jolie estampe allégorique, si curieuse et si intéressante, intitulée *le Triomphe de Rameau*, qui est attribuée à Basan et qui consacrait avec éclat les succès remportés de haute lutte par l'auteur de tant de chefs-d'œuvre. Mais tout le monde ne se montrait pas aussi enthousiaste des succès de Rameau. Comme

---

Zaïs, 29 février 1748 ; *Pygmalion*, 27 août 1748 ; *les Fêtes de l'hymen et de l'amour*, 25 novembre 1748 ; *Platée*, 4 février 1749 ; et *Naïs*, 22 avril 1749. C'est dans l'espace sinon juste d'une année, du moins de quatorze mois, que les six ouvrages avaient paru sur l'affiche.

(1) Le 30 avril, huit jours après l'apparition de *Naïs* à l'Opéra, la Comédie-Française donnait avec succès une tragédie nouvelle de Marmontel, *Aristomène*. C'est cet ouvrage que Boissy mettait en regard de *Naïs*.

tous les hommes dont le génie dérange les habitudes, le vieux maître avait des ennemis; il en avait même de puissants, un surtout, qui n'était autre que le marquis d'Argenson, sous la juridiction duquel était justement placé l'Opéra, et on assure que celui-ci se montrait fort mécontent de la place, trop considérable à son gré, que ce théâtre faisait à Rameau et à ses œuvres. Collé nous le fait savoir dans son *Journal*, à la date de juillet 1749 : — « On prétend, dit-il, que M. d'Argenson, qui a actuellement l'Opéra dans son département, s'est expliqué aux directeurs et leur a signifié qu'il ne voulait pas qu'on donnât plus d'un opéra de Rameau par an ; les partisans de sa musique sont furieux de cet ordre et publient que ce ministre veut faire tomber l'Opéra, que ce grand génie soutient lui seul, dans le dessein de l'ôter aux directeurs actuels pour le donner à Rebel, Francœur et Jélyotte, qu'il protège (1). On ajoute que Rameau est piqué jusqu'au vif, jure de ne plus travailler, et que même il a retiré une tragédie de lui et de Cahusac, qu'il avait donnée pour cet hiver. »

Il y a lieu de croire que cette nouvelle était inexacte. Nous aurons cependant plus loin une preuve certaine de l'animosité du marquis d'Argenson à l'égard de Rameau. Ce qui est vrai toutefois, c'est que ce personnage préparait contre la direction de l'Opéra un véritable coup d'État, que Collé encore va nous faire connaître : — « Le 26 ou le 27 (août 1749), M. le lieutenant de police, accompagné d'*alguazils*, se transporta à cinq heures du matin à l'Académie royale de musique, pour y mettre le scellé et déposséder les directeurs actuels en vertu d'une lettre de cachet (2). On donne l'Opéra au corps de ville (3); tout le monde présume que ce spectacle va devenir plus brillant; il faut attendre que cela soit pour s'en réjouir. Il ne pourrait pas, du reste, être en de plus mauvaises mains ; ces gredins de directeurs-ci

(1) Rebel et Francœur ne devaient devenir directeurs de l'Opéra que quelques années plus tard ; quant à Jélyotte, c'est la seule fois que je vois son nom mis en avant à ce sujet, et j'ignore s'il eut jamais en effet une telle ambition.

(2) C'était Tréfontaine, seul en nom, et ses associés : Saint-Germain, La Feuillade, Bougenier et le chevalier de Mailly.

(3) C'est-à-dire la municipalité de Paris, dont le prévôt des marchands était le chef.

ne payaient ni les pensions ni les gages des acteurs; on n'a trouvé que 300 livres dans leur caisse. M. de Maurepas n'avait pu se déterminer à détacher ce fleuron de sa couronne. M. d'Argenson n'y a pas regardé de si près, mais peut-être, et vraisemblablement, s'est-il réservé tous les droits attachés à sa place qui concernent la juridiction de l'Opéra, et M. le prévôt des marchands n'est qu'un sous-ordre sans doute et reconnaîtra sa supériorité dans cette partie (1). »

La nouvelle direction de l'Opéra se mit aussitôt à l'œuvre, et pour son début voulut frapper un coup d'éclat. Le premier ouvrage qu'elle mit au jour, monté par elle avec un grand luxe, fut *le Carnaval du Parnasse*, de Mondonville, qu'elle présenta au public le 23 septembre 1749. Mondonville, artiste instruit, mais d'un talent sec et sans chaleur, fort bien en cour grâce à son esprit insinuant, très glorieux de sa personne, s'était fait une assez grande situation à laquelle son adresse n'était pas restée étrangère. Violoniste fort habile, il avait obtenu au Concert spirituel de grands succès de virtuose, et s'était fait ensuite une renommée comme compositeur de musique religieuse et instrumentale. Ses grands motets, d'un sentiment plus emphatique que sincèrement grandiose, n'en avaient pas moins excité les applaudissements. Sous-directeur de la chapelle royale, vivement protégé par Mme de Pompadour, il aspirait aux triomphes du théâtre. Son premier essai pourtant n'avait pas été très heureux, et son opéra d'*Isbé* n'avait reçu qu'un accueil au moins réservé. Il n'en fut pas de même du *Carnaval du Parnasse*, dont, au contraire, le succès assez bruyant fit la joie des adversaires de Rameau, qui crurent pouvoir le mettre à profit pour essayer de poser Mondonville en rival de l'auteur de *Castor et Pollux*, ce qui était simplement burlesque. La comparaison qu'on pourrait

---

(1) Et Barbier, de son côté, enregistrait le fait dans son *Journal:* — « ... Autre nouvelle à quoi on ne s'attendait pas. Mercredi, 27, M. le Prévôt des marchands, les quatre échevins et le procureur du roi allèrent, à cinq heures du matin, au magasin de l'Opéra, mettre le scellé chez le sieur Tréfontaine, directeur de l'Opéra, qui y a son logement, chez le sieur Berthelin de Neuville, caissier, et ensuite au théâtre. Le roi a donné la direction de l'Opéra à messieurs de Ville, toujours sous la dépendance du secrétaire d'Etat de Paris. On a fait des procès-verbaux de tout. » — (*Journal de Barbier*, août 1749).

faire aujourd'hui des œuvres de l'un et de l'autre suffirait à démontrer le ridicule de cette prétention. Je n'oserais pas, pour ma part, affirmer que le succès du *Carnaval du Parnasse* était pleinement justifié par la valeur de sa musique, bien que celle-ci fût dédiée à Mme de Pompadour. Je crois plutôt qu'il était dû et à la splendeur du spectacle et surtout à une interprétation d'un ordre absolument supérieur, confiée, pour les rôles principaux, à Jélyotte (Apollon), Chassé (Momus), Mlles Fel (Thalie), Chevalier (Lycoris) et Romainville (Euterpe). A l'excellence de cette interprétation, à la richesse de la mise en scène, il faut joindre aussi l'attrait d'un ballet très joliment réglé, dans lequel brillaient tout particulièrement la Camargo, Dupré et Lany, et qui produisit tant d'effet que le dessin en fut pris par Augustin de Saint-Aubin et gravé par Basan, dont l'estampe, devenue fort rare aujourd'hui, est tout à fait délicieuse.

Nous retrouverons plus loin Mondonville et ses deux principaux interprètes dans des conditions toutes particulières.

En attendant, et peu après *le Carnaval du Parnasse*, Jélyotte et Chassé, Mlles Fel et Chevalier se retrouvent ensemble pour prendre part à la représentation d'un nouvel ouvrage de Rameau qui compte au nombre de ses plus puissants et de ses meilleurs : *Zoroastre* (5 décembre 1749). Le poème très dramatique de celui-ci était, comme d'ordinaire, de Cahusac, et j'ignore sur quelles présomptions on avait cru devoir, par avance, lui en dénier la paternité. Toujours est-il que, fort ennuyé des bruits malveillants qui circulaient à ce sujet et désireux de les voir cesser une fois pour toutes, Cahusac crut devoir adresser au *Mercure* la lettre suivante :

A Paris, ce 18 novembre 1749.

On ne peut être, Monsieur, plus sensible que je le suis à la manière obligeante dont vous en usez avec moi. On reconnoit dans tout ce que vous faites et votre amour pour les talens et votre zèle pour la vérité. Vous avez fort bien jugé des bruits qu'on s'efforce de répandre au sujet de mon opéra de *Zoroastre*, que l'Académie royale de musique prépare. Oui, Monsieur, cette tragédie est de moi et n'est que de moi. Nul autre, *vivant* ou *mort*, n'a eu aucune sorte de part à cet ouvrage.

J'en méditois le plan depuis longtems, et je l'exécutai pendant le cours de l'été de 1747. Nous le passâmes à la campagne, M. Rameau et moi : j'eus pour témoins de mon travail et du sien plusieurs personnes estimables, avec les-

Ballet du *Carnaval du Parnasse*, dess

de Saint-Aubin, gravé par Basan.

quelles j'ai l'honneur de vivre, et j'aurai pour défenseurs sur cet article tous ceux qui savent discerner la manière, la coupe et le style des auteurs qui travaillent pour le théâtre lyrique.

Peut-être lorsque l'ouvrage sera connu, m'estimerois-je fort heureux qu'on voulût le laisser sur la tête d'un autre; mais quel que soit alors le jugement du public, la honte ou l'honneur ne doivent rejaillir que sur moi, et j'attends mon sort avec un désir constant de reconnoître mes fautes, de les corriger et de plaire.

Je vous prie d'être persuadé de l'estime et de l'attachement avec lesquels j'ai l'honneur d'être, Monsieur, etc.

De Cahusac.

Joué par Jélyotte (Zoroastre), Chassé (Abramane), Mlles Fel (Amélite) et Chevalier (Erinice), *Zoroastre*, malgré les beautés répandues dans sa musique, fut tout d'abord vivement discuté, comme tous les ouvrages de Rameau. « L'opéra de *Zoroastre*, disait Grimm, continue à essuyer des contradictions. La cour s'est déclarée contre avant qu'il parût; la ville ne lui a pas fait un accueil bien favorable, et les gens que nous regardons ici comme musiciens appellent de ce jugement à la postérité. Ils prétendent que cet ouvrage est le chef-d'œuvre de Rameau, et par conséquent de l'art. Les profanes ont comparé cet opéra au musicien, qui est long, sec, noir et dur. » Grimm, qui était trop habile pour nier le génie de Rameau, n'était pas fâché cependant, pour ne point manquer à ses habitudes, de décrier la musique française.

Cette musique de *Zoroastre*, dans laquelle Rameau avait employé divers morceaux de *Samson*, le premier opéra qu'il avait écrit avec Voltaire, rappelle le souvenir de cet ouvrage, qui fut longtemps une des préoccupations inquiètes du poète. Bien que la représentation n'en eût pas été autorisée, Voltaire persistait à conserver l'espoir de voir *Samson* paraître un jour à la scène, et durant plusieurs mois il fit tous ses efforts pour décider Rameau à s'en occuper, lui offrant de faire au livret tous les changements et toutes les modifications qu'il jugerait utiles. Sa correspondance est bien curieuse à ce sujet, et quelques fragments de ses lettres, réunis ici, montreront toute l'intensité de son désir :

A Thiériot, 13 octobre 1735. — ....Je suis bien aise d'avoir deviné que la musique de Rameau ne pouvait jamais tomber (on venait de jouer *les Indes galantes*)... Si je croyais qu'on pût représenter le *Samson*, je le travaillerais encore;

mais il faut s'attendre que le poème sera aussi extraordinaire dans son genre que la musique de notre ami l'est dans le sien.

Au même, 3 novembre 1735. — ....Si ceux qui sont à la tête des spectacles aiment assez les beaux-arts pour protéger notre grand musicien Rameau, il faudra qu'il donne son *Samson*. Je lui ferai tous les vers qu'il y voudra; mais il aurait besoin d'un peu de protection. Que dites-vous d'un nommé Hardion, à qui on avait donné *Samson* à examiner et qui a fait tout ce qu'il a pu pour empêcher qu'on ne le jouât? Nous avons besoin d'un examinateur raisonnable; mais surtout que Rameau ne s'effarouche point des critiques. La tragédie de *Samson* doit être singulière, et dans un goût tout nouveau comme sa musique. Qu'il n'écoute point les censeurs....

Au même, 17 décembre 1735. — ....Revenons à Orphée-Rameau. Je lui avais craché de petits vers pour un petit duo. On pourrait, en allongeant la litanie, faire de cela un morceau très musical. C'est la louange de la musique ; on y peut fourrer tous ses attributs, tous ses caractères.

Je ferai de *Samson* tout ce qu'on voudra; c'est pour lui (Rameau), c'est pour sa musique mâle et vigoureuse que j'avais pris ce sujet.

Vous faites trop d'honneur à mes paroles de dire qu'il y a trois personnages. Je n'en connais que deux, Samson et Dalila ; car pour le roi, je ne le regarde que comme une basse-taille des chœurs. Je voudrais bien que Dalila ne fût point une Armide. Il ne faut point être copiste. Si j'en avais cru mes premières idées, Dalila n'eût été qu'une friponne, une Judith catin (1) pour la patrie, comme dans la sainte Écriture; mais autre chose est la Bible, autre chose est le parterre. Je serais encore bien tenté de ne point parler des cheveux plats de Samson. Faisons-le parler dans le temple de Vénus la Sidonienne, de quoi le dieu des Juifs sera courroucé; et les Philistins le prendront comme un enfant quand il sera bien épuisé avec la Philistine....

A Berger, 22 décembre 1735. — .... Je n'ai point gardé de copie de ces vers pour Orphée-Rameau ; mais je me souviens de l'idée, et quand j'aurai plus de santé et de loisir, je ferai ce qu'il voudra. Il a bien raison de croire que *Samson* est le chef-d'œuvre de sa musique ; et quand il voudra le donner, il me trouvera toujours prêt à quitter tout pour rimer ses doubles croches....

A Thiériot, 25 décembre 1735. — Je suis toujours d'avis qu'il ne soit plus question des grands cheveux plats de Samson ; je gagnerai à cela une sottise sacrée de moins, et ce sera encore une scène de récitatif retranchée. Je n'entends pas trop ce qu'on veut dire par une Dalila intéressante. Je veux que ma Dalila chante de beaux airs, où le goût français soit fondu dans le goût italien. Voilà tout l'intérêt que je connais dans un opéra. Un beau spectacle bien varié, des fêtes brillantes, beaucoup d'airs, peu de récitatifs, des actes courts, c'est là ce qui me plaît. Une pièce ne peut être véritablement touchante que dans la rue des Fossés-Saint-Germain (2). *Phaéton*, le plus bel opéra de Lulli, est le moins intéressant.

(1) J'adoucis, en conservant la rime, l'expression employée par Voltaire.
(2) C'est-à-dire la Comédie-Française.

Je veux que le *Samson* soit dans un goût nouveau ; rien qu'une scène de récitatif à chaque acte, point de confident, point de verbiage. Est-ce que vous n'êtes pas las de ce chant uniforme et de ces *eu* perpétuels qui terminent, avec une monotonie d'antiphonaire, nos syllabes féminines ? C'est un poison froid qui tue notre récitatif....

Au même, 13 janvier 1736. — ....Je compte vous envoyer dans quelque temps la copie de *Samson*. Je persiste, jusqu'à nouvel ordre, dans l'opinion qu'il faut, dans nos opéras, servir un peu plus la musique et éviter les langueurs du récitatif. Il n'y en aura presque point dans *Samson*, et je crois que le génie d'Orphée-Rameau y sera plus à son aise ; mais il faudra obtenir un examinateur raisonnable, qui se souvienne que *Samson* se joue à l'Opéra, et non en Sorbonne. Prêtez-vous donc, je vous prie, à ce nouveau genre d'opéra, et disons avec Horace : *O imitatores servum pecus !...*

Au même, 2 février 1736. — ....Je n'ai pu avoir de privilège pour *Jules César*, Il n'y aura qu'une permission tacite ; cela me fait trembler pour *Samson*. Les héros de la fable et de l'histoire semblent être ici en pays ennemi. Malgré cela j'ai travaillé à *Samson* dès que j'ai su que nous avions gagné la bataille au Pérou (1), mais il faut que Rameau me seconde et qu'il ne se laisse pas assommer par toutes les mâchoires d'âne qui lui parlent. Peut-être que mon dernier succès lui donnera quelque confiance en moi. J'ai examiné la chose très mûrement ; je ne veux point donner dans des lieux communs. *Samson* n'est point un sujet susceptible d'un amour ordinaire. Plus on est accoutumé à ces intrigues qui sont toutes les mêmes sous des noms différents, plus je veux les éviter. Je suis fortement persuadé que l'amour, dans *Samson*, ne doit être qu'un moyen, et non la fin de l'ouvrage. C'est lui, et non pas Dalila, qui doit intéresser. Cela est si vrai que si Dalila paraissait au cinquième acte, elle n'y ferait qu'une figure ridicule. Cet opéra, rempli de spectacle, de majesté et de terreur, ne doit admettre l'amour que comme un divertissement. Chaque chose a son caractère propre. En un mot, je vous conjure de me laisser faire de l'opéra de *Samson* une tragédie dans le goût de l'antiquité. Je réponds à M. Rameau du plus grand succès, s'il veut joindre à sa belle musique quelques airs dans un goût italien mitigé. Qu'il réconcilie l'Italie avec la France. Encouragez-le, je vous prie, à ne plus laisser inutile une musique si admirable. Je vous enverrai incessamment l'opéra tel qu'il est. Je suis un homme qui a des procès à tous les tribunaux. Vous êtes mon avocat. Pollion est mon juge. Tâchez de me faire gagner ma cause auprès de lui. Adieu, charmant et unique ami.

A Berger, février 1736. — Le succès de nos *Américains* est d'autant plus flatteur pour moi, mon cher monsieur, qu'il justifie votre amitié pour ma personne et votre goût pour mes ouvrages. J'ose vous dire que les sentiments vertueux qui sont dans cette pièce sont dans mon cœur ; et c'est ce qui fait

---

(1) Allusion à sa tragédie d'*Alzire* ou *les Américains*, qui venait d'être jouée avec succès, le 27 janvier, à la Comédie-Française.

que je compte beaucoup plus sur l'amitié d'une personne comme vous, dont je suis connu, que sur les suffrages d'un public toujours inconstant, qui se plaît à élever des idoles pour les détruire, et qui, depuis longtemps, passe la moitié de l'année à me louer, et l'autre à me calomnier. Je souhaiterais que l'indulgence avec laquelle cet ouvrage vient d'être reçu pût encourager notre grand musicien Rameau à reprendre en moi quelque confiance, et à achever son opéra de *Samson*, sur le plan que je me suis toujours proposé. J'avais travaillé uniquement pour lui. Je m'étais écarté de la route ordinaire dans le poème, parce qu'il s'en écarte dans la musique. J'ai cru qu'il était temps d'ouvrir une carrière nouvelle à l'Opéra comme sur la scène tragique. Les beautés de Quinault et de Lulli sont devenues des lieux communs. Il y aura peu de gens assez hardis pour conseiller à M. Rameau de faire de la musique pour un opéra dont les deux premiers actes sont sans amour; mais il doit être assez hardi pour se mettre au-dessus du préjugé. Il doit m'en croire et s'en croire lui-même. Il peut compter que le rôle de Samson, joué par Chassé, fera autant d'effet au moins que celui de Zamore joué par Dufresne. Tâchez de persuader cela à cette tête à doubles croches: que son intérêt et sa gloire l'encouragent; qu'il me promette d'être entièrement de concert avec moi; surtout qu'il n'use pas sa musique en la fesant jouer de maison en maison; qu'il orne de beautés nouvelles les morceaux que je lui ai faits. Je lui enverrai la pièce quand il le voudra. M. de Fontenelle en sera l'examinateur. Je me flatte que M. le prince de Carignan le protègera, et qu'enfin ce sera de tous les ouvrages de ce grand musicien celui qui, sans contredit, lui fera le plus d'honneur.

A Thiériot, 6 février 1736. — ...Je ferai tenir, par la première occasion, l'opéra de *Samson*; je viens de le lire avec madame du Châtelet, et nous sommes convenus l'un et l'autre que l'amour, dans les deux premiers actes, ferait l'effet d'une flûte au milieu des tambours et des trompettes. Il sera beau que deux actes se soutiennent sans jargon d'amourette dans le temple de Quinault. Je maintiens que c'est traiter l'amour avec le respect qu'il mérite que de ne pas le prodiguer, et de ne le faire paraître que comme un maître absolu. Rien n'est si froid quand il n'est pas nécessaire. Nous trouvons que l'intérêt de *Samson* doit tomber absolument sur Samson, et nous ne voyons rien de plus intéressant que ces paroles : *Profonds abymes de la terre*, etc. (Acte V, scène I.)

De plus, les deux premiers actes seront très courts, et la terreur théâtrale qui y règne sera, pour la galanterie des deux actes suivants, ce qu'une tempête est à l'égard d'un jour doux qui la suit. Encouragez donc notre Rameau à déployer avec confiance toute la hardiesse de sa musique....

Au même, 16 mars 1736. — ....Rameau s'est marié avec Moncrif. Suis-je au vieux sérail? *Samson* est-il abandonné? Non; qu'il ne l'abandonne pas. Cette forme singulière d'opéra fera sa fortune et sa gloire.

Au même, 5 septembre 1736. — ....Encouragez donc le divin Orphée-Rameau à imprimer son *Samson*. Je ne l'avais fait que pour lui; il est juste qu'il en recueille le profit et la gloire.

Au même, 6 décembre 1737. — ....Je trouve dans *Castor et Pollux* (il est ques-

Portrait de Voltaire, peint par Largillière et gravé par Demautort.

tion du poème) des traits charmants; le tout ensemble n'est pas peut-être bien tissu. Il y manque le *molle et amœnum*, et même il y manque de l'intérêt. Mais après tout, je vous assure que j'aimerais mieux avoir fait une demi-douzaine de petits morceaux qui sont épars dans cette pièce qu'un de ces opéras insipides et uniformes. Je trouve encore que les vers n'en sont pas toujours bien lyriques, et je crois que le récitatif a dû beaucoup coûter à notre grand Rameau. Je ne songe point à sa musique que je n'aie de tendres retours pour *Samson*. Est-ce qu'on n'entendra jamais à l'Opéra : *Profonds abîmes de la terre, Enfer, ouvre-toi*, etc.? Mais ne pensons plus aux vanités du monde.

On voit avec quel acharnement Voltaire s'efforçait de poursuivre les destinées de son *Samson*, et comme il s'y cramponnait. L'indifférence ou l'inertie calculée de Rameau à ce sujet finit cependant par le décourager, et le 23 avril 1739 il en donnait la preuve dans une nouvelle lettre à son ami Thiérot : — « ....A l'égard d'un opéra, il n'y a pas d'apparence qu'après l'enfant mort-né de *Samson*, je veuille en faire un autre, les premières couches m'ont trop blessé.... »

Il en fit pourtant un autre, et même deux autres, et tous deux avec Rameau, dont il devint enfin le collaborateur. Ces deux opéras, simples ouvrages de commande et de circonstance, sont *la Princesse de Navarre*, représentée seulement à Versailles, devant la cour, et *le Temple de la Gloire*, qui, nous l'avons vu, fut joué à Versailles et à Paris, sans aucun succès.

Quant à Rameau, qui déjà avait défloré quelque peu sa partition de *Samson* en en plaçant certaines pages dans la seconde entrée des *Indes galantes*, celle qui avait pour titre *les Incas du Pérou*, il la mit plus encore à contribution au profit de celle de *Zoroastre*, qui en recueillit plusieurs fragments importants. En dépit des critiques qui accueillaient toujours les premières représentations de ses ouvrages, celui-ci ne tarda pas d'ailleurs à réunir les suffrages du public, grâce à sa valeur propre, à sa belle interprétation, où brillaient surtout au premier rang Jélyotte et Mlle Fel, et aussi à la somptueuse mise en scène dont la nouvelle administration de l'Opéra avait jugé fort à propos d'entourer cette œuvre mâle et vigoureuse (1).

---

(1) « Les décorations, les machines, les illuminations, les habillemens, tout étoit, dans l'opéra de *Zoroastre*, d'un goût, d'une magnificence et d'un éclat qui surpassoit tout ce qu'on avait vu de plus beau sur ce théâtre depuis son établissement. L'archi-

Après *Zoroastre*, Jélyotte se montra dans deux ouvrages médiocres et dont le succès fut nul : l'un, *Léandre et Héro* (5 mai 1750), du marquis de Brassac, dans lequel il joue Léandre tandis que Mlle Fel joue Héro; l'autre, *Titon et l'Aurore* (18 février 1751), de Bury, où il représente Titon. On ne doit pas confondre ce dernier avec un autre opéra portant le même titre, mais dont l'auteur était Mondonville, et dont il sera question plus loin.

C'est ici que se place un fait assez singulier, qui nous est révélé par Collé dans son *Journal*. Il s'agit d'une nouvelle incartade du marquis d'Argenson, qui, après avoir, comme on l'a vu, prétendu empêcher l'Opéra de monter plus d'un ouvrage nouveau de Rameau dans le cours d'une année, s'apercevant que celui-ci était indispensable à la fortune de ce théâtre, lui faisait demander ses œuvres nouvelles, et refusait ensuite brutalement de souscrire aux conditions que le compositeur entendait très légitimement mettre à son concours. Voici le récit de Collé :

M. le prévôt des marchands a été ce mois rendre une visite intéressée à M. Rameau. La recette de l'Opéra, qui devient tous les jours plus foible, l'a obligé de faire cette démarche. Il lui a demandé les opéras nouveaux qu'il avoit faits. Rameau lui a répondu qu'il étoit prêt à les lui donner, mais à une condition : c'est qu'on lui accorderoit mille écus de pension sur l'Opéra. Il a représenté que MM. Campra et Destouches en avoient eu chacun une de deux mille écus, et qu'ils avoient été de moins de ressources que lui à l'Opéra; que cependant, vu l'état où étoit actuellement ce spectacle, il ne demandoit que la moitié de ce que ces messieurs avoient eu; qu'à ce prix, et en lui payant ses opéras nouveaux à l'ordinaire, il donneroit tout à l'heure ce qu'on lui demandoit. Le prévôt des marchands, qui n'est que le commis de d'Argenson, a été trouver ce ministre, qui a refusé tout net. Rameau, de son côté, jure qu'ils

---

tecture du cinquième acte représentoit un temple superbe dont les colonnes cannelées étoient d'or et ornées de quantités d'escarboucles et de rubis, qui jetoient un éclat pareil à celui du feu le plus brillant et le plus vif. Les colonnes, posées sur des bases et surmontées par des chapiteaux de ce métal précieux, portoient des voûtes ornées de mosaïques dont le fond vert étoit relevé par des compartimens d'or et d'argent qui offroient un coup d'œil admirable. Un dôme, dont la grandeur et la hauteur paroissoient immenses, formoit le sanctuaire, qui étoit séparé du reste de l'édifice par une balustrade d'or; et au milieu de ce sanctuaire étoit un magnifique autel sur lequel on voyoit brûler le feu sacré. Enfin, aux deux côtés du temple on appercevoit de superbes galeries qui étoient ornées de guirlandes de laurier, de mirtes et de fleurs. C'étoit dans ce temple superbe que se faisoit la cérémonie du couronnement et du mariage de Zoroastre. » — (*Anecdotes dramatiques.*)

n'auront rien qu'ils ne l'aient satisfait à cet égard. Il a été voir l'abbé de Bernis et lui a dit, en lui présentant un papier : *Je ne sais point, Monsieur, faire de mémoire bien raisonné, moi; mais voici un état, jour par jour, de ce que mes opéras ont produit ; voyez cet état, il monte à 978.000 livres, sur quoi je n'ai bénéficié que de 22.000 livres.* L'abbé de Bernis s'est chargé, s'il en trouvoit l'occasion, de montrer cet état à madame de Pompadour. Elle ne fera rien pour Rameau ; elle n'aime guères sa musique, encore moins sa personne.

Il est pourtant bien honteux qu'on ne fasse rien pour un si grand artiste, pas même la moitié de ce que l'on a fait pour des gens qui valoient la moitié moins que lui ; cependant, qu'est-ce qu'une pension pour un homme de soixante-six à soixante-sept ans, et qui se meurt presque ?

Quoiqu'on puisse espérer que ses ouvrages se trouveront à sa mort, et que peut-être on n'en perdra rien, quelle différence d'en avoir l'intelligence de Rameau lui-même pendant qu'il vit, et qu'ils soient joués et exécutés dans le goût qu'ils les a faits ! Cela crie vengeance (1).

Il faut bien avouer que le grand seigneur qu'était M. le marquis d'Argenson se conduisit comme un cuistre en cette circonstance. Qu'advint-il pourtant du différend qui, grâce à son arrogance, s'était ainsi élevé entre lui et Rameau ? je ne saurais le dire. A remarquer toutefois que, peu de mois après, et toujours par l'entremise du prévôt des marchands, il chargea Rameau d'écrire un nouvel ouvrage de circonstance (*Acanthe et Céphise*) destiné à célébrer la naissance du duc de Bourgogne. Et avant même la représentation de celui-ci, Rameau en avait donné un autre à l'Opéra. Pour qui connaît l'entêtement et l'obstination de Rameau, son caractère entier et sa juste fierté, il est donc à croire que le noble marquis avait dû mettre les pouces et, quoi qu'il en eût, en passer par où voulait le compositeur.

Des deux ouvrages dont il est ici question, l'un, le premier, était seulement en un acte, le second en comportait trois ; le poème de l'un et de l'autre était de Marmontel, et dans l'un comme dans l'autre les deux rôles principaux étaient tenus par Jélyotte et Mlle Fel. Le premier avait pour titre *la Guirlande* ou *les Fleurs enchantées*, et fut représenté le 21 septembre 1751. Certains chroniqueurs donnent à croire qu'il formait une entrée nouvelle ajoutée aux *Indes galantes*. Il me semble que ceci n'est

(1) *Journal de Collé*, Mai 1751.

pas exact, et qu'il était simplement destiné à entrer dans les nombreuses combinaisons de spectacles coupés que, sous la dénomination de « Fragments », l'Opéra offrait alors fréquemment à son public. Ce qui est vrai, c'est que *la Guirlande* était jouée ainsi avec divers ouvrages de même genre et de même étendue, *Pygmalion*, *Zélindor*, l'acte des *Sauvages* des *Indes galantes*, etc. Jélyotte y jouait Myrtil et Mlle Fel Zélide.

Quant à *Acanthe et Céphise* ou *la Sympathie*, qui était qualifiée de « pastorale héroïque », Marmontel nous en trace ainsi le court historique dans ses *Mémoires* : — « .... J'étais dans ces dispositions, lorsqu'à la naissance du duc de Bourgogne le prévôt des marchands, Bernage, vint me proposer à Passy de faire avec Rameau un opéra relatif à cet heureux événement, et susceptible d'un grand spectacle. Il fallait que, dans cet ouvrage, paroles et musique, tout fût fait à la hâte et à jour nommé. On se doute bien que de part et d'autre la besogne fut [simplement] ébauchée. Cependant, comme *Acanthe et Céphise* était un spectacle à grande machine, le mouvement du théâtre, la beauté des décorations, quelques grands effets d'harmonie, et peut-être aussi l'intérêt des situations, le soutinrent. Il eut, je crois, quatorze représentations ; c'était beaucoup pour un ouvrage de commande. » Cet ouvrage parut le 18 novembre 1751, avec Jélyotte et Mlle Fel dans les deux rôles d'Acanthe et de Céphise, tandis que Chassé et Mlle Chevalier étaient chargés de ceux d'Oroës et de Zyrphile. En mentionnant sa représentation, un contemporain faisait les réflexions suivantes au sujet de Rameau :

M. Rameau a célébré tous les événements qui intéressent la gloire et l'amour des François. Il fut chargé des divertissements de *la Princesse de Navarre*, lors du premier mariage de Monseigneur le Dauphin : l'année d'après il éleva *le Temple de la Gloire* en l'honneur du vainqueur de Fontenoy : et il chanta cette victoire dans le prologue des *Fêtes de Polymnie*. Au second mariage de Monseigneur le Dauphin il déploya son génie dans *les Fêtes de l'hymen*, et dans le *Prologue de Mars* il solemnisa le traité de Vienne et la paix que le vainqueur venoit d'accorder à l'Europe. Dans *Acante et Céphise* il chante la naissance d'un prince, l'espoir de la nation. Le zèle de la ville de Paris, sa magnificence, l'habileté d'un machiniste unique, le génie du plus habile musicien de l'Europe, la voix de M. Géliote et de mademoiselle Fel, tout l'art d'un excellent maître de ballets, une très grande dépense dans les habits, les décorations, en un mot la disposition de tous les cœurs, telles furent les vastes ressources de M. Marmontel pour le succès de son opéra. L'ouverture, en peignant les clameurs et les réjouissences publiques, est censée tenir lieu de prologue : c'étoit du moins l'intention du musicien (1).

On voit que Rameau continuait de cultiver le genre de la musique descriptive et pittoresque, comme il l'avait fait dans quelques œuvres précédentes.

Après avoir paru, le 9 novembre 1752, dans le premier ouvrage que D'Auvergne donna à l'Opéra, *les Amours de Tempé*, où il jouait le rôle de Bacchus, Jélyotte prit sa part dans le bruyant succès remporté par Mondonville avec son opéra de *Titon et l'Aurore*, succès dû beaucoup plus aux circonstances dans lesquelles l'œuvre se produisit qu'à sa valeur propre. On était à l'époque où la présence à l'Opéra d'une troupe de chanteurs bouffes italiens fit naître cette querelle artistique fameuse et burlesque connue sous le nom de « guerre des bouffons », qui est l'un des chapitres les plus bizarres et les plus curieux de l'histoire de la musique en France. Je ne saurais reproduire ici les détails circonstanciés que j'ai donnés à ce sujet dans un livre précédent (2). On sait que le public de l'Opéra s'était alors partagé en deux camps, l'un (le « coin du roi »), tenant avec fureur pour la musique française, tandis que l'autre (le « coin de la reine ») ne jurait que par la musique italienne, tous deux se combattant à l'aide de brochures et de pamphlets de toute sorte, dans lesquels les arguments et les raisons étaient trop souvent remplacés par des quolibets et des injures (3). L'idée vint

---

(1) *Anecdotes dramatiques.* — Je ne saurais oublier pourtant de constater qu'avant *Acanthe et Céphise* l'Opéra avait déjà donné un ouvrage (beaucoup moins important) à l'occasion de la naissance du duc de Bourgogne, et que cet ouvrage semble avoir été oublié par tous les historiens. Il était en un acte, avait pour titre *les Génies tutélaires*, et ses auteurs étaient Moncrif pour les paroles et Rebel et Francœur pour la musique. Il fut joué le même jour que *la Guirlande* (21 septembre 1751), et Jélyotte y remplissait le rôle du Génie de l'Amérique, celui du Génie de l'Afrique étant tenu par Chassé, et Mlles Chevalier et Romainville personnifiant l'une la Fée de la France, l'autre la Fée de l'Asie. (Voy. le *Dictionnaire des Théâtres* des frères Parfait, t. VII, additions et corrections.)

(2) *Jean-Jacques Rousseau musicien.*

(3) C'est ce qui amenait cette boutade de Voltaire, dans sa satire des *Cabales* :

> Je vais chercher la paix au temple des chansons,
> J'entends crier : Lulli, Campra, Rameau, bouffons !
> Êtes-vous pour la France, ou bien pour l'Italie ?
> — Je suis pour mon plaisir, messieurs. Quelle folie
> Vous tient ici debout sans vouloir m'écouter ?
> Ne suis-je à l'Opéra que pour y disputer ?

Caricature de Rameau, d'après un dessin de Carmontelle.

à certains d'opposer l'œuvre d'un musicien français au succès d'ailleurs très sincère qu'obtenaient les jolis intermèdes italiens des bouffons, et l'on assure que Rameau fut pressenti à ce sujet; mais le vieux maître, solide en sa gloire, se souciait peu de jouer le rôle assez ridicule qu'on lui proposait. Mondonville alors accepta d'être le porte-drapeau de l'art français. Il avait en mains le poème d'un opéra qui avait été trouvé dans les papiers de l'abbé de La Mare. C'était celui de *Titon et l'Aurore*. Il le fit retoucher par un autre abbé, l'abbé de Voisenon, en ayant soin de donner ces retouches comme siennes, mit ce poème en musique, et bientôt fut prêt à livrer bataille. L'ouvrage fut mis en scène, les deux rôles de Titon et de l'Aurore étant confiés à Jélyotte et à Mlle Fel, les deux artistes aimés du public, et les études furent menées avec rapidité. Puis, le grand jour venu (9 janvier 1753), des précautions furent prises pour écarter les importuns : on fit de bonne heure occuper la salle par des spectateurs dévoués, auxquels on adjoignit des gardes-françaises en nombre respectable, le parterre fut surtout envahi par ceux-ci, et bien avant l'heure fixée pour le spectacle tout était si bien rempli que lorsque les malheureux partisans des bouffons se présentèrent ils se virent, faute de place, relégués dans les couloirs et fort empêchés, par conséquent, de se livrer à aucune espèce de manifestation. Dans ces conditions *Titon et l'Aurore* fut accueilli par d'unanimes applaudissements, on fit grand bruit autour de sa représentation, et les intéressés enfin purent croire que la musique française était sauvée. Il m'est avis que la pauvre en ce moment n'était pas encore trop malade, et que Rameau, en lui prodiguant ses soins, l'avait mise en assez bon état.

Au reste, il n'y a pas à nier le succès de *Titon et l'Aurore*, en faisant toutefois cette remarque que la présence et le talent de Jélyotte et de Mlle Fel y furent pour une bonne part. L'avocat Barbier le constate en ces termes dans son *Journal* :

Les spectacles sont beaucoup fréquentés à Paris pendant ce carême, savoir : l'Opéra, les Comédies Française et Italienne et l'Opéra-Comique. L'on joue, depuis vingt-six représentations, un opéra du sieur de Mondonville, nommé *Titon et l'Aurore*, qui a un très grand applaudissement, surtout pour entendre chanter le sieur Jéliotte et mademoiselle Fel. Tout est toujours plein à quatre heures, comme à la première représentation (1).

Nous nous retrouverons une fois encore en présence de Mondonville.

Mais c'est ici qu'il faut enregistrer un fait dont la seule annonce mit en un émoi indescriptible tout ce qui, de près ou de loin, au dedans comme au dehors, tenait à l'Opéra ou s'y intéressait. Au moment même où il obtenait un si grand succès dans *Titon et l'Aurore*, on apprit tout à coup que Jélyotte songeait à quitter le théâtre et à prendre sa retraite. On devine l'émotion qui s'empara de tous à cette nouvelle extraordinaire et aussi affligeante qu'inattendue. Il faudrait une Sévigné pour la décrire, et je n'ai pas à mon service la plume alerte et la jolie provision d'épithètes de l'illustre marquise. Je me contenterai donc de rapporter à ce sujet les faits tels qu'ils se produisirent.

Jélyotte appartenait depuis vingt ans à l'Opéra et se sentait, disait-il, fatigué. Il en avait cependant à peine quarante, et se trouvait par conséquent encore dans toute la force de l'âge, on pourrait dire de la jeunesse. Mais au cours de cette carrière de vingt années, il avait donné les preuves d'une activité qui ne s'était pas démentie un seul instant. Il avait pris part à l'interprétation d'une trentaine d'ouvrages nouveaux, et s'était montré dans presque autant d'anciens, où il avait repris des rôles importants. Seul de son emploi, toujours sur la brèche, il n'avait jamais manqué à son devoir, jamais failli à son service, sinon pour cause de maladie. D'autre part, j'ai eu l'occasion de faire remarquer que cette activité ne se déployait pas seulement à l'Opéra. Jélyotte était attaché aux spectacles de la cour, il chantait chez

(1) Et le *Mercure* parlait ainsi de *Titon* et de ses deux interprètes : — «.... La partie du chant est celle qui a le plus réussi, et il faut convenir qu'indépendamment de son mérite réel, l'exécution de M. Jeliotte et celle de Mlle Fel y a ajouté de nouvelles grâces... Dans le premier acte on a fort applaudi le monologue de Titon et son accompagnement, le duo de Titon et l'Aurore, le chant de l'ariette, *Venez, petits oiseaux*, embelli par Mlle Fel, et l'air en forme de romance chanté dans le divertissement par M. Jeliotte avec un goût inexprimable... Dans le troisième, les connoisseurs ont fort goûté le monologue de Titon, qui est le morceau de cet opéra où le musicien a montré le plus de génie, et M. Jeliotte a mis le comble au succès par la manière supérieure dont il a chanté l'ariette du dernier divertissement. »

la reine et chez Mme de Pompadour, il appartenait à la musique de la chambre et à celle de la chapelle, avec cela il se produisait et se faisait entendre de tous côtés, chez les princes, chez les grands, que sais-je? Cette fatigue dont il se plaignait n'était donc assurément pas imaginaire, et il est facile de s'en rendre compte. Au surplus, on peut tenir pour certain que ce désir de retraite était chez lui sincère, puisque, s'il consentit, comme on va le voir, à rester deux années encore à l'Opéra, il le quitta définitivement ensuite et se refusa toujours à y reparaître, quelque brillantes que fussent les offres par lesquelles on cherchait à le ramener.

Si, je l'ai dit, l'émotion fut grande parmi ses admirateurs à la première nouvelle de son projet, on songea aussitôt aux moyens de le maintenir au moins pendant un temps à l'Opéra, à l'aide de sacrifices particuliers, que, pour beaucoup de raisons, ce théâtre était dans l'impossibilité de faire. C'est le duc de Luynes qui, dans ses *Mémoires*, à la date du 17 février 1753, nous met au courant des efforts faits et des procédés mis en œuvre pour le retenir :

Il est question actuellement de souscription pour Jéliotte. Jéliotte dit depuis longtemps que sa santé ne lui permet plus de chanter, et il a annoncé qu'il quitterait l'Opéra cette année à Pâques. L'impossibilité de remplacer un musicien et un acteur qui a un talent aussi supérieur a répandu une affliction universelle sur tous les amateurs de l'Opéra ; ils ont entamé des négociations, peut-être avec autant de zèle et de vivacité que s'il s'agissait de donner la paix à l'Europe ; car malgré l'enthousiasme passager pour les Bouffons, le goût pour la bonne musique française, rendue aussi parfaitement qu'elle l'est par Jéliotte, subsistera toujours. Enfin on a cru s'apercevoir qu'une somme d'argent considérable déterminerait Jéliotte à rester encore quelque temps ; on lui a proposé une gratification considérable pour donner deux ans de plus à l'Opéra ; il a demandé 100.000 livres ; on compte faire cette somme par souscription. On peut bien juger que les taxes ne seront point égales ; les personnes considérables paieront beaucoup plus que les autres (1).

---

(1) De son côté le marquis d'Argenson inscrivait ceci dans son *Journal*, le 19 février 1753 : — « Toute la cour quête pour trouver 100.000 livres, afin de faire rester à l'Opéra le chanteur Jélyotte, et ils *(sic)* sont presque trouvés, au moyen de quoi il se fait 10.000 livres de rentes, et promet d'y demeurer encore deux ans. On n'en donnerait pas tant pour retirer de la misère une quantité d'honnêtes gens qui meurent de faim. On ne voit que folies et sottises à chaque démarche de la cour. »

Cent mille francs ! Il faut avouer que Jélyotte avait la pleine conscience de sa valeur, et qu'il ne s'endormait pas sur ses lauriers. Cent mille francs pour deux années, en dehors de ses appointements et de ses gratifications ! Peut-être est-ce là, pour la France, le premier exemple d'une exigence de ce genre de la part d'un chanteur, et il fallait, en vérité, que son talent fût bien hautement apprécié pour qu'une telle exigence ne décourageât pas les gens. Les choses pourtant s'arrangèrent à moins et Jélyotte fit des concessions, ce que nous apprennent encore les *Mémoires* du duc de Luynes, où nous trouvons ces lignes à la date de juin 1753 :

Je crois avoir parlé l'année passée des conditions que Jéliotte avait demandées pour chanter encore pendant deux ans à l'Opéra. Il demandait 100.000 livres. Plusieurs personnes se sont cotisées pour faire cette somme ; on n'a pu rassembler que 48.000 livres. Jéliotte s'est enfin déterminé à y rester deux ans pour ces 48.000 livres, *qui lui ont été remises*. Il y a deux mois au moins que cela est arrangé.

Les admirateurs de Jélyotte étaient donc tranquilles pour deux années. Mais pendant que se poursuivaient et aboutissaient ces importantes négociations, lui continuait son service à l'Opéra avec la même conscience, le même zèle, et aussi toujours le même succès. On sait celui qu'il obtint, toujours avec Mlle Fel, dans *le Devin du village* de Jean-Jacques Rousseau, qui, représenté d'abord à Fontainebleau, devant la cour, le 18 octobre 1752, fit sa brillante apparition à Paris le 1er mars 1753. Ni l'un ni l'autre ne le joua cependant longtemps à l'Opéra, car dès la troisième représentation tous deux étaient remplacés, dans les rôles de Colin et de Colette, par La Tour et Mlle Jacquet, chargés de doubler leurs chefs d'emploi (1). Ils appartenaient évidemment trop au grand répertoire, et leur présence dans les

(1) « Les paroles et la musique du *Devin du Village* sont de M. Rousseau de Genève. Cet intermède, qui avoit été joué à Fontainebleau au mois d'octobre dernier avec un succès presque inouï, a été bien reçu à Paris. La multitude a trouvé les chants de cet intermède très agréables, et les gens d'esprit ont remarqué de plus dans la musique une finesse, une vérité, une naïveté d'expression fort rares. Mlle Fel et M. Jeliotte y ont fait aux spectateurs le même plaisir qu'ils ont coutume de faire dans les rôles dont ils sont chargés, et on a fort regretté qu'ils ayent été doublés si-tôt. » — *(Mercure.)*

ouvrages importants était trop indispensable pour qu'on pût les éterniser dans une simple bleuette, malgré le succès qu'ils y avaient obtenu (1).

Nous arrivons à la dernière création de Jélyotte, celle avec laquelle il termina sa carrière et qui présentait un caractère particulièrement original.

Mondonville, qui était méridional, avait eu l'idée bizarre, mais qui néanmoins lui réussit, d'écrire pour l'Opéra (paroles et musique) un ouvrage en dialecte languedocien. Il avait précisément à sa disposition, pour en jouer les trois rôles principaux, trois artistes, méridionaux comme lui, à qui ce dialecte était aussi familier que la langue française, et qui pouvaient, en chantant, lui donner toute sa grâce et toute sa saveur : c'était Jélyotte, Mlle Fel et La Tour. On a contesté à Mondonville sinon la paternité, du moins l'originalité de cet ouvrage, dont le sujet aurait été pris par lui dans une pièce connue dans le Midi sous le nom de l'*Opéra de Frontignan*, tandis qu'il aurait employé pour sa musique nombre d'airs populaires dans le Languedoc. Je ne saurais dire ce qu'il en est, et me borne à enregistrer ces bruits.

L'ouvrage, intitulé *Daphnis et Alcimadure* et qualifié de « pastorale languedocienne », était en trois actes, que précédait un prologue en français. Joué d'abord à la cour, il y fut bien accueilli, comme le constatait un journal :

Spectacles de la cour, à Fontainebleau. — Le 29 octobre et le 4 de ce mois, il y eut un spectacle d'un genre nouveau : ce fut la représentation de *Daphnis*

---

(1) C'est à la suite de la représentation du *Devin* à la cour que Jélyotte adressait ce billet à Rousseau :

« A Fontainebleau, le 20 octobre 1752.

« Vous avez eu tort, Monsieur, de partir au milieu de vos triomphes. Vous auriez joui du plus grand succès que l'on connoisse en ce pays. Toute la cour est enchantée de votre ouvrage ; le Roy, qui, comme vous le savez, n'aime pas la musique, chante vos airs toute la journée avec la voix la plus fausse de son royaume, et il demande une seconde représentation pour la huitaine.

» J'aurai soin de faire le changement que vous désirez ; j'accourcirai le récitatif de la première scène et j'avertirai M. Cuvillier de se contenter de son état de sorcier sans aspirer orgueilleusement au rang de magicien. M. le duc d'Aumont m'a dit ce matin que si vous vous fussiez laissé présenter au Roy, il étoit sûr que vous auriez eu une pension.

» Bonjour, monsieur.

» JELIOTE ».

DE MONDONVILLE
Dessiné par C. N. Cochin

et Alcimadure, pastorale languedocienne, précédée d'un prologue français, dont le titre est *Isaure* ou *les Jeux floraux*. Les paroles et la musique de cette pièce sont de M. Mondonville, maître de musique de la chapelle du roi. Cette nouveauté fit beaucoup de plaisir. Mad. Fel et MM. Geliot et la Tour, qui sont tous trois Languedociens, mirent dans leurs rôles toute la précision et tout l'agrément possibles (1).

Un autre recueil, *les Spectacles de Paris*, donnait ainsi l'analyse de la pièce :

La pastorale de M. Mondonville a pour titre *Daphnis et Alcimadure*. Elle roule sur trois acteurs : Daphnis, qui aime Alcimadure ; celle-ci, qui n'aime encore rien et ne veut jamais rien aimer ; et Jeannet, son frère, qui prend vivement les intérêts de sa sœur et veut lui ménager un établissement convenable. Alcimadure craint de perdre sa liberté et de trouver un amant volage ; Jeannet la rassure en disant que Daphnis est un berger constant, et pour le lui prouver il se déguise en homme de guerre, vient trouver Daphnis et lui dit qu'il est amoureux d'Alcimadure. Il ajoute qu'il est sur le point de l'épouser. Le berger lui répond avec fermeté qu'il aime cette cruelle et qu'il ne craint pas qu'un autre la lui enlève. Jeannet veut l'épouvanter ; mais l'amour de Daphnis le rend intrépide, et après avoir donné toutes les preuves d'un amour aussi tendre que constant, Alcimadure, dont le cœur était devenu sensible, consent à l'épouser (2).

Il n'y a rien de nouveau sous le soleil. On voit que ce sujet, mis en scène à notre Opéra il y a un siècle et demi, est précisément, à quelques détails près, celui de la jolie comédie de Gœthe, *Jery und Bœtely*, dont, quelques années plus tard, Scribe et Mélesville tirèrent l'idée du *Chalet* au profit d'Adolphe Adam, et que Donizetti reprit ensuite pour écrire lui-même le livret de son petit opéra de *Betlly*.

Environ deux mois après avoir été jouée à la cour, la pastorale de Mondonville fit son apparition à l'Opéra. Collé, qui n'était jamais content de rien, la maltraite ainsi dans son *Journal*, en s'en prenant aussi à Jélyotte :

L'Académie royale de musique a donné *Daphnis et Alcimadure*, pastorale languedocienne ; les paroles et la musique sont de Mondonville ; quant au poème, il a bien l'air effectivement d'être fait par un musicien, car il est exécrable ; il n'est pourtant pas tellement de Mondonville que tous les détails n'en

(1) *Annonces, affiches et avis divers*, 27 novembre 1754.
(2) *Les Spectacles de Paris*, 1755.

soient pris de Goudouli et autres chansonniers languedociens : à l'égard du fond il ne ressemble à rien, on est forcé de l'avouer, et c'est bien la plus plate invention que l'on ait vu représenter depuis les mystères.

Tel qu'il est, cet opéra a pourtant eu quelque succès, non pas pour moi, car, excepté le duo et le chœur d'*Esclai*, tout le reste m'a paru aussi ennuyeux que les vêpres des morts. Notre langue, d'ailleurs, qui est continuellement estropiée dans ce patois, est quelque chose d'insoutenable pour moi. Il n'en est pas de même d'une autre langue, qui n'a point cette analogie étroite avec la nôtre.

Enfin, le dirai-je à nos ambrés et à nos très jolies femmes ? Jéliotte m'a souverainement déplu dans cet opéra ; je ne l'ai jamais vu si affecté, si affété et si sybarite. A mon avis, il a chanté comme la femme de la cour la plus perdue d'airs (*sic?*) : bref, ce chant maniéré et efféminé n'est point fait pour des hommes qui par hasard le sont encore ici. Cette drogue a été donnée au commencement de janvier, à ce que je crois (1).

Le *Mercure* ne partageait pas l'avis de Collé quant à Jélyotte. — « Les rôles d'Alcimadure et de Daphnis, dit-il, ont été rendus par Mlle Fel et Mr Jeliote. Ils sont si supérieurs l'un et l'autre lorsqu'ils chantent le français qu'il est aisé de juger du charme de leur voix, de la finesse de leur expression, de la perfection de leurs traits en rendant le langage du pays riant auquel nous devons leur naissance (2) ».

Le rôle de Daphnis fut la dernière création de Jélyotte à l'Opéra. Moins de trois mois après l'apparition de l'ouvrage de Mondonville il quittait décidément ce théâtre et donnait, le 15 mars 1755, en jouant le rôle de Castor dans *Castor et Pollux*, sa dernière représentation. Cette date du 15 mars est celle donnée par Fétis, dans sa notice sur Larrivée, qui débutait justement ce même jour, et il y a lieu de la croire exacte. « Son premier début (de Larrivée), dit Fétis, eut lieu le 15 mars 1755 par le rôle du grand-prêtre dans *Castor et Pollux*, le jour même où Jéliotte joua pour la dernière fois celui de Castor. » Le célèbre écrivain a sans doute trouvé cette date précise dans un document particulier, car, chose assez singulière, il m'a été impos-

(1) Collé : *Journal historique*, II, 1-2. — Chose assez singulière, il est difficile de fixer la date précise de la représentation à Paris de *Daphnis et Alcimadure*. Les *Spectacles de Paris* donnent le 19 janvier 1755, la partition gravée porte le 5 janvier, et il paraît à peu près certain que la date exacte est celle indiquée par le *Dictionnaire des Théâtres* de Léris : 29 décembre 1754.

(2) *Mercure*, décembre 1754.

sible de la découvrir chez les contemporains. Le petit almanach *les Spectacles de Paris*, qui enregistrait habituellement tous les débuts, omet précisément celui de Larrivée et ne dit mot de la retraite de Jélyotte. D'autre part le *Mercure*, d'ordinaire si abondant en renseignements sur l'Opéra, est absolument muet sur son sujet à cette époque, et donnait ainsi, dans un de ses numéros, les raisons de son silence : — « Quelques personnes de province nous ont écrit pour nous prier de leur donner des nouvelles de l'Opéra, ou du moins de leur apprendre les raisons de notre silence sur ce théâtre : nous leur répondons ici que nous en avons une très légitime, et que nous ne pouvons faire mention d'un spectacle où nous n'avons point notre entrée. Comme l'Opéra nous dispute un droit, ou nous prive d'une faveur dont tous nos prédécesseurs ont constamment joui, qu'en conséquence nous ne sommes point à portée de le voir journellement, pour en rendre un compte convenable, nous avons cru qu'il était plus sage de nous taire sur son sujet que de courir le risque d'en mal parler. » Enfin, le Journal des affiches (*Affiches, annonces et avis divers*) n'indique pas non plus la dernière représentation de Jélyotte, et se contente de dire, dans son numéro du 16 avril 1755 : — « L'absence de M. Jélyotte, qui s'est retiré avec la pension d'émérite, se fait sentir à l'Opéra. On a cependant donné à la rentrée de ce spectacle la pastorale languedocienne de *Daphnis et Alcimadure.* » Et c'est tout (1).

Il est fâcheux que nous n'ayons pas une seule ligne d'un contemporain sur cette dernière représentation de Jélyotte, qui ne dut pas être sans quelque manifestation de regret, sans quelque témoignage de sympathie de la part du public à l'adresse du grand chanteur qui l'avait charmé pendant si longtemps et qui devait laisser après lui un si grand vide.

Jélyotte avait fourni à l'Opéra une carrière ininterrompue de vingt-deux années, et depuis le départ de Tribou, c'est-à-dire

---

(1) Trente ans plus tard, à propos de Larrivée, qui prenait sa retraite à son tour, on lisait dans le *Journal de Paris* (août 1786) : — « Il a débuté en mars 1755 par le rôle du Grand-prêtre dans l'opéra de *Castor*, que l'on donnait pour la capitation des acteurs. Ce jour même on voyait pour la dernière fois le célèbre Jélyotte, qui avoit fait pendant vingt-deux ans les délices de la capitale. »

depuis quinze ans environ, il était resté seul en possession du grand emploi. A partir de ce moment, et de sa première grande création dans *Dardanus*, il parut dans vingt-huit ouvrages nouveaux sur les trente-cinq qui furent donnés jusqu'au jour de sa retraite. Serviteur zélé, toujours actif et plein de conscience, il porta pendant tout ce temps, ainsi que sa camarade Marie Fel, tout le poids du répertoire ancien et moderne, car à ses créations il joignait, à chaque reprise qu'on en faisait, tous les grands rôles des opéras de Lully, Campra, Destouches et autres. On conçoit que la perte d'un tel artiste était, sous tous les rapports, cruelle pour ce théâtre, qui dut attendre dix années pour lui trouver un successeur digne de lui. Ce successeur, ce fut Legros, qui débuta le 1er mars 1764 précisément dans un des rôles créés par lui, celui de Titon dans *Titon et l'Aurore*, et qui devait être le plus bel interprète de Gluck, comme Jélyotte avait été le plus bel interprète de Rameau.

Mais en quittant l'Opéra, Jélyotte n'avait pas renoncé à son service à la cour, et pendant dix années pleines il continua de prodiguer son talent aux grands spectacles de Versailles et de Fontainebleau. Il serait inutile de le suivre là jour par jour, cette suite de sa carrière, en dehors du vrai public, n'offrant plus qu'un intérêt relatif et ne nous présentant rien de bien particulier. Toutefois, il n'est pas superflu de constater qu'il poursuivait, dans ces conditions, le cours des succès qui ne l'avaient jamais abandonné et dont nous trouvons régulièrement l'écho dans le *Mercure*. Ce journal, qui ne manquait jamais de rendre compte scrupuleusement des fêtes et des représentations données à la cour, ne cesse d'accorder des éloges au chanteur et de mentionner l'accueil flatteur qu'il reçoit en toute occasion. En octobre 1762, à la suite d'une représentation de *Scanderberg*, il écrit :

> Le sieur *Jéliote*, toujours admirable, paroissant jouir de tout l'éclat et de toute la facilité de sa voix, ne pouvoit manquer d'enchanter plus que jamais dans un grand rôle qui fournit des morceaux d'un chant agréable où il y a de fréquentes occasions de faire briller les talens qu'on lui connoit.

Le 9 mars de l'année suivante, Jélyotte joue à la cour *le Devin du Village*, et le *Mercure* renouvelle ses louanges dans son numéro d'avril, en les accentuant encore :

> ... Géliotte ne doit rien du plaisir extrême que font sa voix et ses talens à la difficulté d'en jouir depuis sa retraite... Il chante avec la même voix qu'on a tant admirée, et avec un naturel dans les tours de son chant et des grâces que peut-être, sans illusion, on pourroit regarder comme nouvellement acquises et ajoûtées encore à ce qu'on lui connoissoit de supériorité dans ce talent (1).

Vers la fin de la même année, à propos d'une représentation de *Castor et Pollux*, mêmes éloges, même enthousiasme de la part du *Mercure* au sujet de Jélyotte dans le rôle de Castor.

Cependant, le moment approchait où le grand chanteur allait définitivement dire adieu à la scène, et s'éloigner des spectacles de la cour comme il s'était éloigné de l'Opéra. Il donna ses deux dernières représentations à Fontainebleau au commencement de novembre 1765. Le 2 il jouait un petit opéra en un acte, *Zénis et Almasie*, dont La Borde et Bury avaient écrit la musique et dans lequel il remplissait le rôle de Zénis, tandis que ceux d'Almazis et du Génie étaient tenus par Sophie Arnould et Larrivée. Et le 9 du même mois il jouait le rôle de Zamnis dans un autre petit ouvrage, *Erosine*, paroles de Moncrif, musique de Berton. « La clôture des spectacles de Fontainebleau, écrivait Grimm, s'est faite le 9, par un acte d'opéra intitulé *Erosine*, la musique de M. Berton, les paroles de M. de Moncrif, de l'Académie française, lecteur de la reine. Ce spectacle a eu du succès. Jélyotte a pris congé du théâtre de la cour, et a reçu de grands applaudissements. » C'était la fin. Plus jamais il ne devait reparaître sur la scène.

Et cependant, telle était sa renommée, telle était l'influence

---

(1) On voit que les éloges sont ici non seulement pour l'artiste, mais pour sa voix, qui a conservé toutes ses qualités. Or, les ennemis de Rameau prétendaient que sa musique cassait les voix et tuait les chanteurs, et voici ce que l'un d'eux écrivait dans un des petits pamphlets nés de la guerre des bouffons, *le Correcteur des Bouffons à l'écolier de Prague* (1753); l'auteur parle de Rameau : — «... Voulant sans cesse briller, sa musique, qui règne toujours dans le haut, a perdu la voix de nos sujets ; les le Maure, les Pélissier, les Petitpas se sont retirées dix ans plutôt *(sic)* qu'elles n'auroient fait. Votre serviteur Jélyote, ce chanteur unique, *ce cher Enchanteur*, comme l'appelle Zyrphé, qui donne à tout ce qu'il chante un nouveau prix, une nouvelle grâce, qui, nouveau Protée, prend mille formes différentes et n'en prend jamais que d'aimables, cet homme tout divin ne seroit pas à la veille d'exciter nos regrets... » Et dix ans après, nous voyons que la voix de Jélyotte n'a subi aucune atteinte. Quant à Mlles Lemaure et Pélissier, nous avons eu la preuve qu'elles se sont éloignées de la scène en possession de tous leurs moyens.

RÉPERTOIRE DU THÉATRE DE
Dessin et gravure d'

UR, A FONTAINEBLEAU (1763)
tin de Saint-Aubin.

qu'on pouvait lui supposer encore sur le public, qu'il ne fut pas à l'abri de toute suggestion sous ce rapport et qu'il fut obligé de se défendre. Lorsque, à la retraite de Rebel et Francœur, Trial et Berton furent appelés à leur succéder dans la direction de l'Opéra, ceux-ci voulurent essayer de s'assurer, au moins momentanément, le concours de Jélyotte, en lui faisant des offres exceptionnellement brillantes que nous fait connaître, à la date du 2 novembre 1767, le rédacteur des *Mémoires secrets* : — « Les nouveaux directeurs de l'Académie royale de musique, voulant prouver leur zèle au public, et curieux d'ailleurs de faire une récolte abondante cet hiver, ont tenté les derniers efforts pour engager Géliotte à reparoitre sur la scène. Ils lui ont offert jusqu'à mille louis pour un certain nombre de représentations. Ce moderne Orphée est resté inflexible. » Jélyotte, en effet, ne voulut rien entendre. C'était bien fini pour lui du théâtre, de quelque façon que ce fût, et sa résolution était inébranlable. Et l'on n'a pas assez remarqué, me semble-t-il, ce fait assurément rare, d'un chanteur qui, en pleine possession de son talent et de ses facultés, fait ses adieux au public à l'âge de quarante-deux ans, et, après avoir chanté à la cour pendant dix années encore avec le plus grand succès, refuse, en dépit d'avantages extraordinaires, de reparaître, pour quelques représentations seulement, devant ce public, qui certainement lui aurait fait fête encore et l'aurait accueilli avec des transports de joie. Il y a là un exemple de probité et de dignité artistiques qui n'est pas absolument commun.

Ce qui ne l'est pas non plus, ce sont les sentiments généreux dont Jélyotte faisait preuve en certaines occasions et qui le portaient à prêter, avec la conscience et la bonne grâce les plus parfaites, l'appui de son talent et de sa grande renommée à tel jeune artiste auquel ils pouvaient être utiles. Il en donna le témoignage un jour, en une circonstance qu'il est bon de rappeler, parce qu'elle fait honneur à son caractère.

Cette circonstance se rattache précisément à l'époque où il venait de terminer définitivement sa carrière, et où il ne voulait plus entendre parler de théâtre. Grétry, obscur et ignoré, était arrivé depuis peu à Paris, et, ne doutant de rien, avait tout d'abord écrit un ouvrage qu'il destinait à l'Opéra. Recommandé au prince de Conti, qui entretenait un orchestre dont le chef était Trial, alors directeur de ce théâtre, il avait obtenu de lui que Trial fît entendre sa musique dans une des brillantes soirées que le prince donnait au Temple, en présence de tous les personnages de la cour. Le jour fixé, Trial avait convoqué Grétry le matin même à l'Opéra, pour faire répéter les chœurs, mais cette répétition avait été désastreuse, par le fait de l'évidente mauvaise volonté de ceux qui y prenaient part. Les choses n'allèrent pas mieux le soir, chez le prince, où tous les exécutants semblaient, grâce à leur inertie et à leur sourde hostilité, se liguer pour rendre méconnaissable l'œuvre du jeune artiste. Il faut lire, dans ses *Mémoires*, le récit que fait Grétry de cette séance douloureuse pour lui, où tout son avenir était en jeu et où il fut trahi par ceux qui avaient mission de le servir. Un seul dans le nombre, le soutint de tout son talent et de tout son vouloir, et celui-là, c'était Jélyotte, qui fit preuve d'un complet dévouement. Voici comme il en parle et comme il le constate, avec un naturel sentiment de reconnaissance : — «.... Je dois ici rendre justice à un de mes chanteurs,qui, au milieu de l'exécution la plus soporifique, déploya toute l'énergie du grand talent et de la probité. Si son rôle eût été plus considérable, ou, pour mieux dire, s'il eût à lui seul chanté tout l'opéra, j'eusse obtenu du succès ; mais l'ennui s'étant déjà emparé de l'auditoire quand il commença, il ne put parvenir à le tirer de sa léthargie. Cet artiste distingué, qui n'avait jamais eu, sans doute, l'âme assez basse pour s'opposer au succès des talents naissants, c'est Géliote. »

C'est que Jélyotte était un artiste, dans le vrai sens du mot.

VIII

J'ai eu l'occasion, dans les chapitres qui précèdent, de reproduire certaines appréciations de détail sur le talent déployé par Jélyotte dans l'interprétation de tel ou tel rôle, dans l'exécution de tel ou tel ouvrage. Cela ne saurait suffire pour faire connaître l'opinion des contemporains sur l'ensemble de ce talent, sur les qualités qui le caractérisaient, et sur l'impression générale que l'artiste produisait sur le public. Lorsqu'un chanteur a acquis la renommée de Jélyotte, lorsque pendant plus de vingt ans il a charmé toute une génération d'auditeurs, lorsqu'on peut dire qu'il a excité l'admiration de tous et recueilli l'unanimité des suffrages, il est permis d'affirmer que sa valeur était réelle et que les éloges qu'on lui prodiguait étaient aussi sincères que mérités. Je vais donc réunir ici les jugements qui ont été portés sur lui par ceux qui ont pu l'entendre, jugements qui, je crois, donneront une idée exacte de ce qu'était le grand artiste dont je me suis efforcé de retracer la vie et la carrière.

Et comme je n'ai rencontré à son sujet qu'une seule critique un peu acerbe, en contradiction complète avec le sentiment exprimé de toutes parts, je commencerai par celle-là pour qu'on ne puisse m'accuser de chercher à dissimuler la vérité. Cette critique émane, il ne serait presque pas besoin de le dire, du chansonnier Collé, homme instruit sans doute, mais esprit à la fois faux, grincheux et atrabilaire, qui n'était jamais satisfait que de lui-même et qui considérait le reste de l'humanité avec le dédain que lui inspirait l'excellente et très haute opinion qu'il avait de son intéressante personne. Voici comment Collé jugeait à la fois non seulement Jélyotte, mais Chassé, Mlle Fel et Mlle Chevalier :

.... Les opéras de pur récitatif ne peuvent réussir qu'avec des récitants, et nous n'en avons point à l'heure que j'écris. Chassé est le seul, et il est excellent ; mais ses cadences chevrotées, les saccades qu'il donne à sa voix, et le défaut de chanter faux quelquefois, diminuent le plaisir que l'on prend à entendre et à voir cet acteur, admirable à tous autres égards. Jélyotte est un chanteur unique, mais il n'a ni figure ni action ; il n'est bon que dans les rôles de berger, où il faut plutôt exprimer la galanterie que le sentiment ; il n'a point d'entrailles et il manque de noblesse. Ce n'est donc point du tout là un récitant, ceci soit dit sans faire tort à l'étendue et à la beauté de sa voix, surtout au goût divin du chant qu'il possède, et que personne n'a poussé aussi loin que lui.

Mlle Chevalier et Mlle Fel sont bien éloignées d'être des actrices, surtout la dernière, dont la voix, légère et parfaite en ce genre, n'est bonne que pour des ariettes. Mlle Chevalier exprime quelquefois passablement la colère et la fierté, mais elle grimace l'amour, et je la soupçonne d'avoir médiocrement d'intelligence. Comment donc est-il possible de rendre des actions sans acteurs (1).

L'abbé Laugier était loin de partager l'opinion de Collé en ce qui touche les aptitudes scéniques de Jélyotte. Il en parle de tout autre façon en faisant ressortir, au contraire, le sentiment dramatique qu'il déployait dans l'interprétation du rôle de Castor dans *Castor et Pollux*, l'un de ceux qui, précisément, exigeaient sous ce rapport une grande puissance. Voici ce qu'il écrivait sur Jélyotte un an après sa retraite, qu'il déplorait, comme tant d'autres :

La perfection dans l'exécution des ouvrages de musique ne sert pas peu à faire valoir les beautés de la composition. Quelle différence entre le rôle de Castor rendu par M. Jéliotte et le même rôle joué par M. Godard ! Non que ce dernier n'ait du talent pour le théâtre ; si sa voix secondoit son goût, il seroit peut-être ce que nous aurions de mieux après la perte que nous avons faite. Mais quelle perte ! et quand pourra-t-elle être réparée? Il semble que le célèbre Jéliotte ait voulu nous la faire sentir encore plus vivement par la façon dont il a rendu la dernière fois le rôle de Castor, à la clôture du théâtre de l'année 1755. Avec quel talent il chanta l'air du premier acte ! Quel intérêt il répandit dans celui des Champs-Élysées ! Et comme il joua l'acte cinquième !

---

(1) Collé : *Journal historique*, I, 52-53.

On peut dire qu'il *joignit dans ce dernier le talent de l'acteur à celui du chanteur....* (1).

Un peu plus tard, l'abbé de La Porte exprimait sur Jélyotte un avis analogue :

Jéliotte a été, sans contredit, la plus parfaite haute-contre qui ait jamais chanté sur le théâtre de l'Opéra, et personne n'a poussé aussi loin que lui le talent et le goût du chant. *Son action répondait à la beauté de sa voix*, et sa réputation a égalé l'une et l'autre. On croyoit n'avoir point été à l'Opéra quand on n'avoit point entendu Jéliote (2).

Un autre, Ancelet, que ses fonctions militaires et sa qualité de major des Mousquetaires noirs n'empêchaient pas d'être un grand amateur de musique, et un amateur instruit, ami de Jean-Jacques Rousseau, envisageait Jélyotte à divers points de vue et faisait ressortir la diversité de ses talents :

.... La guitare entre les mains des dames a un agrément infini, surtout si elle accompagne la voix. Si elle fait peu d'effet dans les concerts nombreux, elle s'en dédommage avec usure dans la petite musique de société et dans les soupers choisis, qui sont les seuls désirables.

Jéliote, Bérard et Lagarde sont ceux qui l'ont mise le plus en vogue : ils ont trouvé commode de ne chanter qu'à demi-voix, et n'en font pas moins de plaisir. Certains acteurs et actrices de l'Opéra, qui chantent à pleine tête et qui font des efforts incroyables pour faire paroître leur voix, font trembler ceux qui ont quelque connoissance de l'anatomie : tous les bons cœurs même en sont alarmés.

Lagarde a travaillé pour l'Opéra, la cour et la société. Ses ouvrages, et surtout ses duos, ont charmé Paris et les étrangers. Pour ce qui concerne Jéliote, il réunit tant de talens enchanteurs qu'il seroit heureux pour nous qu'il n'eût point abandonné sitôt le théâtre ; il étoit seul capable de soutenir son parti languissant. Mademoiselle Fel et lui sont les modèles du chant françois, que l'on doit tâcher d'imiter. Jéliote jusqu'ici n'a pas eu d'égal dans son genre ; il réunit en un mot tous les talens, j'y joins même ceux de la société. Quelle perte pour les compositeurs, que de regrets pour la nation (3) !

C'était un dilettante ardent aussi que ce singulier comte d'Escherny, être bizarre mais instruit, tout ensemble voyageur,

---

(1) *Sentiment d'un harmoniphile sur différents ouvrages de musique*, pp. 32-33. — Paris, s. d. (1756), in-12.

(2) *Anecdotes dramatiques.*

(3) *Observations sur la musique, les musiciens et les instrumens.* — Amsterdam 1757, in-8.

philosophe, écrivain, que ses fonctions de chambellan du roi de Wurtemberg n'empêchaient pas non plus d'être lié avec Raynal, Diderot, Rousseau, d'Alembert, et qui, d'ailleurs bon musicien, était chanteur de goût et violoniste assez habile pour faire solidement sa partie dans un quatuor. Celui-ci exprimait en ces termes son admiration pour Jélyotte :

.... J'arrivois d'Italie, où j'avois entendu et suivi plusieurs des premiers virtuoses, tels que Caffarelli, Gizziello, Aprile, etc. ; je me trouve à Paris dans un concert où Géliote exécutoit les deux morceaux qu'il affectionnoit le plus et qu'il chantoit le mieux ; il ne les tiroit pas des opéras ; c'étoient les deux cantates de *Zélindor* et de *Pigmalion*. Le plaisir que m'avoient causé les grands sopranes italiens ne m'empêcha point d'écouter Géliote avec ravissement, dans un genre de mélodie tellement abandonné aujourd'hui que la génération actuelle n'en a pas même la moindre idée. Quelle étoit donc la magie de la voix, du goût, de la méthode de ce chanteur unique, le seul dans la bouche duquel j'aie pu, depuis mon retour d'Italie, non seulement supporter la musique française, mais presque me passionner pour elle ? Si elle avoit eu plusieurs apôtres comme lui, elle existeroit encore et rivaliseroit avec la musique italienne ; mais il fut le fondateur d'une école qui n'eut que lui pour professeur et pour élève. Son chant, dans ces deux cantates, n'étoit ni français ni italien ; il s'étoit fait une manière à lui ; il avoit, dans un degré supérieur, ce que les Italiens appellent *il portamento della voce*, ou l'art de conduire la voix et de filer les sons, mérite qu'ils reconnoissent aux chanteurs français de ce temps-là.

Géliote, dans les *Mémoires* de Marmontel, occupe une place digne d'envie, celle du plus heureux des mortels ; c'est ainsi qu'il nous le peint. Pendant que tant d'hommes, heureux en apparence, le sont si peu en réalité ; pendant que je ne sais quel empereur, qui avoit régné 50 ans avec gloire, ne comptoit, dans sa longue carrière, que quinze jours de bonheur ; Géliote, depuis le moment de sa naissance jusqu'à celui de sa mort, jouit d'une félicité inaltérable. C'est là un exemple, entre plusieurs autres, de la justice distributive du hasard et des caprices de la fortune (1).

Et voici comment, dans un langage auquel n'auraient pas nui un peu moins d'emphase et un peu plus de simplicité, Daquin, le fils du fameux organiste, fait connaître lui-même son enthousiasme pour le talent de Jélyotte :

Le brillant, l'aimable M. Géliote, est l'Amphion de nos jours. Pourquoi n'a-t-il pas le privilège de l'autre ? Quoi ! les sons de sa voix ne sont-ils pas assez

(1) *Fragments sur la musique*, extraits des *Mélanges de littérature, philosophie, politique, histoire et morale*, par le chambellan comte d'Escherny. — Paris, L'huillier, 1809, in-12.

Portrait de Jélyotte, gravé par Châtelain d'après le tableau de Tocqué.

éclatans pour nous faire dire de lui ce que l'on racontoit de l'ancien Amphion ?

> Qu'à ses accords touchans les pierres s'émouvoient
> Et sur les murs thébains en ordre s'élevoient.

M. Géliote exerce du moins cet empire sur les âmes, miracle plus flatteur et plus difficile encore à opérer. On ne peut résister à son expression toujours vraie, quoique variée. Paroît-il sur la scène ? tous les yeux s'attachent sur lui, tous les cœurs volent sur ses traces. On doit comprendre aisément quels sont ceux dont notre excellent acteur est le plus jaloux. Sous la forme d'un Dieu, sous celle d'un berger, le charme est égal pour les spectateurs. Que de délicatesse dans le jeu, que d'élégance dans le chant! C'est Atys, c'est Apollon, c'est Zélindor qui nous plaisent et qui nous ravissent : nous croyons les voir, les entendre, et nous oublions qu'on ne fait que nous les représenter, tant le prestige est grand.

O Pygmalion, ou plutôt, ô chantre inimitable! c'est ton art, ta voix, bien plus que l'amour, qui animent la charmante statue dont tu es épris. Ne sommes-nous pas transportés de plasir lorsque tu mets dans leur éclat les immortelles ariettes du prince de l'art. Tu ne connois point de rival, tu n'auras point d'imitateurs, et la musique et les vers

> Par Geliote embellis sur la scène
> De leurs douceurs enyvrent tous nos sens.

On trouve rarement un acteur qui joue de génie, et qui, devant être l'esclave de son chant, paroisse toujours libre, dont l'action, le geste, le silence même intéressent. Apprendre des scènes, les débiter froidement et avec cet empressement qui ne fait que trop voir que l'on voudroit en être quitte, est une chose assez commune à tout homme chargé du pénible emploi de paroitre en public, d'y faire parade de ses talens, le plus souvent de ses imperfections. Le tems à la vérité façonne, et l'habitude enhardit ; mais on ne devient jamais un Géliote, il faut être né tel; alors on donne le ton au siècle. Sans gâter les grâces de la nature, on leur associe les finesses de l'art ; on a un goût à soi que tout le monde veut copier, auquel personne n'atteint. Il n'est que trop prouvé qu'une manière neuve et brillante ne va bien qu'à l'inventeur. L'imitation est à craindre ; c'est un tableau singulier et admirable dont on ne peut faire que des copies informes, tels soins que l'on prenne. Laissons-lui l'avantage d'être un morceau unique, c'est un parti qu'il faut prendre : notre insuffisance ne nous y conduiroit-elle pas toujours? Si M. Geliote est l'idole du public, si, pour me servir de l'expression d'un auteur estimable, on croit n'avoir point été à l'Opéra quand on n'a point entendu chanter M. Geliote, ne fait-il pas également le principal ornement des fêtes particulières, des cercles et des sociétés qui le possèdent ?

> Son talent, ses succès, en lui rien ne m'étonne,
> Les Muses formèrent sa voix,
> Et pour applaudir à leur choix
> Le dieu du chant lui donna sa couronne (1).

(1) Daquin : *Siècle littéraire de Louis XV*, pp. 162-165.

Dans son poème de *la Déclamation* (c'était le beau temps des poèmes « didactiques »), Dorat exaltait aussi le goût de Jélyotte, et l'on voit que c'était bien là l'une des qualités caractéristiques de l'art du grand chanteur, car c'est celle surtout que tous les critiques lui accordent unanimement et sans restriction :

Le goût fut ton génie, ô toi, chantre adoré,
Toi, moderne Linus, par lui-même inspiré!
Que j'aimois de tes sons l'heureuse symétrie,
Leur accord, leur divorce et leur économie!
Organe de l'amour auprès de la beauté,
Tu versois dans nos cœurs la tendre volupté.
L'amante en vain s'armoit d'un orgueil inflexible,
Elle couroit t'entendre, et revenoit sensible... (1).

Et l'on peut consulter toutes les brochures, tous les pamphlets enfantés par la Querelle des bouffons, on n'y trouvera que des louanges semblables à l'adresse de Jélyotte — et aussi de Mlle Fel, car alors on ne les séparait guère l'un de l'autre, ce qui prouve leur incontestable supériorité sur tout ce qui les entourait. A commencer par Grimm, qui, dans son *Petit prophète de Boehmischbroda*, les glorifie hautement tous deux, on ne trouve, pour l'un comme pour l'autre, que des louanges sans réserves dans tous ces petits écrits, aussi bien ceux publiés en faveur de la musique italienne que ceux consacrés à la défense de la musique française, ce qui prouve l'impartialité des auteurs en ce qui concerne nos deux grands artistes. Qu'on lise *la Guerre de l'Opéra*, *les Prophéties du grand prophète Monet*, la *Lettre sur les Bouffons*, le *Jugement de l'orchestre de l'Opéra*, l'*Apologie du goût françois*, les *Doutes d'un Pyrronien (sic)*, la *Justification de la musique françoise*, la *Lettre sur le méchanisme de l'opéra italien*, la *Galerie de l'Académie royale de musique*, et l'on sera édifié à ce sujet. Je ne saurais multiplier les citations, mais pour donner une idée exacte de l'admiration qu'inspirait à tous ces pamphlétaires, à quelque camp qu'ils appartinssent, le talent de Jélyotte et de Marie Fel, je me bornerai à reproduire ce passage d'une des brochures en question, *la Réforme de l'Opéra :*

(1) Dorat : *La Déclamation*, chant III, « l'Opéra ».

. . . .
Mais qui remplacera ce Jéliote aimable,
Si parfait dans son genre, et trop inimitable?
C'est lui, Muses, c'est lui, qui devroit, en Romain,
Sur l'arène expirer les armes à la main.
Fel encore avec lui soutient notre espérance;
Sans eux que deviendroient les plaisirs de la France?
Ménageons des sujets pour nous si précieux,
Seuls dignes de chanter les héros et les dieux :
France, sur leurs talens que ta gloire se fonde;
Tu surpasses par eux tous les peuples du monde!

Le fait est que l'on ne remplaça pas Jélyotte, et l'on peut dire que sa succession resta en déshérence pendant environ dix années. Son emploi, durant ce temps, fut tenu tant bien que mal par deux artistes restés complètement obscurs, Pillot et Muguet, et il fallut, pour trouver un ténor digne de l'Opéra, attendre l'arrivée de Legros, qui débuta le 1er mars 1764, dans *Titon et l'Aurore*. Mais Legros lui-même, bien qu'il fût loin d'être sans talent, ne put faire oublier son prédécesseur, et n'atteignit jamais à sa renommée.

Si l'on considère la dynastie des ténors (ou hautes-contre) qui se succédèrent à l'Opéra, depuis Duménу, qui tenait l'emploi dans la troupe de Lully, jusqu'à Jélyotte, en passant par Boutelou, Cochereau, Muraire et Tribou, on peut affirmer que pas un seul n'acquit l'éclatante notoriété qui s'est attachée à son nom et, en le faisant parvenir jusqu'à nous, l'a rendu presque légendaire (1). Et plus de soixante ans devaient s'écouler ensuite avant que l'on retrouvât un artiste capable d'exciter dans le public un pareil enthousiasme. Cet artiste, c'était Adolphe Nourrit, qui parut pour la première fois à l'Opéra le 1er septembre 1821. En effet, ni Legros, ni Lainez, ni Rousseau, ni Lavigne, quelque talent qu'ils aient réellement déployé, n'ont laissé un nom comparable à celui de Jélyotte. On peut dire que depuis sa naissance notre Opéra, parmi tant d'artistes distingués, souvent remarquables, qu'il a mis en lumière, n'a possédé que trois ténors qui aient acquis une véritable célébrité : Jélyotte, le

(1) Duménу appartint à l'Opéra de 1677 à 1700, Boutelou de 1685 à 1710, Cochereau de 1702 à 1719, Muraire de 1715 à 1727, et Tribou de 1721 à 1742.

premier en date, Adolphe Nourrit ensuite, et après celui-ci Duprez, qui, sans le faire oublier, sut, par des moyens différents, conquérir une renommée égale à la sienne. Mais la gloire de Nourrit et celle de Duprez, pour être plus près de nous, ne sauraient nous faire oublier celle de Jélyotte et nous rendre ingrats envers un grand artiste dont tous les contemporains ont chanté les louanges, et l'ont fait avec une unanimité qui ne peut laisser aucun doute sur leur sincérité.

IX

Il est difficile de connaître exactement la situation matérielle qui était faite à Jélyotte au cours de sa carrière à l'Opéra. Les seuls renseignements que j'aie rencontrés et que je connaisse à ce sujet sont ceux contenus dans la notice que lui consacra la *Biographie Michaud.* L'auteur de cette notice était Audiffret, écrivain consciencieux et généralement très informé de toutes choses relatives au théâtre, et même à la musique (1). Les quelques détails qu'il donne sur ce point intéressant sont très précis, et l'on peut sans doute les tenir pour exacts. Les voici : — « Jélyotte débuta sur ce théâtre (l'Opéra) avec le plus brillant succès, au mois d'avril 1733, et fut aussitôt engagé aux appointements de douze cents francs. On les augmenta progressivement jusqu'à 2.500 francs en 1740, non compris 300 francs pour *pain et vin.* En 1741 on les porta à 3.000 francs, et on y ajouta 2.000 fr. de gratification, tant annuelle qu'extraordinaire, outre les 300 fr. de *pain et vin* (2) ».

---

(1) Il fut, avec Ragueneau, l'un des auteurs de l'excellent *Annuaire dramatique* ou *Étrennes théâtrales,* qui parut de 1805 à 1822. Bon musicien, il a écrit et publié un certain nombre de romances.

(2) Cette formule assez singulière, « pain et vin », appelle une explication. De temps immémorial, les artistes, chanteurs ou autres, qui faisaient partie de la musique particulière des rois de France, recevaient, à certaines fêtes de l'année qui réclamaient leur service, du pain, du vin et diverses parties de nourriture, ce qui les rendait commensaux du palais. On peut supposer que certaines réclamations s'élevèrent à ce sujet, lesdits artistes préférant recevoir cette sorte de gratification

Si ces renseignements sont exacts, comme il y a lieu de le croire, il en résulte qu'à partir de 1741 Jélyotte recevait : appointements, gratification et indemnité compris, une somme totale de 5.300 francs par an, pour son double service de l'Opéra et de la cour. Et comme le chiffre des appointements proprement dits ne dépassait pas pour lui 3.000 francs, sa pension, lorsqu'il quitta l'Opéra, fut réglée, selon la coutume, à moitié de ce chiffre, soit 1.500 francs, comme on peut s'en rendre compte par la liste que publiaient annuellement *les Spectacles de Paris.*

Plus tard, sa situation fut réglée d'une façon complète et définitive, en raison, d'une part, des services exceptionnels qu'il avait rendus et dont on lui tenait compte, de l'autre, des diverses charges qu'il occupait encore à la cour ; et l'on va voir que cette situation ne laissait pas que d'être très brillante. M. Émile Campardon l'a fait connaitre par cette pièce intéressante et curieuse, tirée des Archives nationales :

Déclaration autographe de Pierre Jélyotte, relative à la pension.

Le sieur Pierre Jéliote, né à Lasseube, diocèse d'Oloron en Béarn, le 13 avril 1713, baptisé le lendemain sur la paroisse Ste-Catherine dudit bourg, musicien vétéran de la Chambre du Roy, demeurant à Paris, place des Victoires, paroisse St-Eustache, déclare avoir obtenu du Roy les grâces pécuniaires cy-après : Des appointemens conservés de quatre mille livres, sans aucune retenue, dont il a été payé de trois mois en trois mois par le trésorier général des menus-plaisirs du Roy jusqu'au 1er janvier 1779 ; des gages conservés de douze cents livres comme maître de guitare du Roy ; des gages conservés de neuf cents livres comme joueur de théorbe de la Chambre (nota : les gages de ces deux charges supprimées en 1761, ont été payés comme les appointemens de 4.000 livres jusqu'au 1er janvier 1779, sans retenue) ; une pension de mille livres payée comme les précédentes et qui luy a été accordée pour le dédommager de l'argent qu'il avoit donné pour la survivance desdites charges supprimées ; une pension de douze cents livres sur le trésor royal de l'échéance de May qui lui a été accordée en considération de ses longs services, conformément au brevet ci-joint. Laquelle pension accrue de 216 livres pour arrérages dus en 1766, déduction faite d'un dixième et demi sur 1.200 livres, d'un dixième seulement sur 216 livres et de trois deniers pour livres.

---

en argent plutôt qu'en nature. Il en résulta qu'à partir du commencement du XVIIIe siècle tous les musiciens du roi reçurent, en dehors des appointements proprement dits, et sous l'appellation de « pain et vin », une indemnité de nourriture qui, sans doute, variait selon l'importance et la nature des services de chacun.

Montant général des grâces dont jouit le sieur Pierre Jéliote : 8.296 livres 14 sols.

Certifié véritable à Paris, le 11 août 1779.

PIERRE JÉLIOTE.

Cette pièce est datée de 1779. A cette époque, c'est-à-dire vingt-quatre ans après son départ de l'Opéra, quatorze ans après qu'il se fut retiré des spectacles de la cour, où il n'exerçait plus aucune charge (celles qu'il avait occupées ayant été supprimées en 1761, comme il nous l'apprend lui-même), que faisait Jélyotte? où résidait-il? La déclaration qu'on vient de lire indique bien qu'il demeurait « place des Victoires ». Mais cette demeure n'était évidemment qu'un simple pied-à-terre, et dès ce moment, nous allons en avoir la preuve, il était allé se retirer dans son pays, dans ces Pyrénées qu'il aimait tant et où il devait rester jusqu'à son dernier jour. Nous savons par son ami Dufort de Cheverny, dont je vais avoir à parler, qu'une fois installé là-bas il venait tous les ans à Paris, comme lorsqu'il habitait Paris il allait tous les ans, ainsi que Marmontel nous l'a appris, voir sa famille et ses amis. A quelle époque quitta-t-il Paris pour aller s'établir décidément à Oloron? C'est ce qu'on ne saurait préciser. Mais il faut tenir pour certain qu'il y était fixé déjà lorsqu'il signa la pièce que je viens de reproduire. Et ce qui le prouve, c'est qu'un an après, en 1780, l'idée lui vint un instant de quitter le pays à la suite d'un incident qui lui avait causé un vif dépit.

Voici, en effet, ce qu'on lit dans une notice curieuse publiée, à l'occasion de l'inauguration de sa statue à Pau, dans *l'Indépendant des Basses-Pyrénées* (1) :

Les charmes de la capitale ne lui firent jamais oublier la petite patrie. En 1780 seulement, à la suite d'une contrariété, il parut décidé à abandonner le pays natal. L'aventure mérite d'être rapportée. Jéliote désirait que son neveu, Jean-Pierre Mauco, seigneur de Labat d'Estos, fût élu trésorier général des États de Béarn, en remplacement de Jean de Day, dont la démission semblait certaine.

M. Douet de la Boullaye, intendant de la province, et Jean-Gratian de Laussat, maire de Morlàas et président du Tiers-État, appuyaient la candida-

(1) Du 19 mars 1901.

ture de Mauco. Cependant les démarches échouèrent, et Laussat, irrité contre ses collègues des États, plus encore que Jeliote lui-même, écrivit à l'intendant la singulière épitre suivante :

« A Pau, le 22 janvier 1780.

» Monsieur,

» Sur un simple pressentiment de vos dispositions en faveur de M. de Mauco et l'assurance que vous ne tarderiés pas à me les faire connoître directement, je m'étois déjà décidé *in petto* à voter pour lui. Ce n'est plus le cas puisqu'il s'est totalement retiré. On l'attribue à ses dégoûts, à ceux de son oncle [Jélyotte], à tout ce qu'on leur a fait éprouver d'amer, et enfin à la retractation la plus éclatante et la moins prévuë de la part de M. de Day. Il est très vray que jamais affaire n'excita plus de mouvement : vous serés mieux instruit, Monsieur, de ce qui s'est passé par M. Jeliotte lui-même; il part à la fin de ce mois-ci, il ne croit plus que sa patrie soit si merveilleuse : il paroît avoir pris la très ferme résolution de n'y reparoître que bien rarement : il n'envisage plus le Béarn que comme un païs presqu'inhabitable par tout ce que les traits d'astuce et de perfidie, les inimitiés, les haines, les vangeances *(sic)*, les cabales, en un mot les mauvaises manœuvres le plus consomées en tout genre, peuvent produire d'horreurs. Si ses plaintes ajoutent à la persuasion où peut-être l'on étoit déjà que nous sommes d'assés vilaines gens, j'en serai fâché, mais ce ne sera pas moi qui le dediray. J'espère, Monsieur, que cette bonne foy ne me nuira point, surtout auprès de vous. On n'en est capable que lorsque, par une très grande différence de manière de penser et de faire, on sent devoir être regardé soy même comme un être à part...

» LAUSSAT. »

Le Jean-Pierre Mauco, dont Jélyotte prenait si fort à cœur les intérêts (au point de songer, par dépit de sa déconvenue, à s'exiler du pays natal), était son neveu et avait, en 1768, épousé sa nièce, Thérèse de Fondeire, fille de sa plus jeune sœur, Marie-Anne Jélyotte, qui elle-même s'était mariée, en 1748, avec Arnaud de Fondeire, notaire à Arudy, qui devint plus tard contrôleur général des fermes en Béarn. Les deux jeunes gens, étant parents, avaient dû obtenir une dispense pour leur mariage. Jean-Pierre Mauco (ou plutot *de* Mauco) avait été admis aux États de Béarn, le 4 mai 1761, comme seigneur de la maison noble de Labat d'Estos et héritier de son père, qui avait fait en 1736 l'acquisition de ce fief et du château qui en portait le nom; il fut maire d'Oloron de 1783 à 1789, et plus tard, de l'an VIII à 1807, membre du conseil général des Pyrénées-Orientales. C'est dans le château de Labat d'Estos, qu'on désigne aussi dans la contrée sous le nom de château de Mauco, que Jélyotte passa ses derniers jours, ayant quitté sa maison d'Oloron pour aller s'installer auprès de son neveu et de sa nièce, jeune femme charmante, qu'il avait dotée, et qui devait être et fut son héritière. C'est là qu'il termina son existence, entouré des soins les plus tendres et les plus attentifs. Ce château, après être devenu d'abord la propriété de M. Lamothe d'Incamps, fut vendu plus tard, avec ses dépendances, à M. Pierre Charbonnel, d'Oloron, et appartient aujourd'hui à ses enfants (1).

Nous ne saurions rien absolument des dernières années de l'existence de Jélyotte, dans la paisible retraite qu'il s'était choisie auprès des siens, si nous n'avions pour nous renseigner les souvenirs consignés dans ses *Mémoires*, publiés récemment, par son vieil ami le comte Dufort de Cheverny, ancien introducteur des ambassadeurs près la cour de France (2). Personnage officiel, à qui sa situation ouvrait toutes les portes, aimant l'art et les artistes et les recherchant volontiers, Dufort de Cheverny avait eu l'occasion de connaître Jélyotte au temps de ses plus grands succès, alors que celui-ci était lui-même accueilli partout, non seulement grâce à son talent, mais aussi à la distinction de son esprit et à ses qualités privées. Tous deux s'étaient liés d'une amitié sincère, et cette amitié ne s'était pas trouvée rompue par l'éloignement lorsque Jélyotte, disant adieu à Paris, à l'art et à ses triomphes passés, oublia l'un et les autres pour la joie d'aller retrouver le pays riant et ensoleillé qui l'avait vu naître. Une correspondance s'était alors établie entre eux, cor-

(1) M. et Mme de Mauco n'eurent qu'un unique enfant, une fille, Louise-Thérèse-Antoinette-Marguerite, qui épousa en 1791, à Oloron, François-Théophile de Navailles, baron d'Angaïs, officier au 17e régiment de cavalerie (« ci-devant Bourgogne »). Celui-ci mourut à Oloron, dans sa maison, rue de Pau, le 22 décembre 1836, à l'âge de 67 ans; sa veuve le suivit de près et mourut le 2 avril 1837, à 65 ans, sans enfants. Un biographe du temps de Jélyotte disait d'elle : « Le caractère, l'esprit, la figure, la taille, l'air, les manières, tout rend la jeune femme très intéressante. »

Tous les renseignements réunis ici proviennent, partie d'une généalogie très exacte publiée à Pau lors de l'érection de la statue de Jélyotte, partie d'une communication faite, le 11 mars 1901, à la Société des sciences, lettres et arts de Pau, par M. l'abbé Dubarat, aumônier du lycée de cette ville, qui s'est beaucoup occupé de Jélyotte et à qui j'exprime ici ma gratitude pour les documents qu'il a eu l'obligeance de me communiquer au sujet du présent travail.

(2) *Mémoires sur les règnes de Louis XV et Louis XVI et sur la Révolution*, par J.-N, Dufort, comte de Cheverny, 1731-1802, publiés avec une introduction et des notes par Robert de Crèvecœur. — Paris, Plon, 1886, 2 vol. in-8.

respondance affectueuse et cordiale, qui ne devait prendre fin que par la disparition de l'un ou de l'autre. C'est Jélyotte qui partit le premier....

Dufort de Cheverny rappelle à plusieurs reprises le souvenir de son ami Jélyotte. Je citerai d'abord ce passage de ses *Mémoires*, bien qu'il revienne sur certains faits que nous connaissons déjà :

Jélyotte, le plus grand chanteur de l'Europe, faisait en ce temps-là les délices de la cour et de la ville. Dès qu'il chantait il se faisait un silence involontaire, qui avait quelque chose de religieux; son timbre était d'une haute-contre parfaite, et certains sons étaient aussi brillants que s'ils sortaient d'une cloche d'argent; sa prononciation était si nette et si bien détaillée qu'on ne perdait pas le moindre mot. Sa voix, dans *Pygmalion*, couvrait le chœur, et dans *Zoroastre* tout Paris courait entendre, au milieu du tonnerre : *Ciel! Thémire expire dans mes bras!*

Neveu d'un chanoine de Toulouse qu'il devait remplacer, il avait reçu la meilleure éducation; il avait été enfant de chœur, ensuite attaché aux archives du chapitre. M..... (1), qui passa, fut frappé de la beauté de sa voix. Jélyotte le suivit, renonça au canonicat et en un an fit les délices de Paris, ce qui a continué et augmenté jusqu'à sa retraite, en 1756 (2). Doux, complaisant, aimable, jouant tous les jeux et les aimant, il avait étudié la langue italienne, et il avait en ce genre une bibliothèque superbe. Il vivait dans la plus grande compagnie, ne s'attachant qu'à ce qui était du plus haut parage, et on lui prêtait des airs que sa figure ne lui permettait pas. Il était en effet petit et mal fait; mais il avait les yeux d'un brillant, d'un feu qui augmentait dès qu'il chantait.

Je pèse un peu sur toutes ces circonstances, parce que notre liaison, qui a commencé à cette époque, ne s'est jamais démentie, qu'il a actuellement plus de quatre-vingts ans et que, malgré les circonstances et l'éloignement (il est à Oloron, Basses-Pyrénées), notre amitié ne s'est pas plus affaiblie que notre correspondance ne s'est ralentie. Il n'y a que cinq ans qu'il a cessé de venir à Paris (3).

Plus loin, Dufort rappelle le milieu qu'il fréquentait et où se trouvait aussi Jélyotte :

....Je vivais toujours dans la même société, et je bénis le ciel de n'en avoir point changé. C'était le comte d'Osmont; son frère, l'évêque de Comminges; le baron de Vioménil; Le Gentil, devenu marquis de Paroy; sa femme; une cou-

---

(1) Nom en blanc dans le manuscrit.

(2) Ici, une légère erreur. On sait que c'est en 1755 que Jélyotte quitta l'Opéra.

(3) *Mémoires*, I, 98-99.

sine, nommée madame de Villebriand; mesdames Merger et Santo-Domingo; l'abbé de Mégrigny: M. de Chailly, son frère; Mme de Moussy, ma cousine; M. et Mme O'Dune; le comte et la comtesse de Noé et ses frères; le chevalier de Montecler; le chevalier de Longaulnay; la marquise de la Valette; la baronne d'Ogny; les deux chevaliers de la Tour; Jélyotte; mon ami Sedaine; toute la Société Préninville; voilà à peu près le fond de notre société (1).

Mais voici surtout le passage intéressant des souvenirs de Dufort de Cheverny relatifs à Jélyotte. Ceci était écrit à la date de mai 1797 :

J'ai plusieurs fois fait mention du fameux Jélyotte. Fidèle à son ancienne amitié, il m'écrivait à peu près tous les mois, et je lui répondais exactement. Ses dernières lettres me mandaient qu'il avait été incommodé, qu'il avait cru terminer son existence, qu'il était bien temps puisqu'il avait quatre-vingt-deux ans; que tout ce qu'il désirait était de finir sa vie sans douleur. Elles avaient une teinte de tristesse qui me faisait une vraie peine. Je crus devoir lui faire son petit panégyrique pour l'éloigner de toutes ces idées; c'est un abrégé historique de sa vie, que je connaissais comme lui. Cette lettre est du 20 avril 1797, et envoyée à Oloron :

« Vous voulez, mon vieil ami, que je vous écrive avec la même liberté que si nous causions ensemble, comme on dit, les pieds sur les chenets. Quoique vous m'annonciez que vous avez vos quatre-vingts ans bien révolus, à juger par le caractère de votre écriture je pense que vous avez tout lieu de vous flatter encore d'y ajouter; au surplus, je connais votre philosophie, qui vous fera envisager votre fin sans la désirer ni la craindre.

« Comptons ensemble, mon vieil ami, et voyons si vous avez à vous plaindre, et si, en jetant un coup d'œil sur le passé, vous n'avez pas à vous féliciter de votre existence. Il est permis à un ami de 40 ans de se féliciter avec vous de la charmante carrière que vous avez parcourue.

« Destiné à une prébende, votre oncle vous fait donner une excellente éducation, et vous déployez intelligence et facilité; il vous fait apprendre les langues, et vous excellez dans l'italien; sans vous en douter, sans peine, sans efforts, vous devenez un excellent musicien et un bon compositeur, car il nous en reste des morceaux excellents dans *Zélisca*, etc. Votre adresse naturelle vous rend familier avec tous les instruments, dont je vous ai vu jouer à volonté; la nature vous a gratifié d'une haute-contre superbe et d'un goût exquis. Vous cédez, à dix-sept ans, à la séduction d'aller débuter à l'Opéra à Paris. A l'instant ce sont des triomphes; tous les livres éphémères et durables vous comblent d'éloges. Orphée n'aurait pas eu en France un plus grand et un plus long triomphe.

« A l'âge des passions, dans le pays le plus séduisant et le plus enivrant, vous y résistez pour vous attacher à la meilleure et à la plus grande compagnie

(1) *Mémoires*, I, 248.

du royaume, et vous y êtes retenu par votre personne quand il n'est plus question de vos talents.... Je vous ai vu dans l'intimité de la duchesse de Luxembourg, du feu prince de Conti; je vous ai accompagné plusieurs fois à Chanteloup, où le duc de Choiseul, ses parents et amis, vous traitaient en égal.... Fidèle à l'amitié, vous êtes venu pendant quinze ans me visiter à Cheverny....

« L'enthousiasme et les plus grands applaudissements devaient vous retenir au théâtre; vous avez la sagesse de les sacrifier. A l'instant que vous quittez le théâtre, sans abandonner une société dont les soins vous faisaient un devoir et une jouissance, vous sacrifiez tous les ans trois mois pour retourner dans votre pays natal; votre aisance, vous la sacrifiez à votre famille; vous mariez votre nièce, et les bénédictions vous entourent, puisque dans vos petites-nièces vous avez le plaisir de voir votre sang uni à celui des Navailles.

« Rappelez-vous que vous fûtes le premier l'auteur de la fortune du fameux et malheureux La Borde, banquier de la cour, qu'il vous en remercia par une association qui ne dura pas autant que vous le méritiez (1).

« L'âge mettant un terme à votre facilité à voyager, vous vous fixez à Oloron au milieu des vôtres, et vous attendez philosophiquement le but que tout homme doit atteindre d'après la loi de la nature. Tout ce que je souhaite donc maintenant du meilleur de mon cœur, c'est qu'une pente douce et insensible vous conduise à la fin de nos vies, comme un voyageur qui arrive au bas d'une montagne sans trouver de précipice... »

Cette lettre, d'un intérêt si vif, et dans laquelle le vieil ami de Jélyotte lui rappelait, en termes affectueux et en traits rapides, les principales phases de son existence, nous est un document particulièrement précieux. Plus que tout autre en effet, il nous renseigne sur le caractère, sur les goûts élevés, surtout sur la nature morale du grand artiste, et nous prouve que sous le talent si remarquable du chanteur il y avait, avec l'âme d'un bon compagnon, le cœur d'un homme plein d'honneur et de bonté, d'un homme vraiment digne de ce nom. On est heureux de pouvoir ressentir pour celui-ci une estime égale à l'admiration qu'excitait celui-là. On n'en saurait, par malheur, toujours dire autant.

Il va sans dire que Jélyotte répondit à ce témoignage d'affec-

(1) La Borde était beaucoup plus jeune que Jélyotte, étant né en 1734. Le renseignement consigné ici n'existe nulle autre part, que je sache, nous apprenant d'abord que Jélyotte fut, évidemment par son crédit, « l'auteur de la fortune » du célèbre financier, ensuite que celui-ci reconnut le service ainsi rendu par une association au moins temporaire dans ses opérations. Sans doute est-ce là, plus encore peut-être que dans son talent, la véritable origine de la fortune de Jélyotte lui-même.

tion de Dufort, et, fort heureusement, celui-ci nous fait connaître au moins un fragment de sa réponse :

Voici, dit-il, un extrait de la réponse de Jélyotte, du 8 mai. Elle fera voir à quel point il a conservé sa tête et sa tranquillité :

« Vous m'avez écrit, mon cher ami, une lettre trop charmante pour mon amour-propre : vous me dites toutes les douceurs possibles. Vous me rajeunissez de quatre ans ; j'en ai quatre-vingt-quatre sonnés depuis le 13 du mois dernier. L'abbé de Saint-Pierre avait bien raison : quatre-vingts ans sont un beau lot de la loterie de la vie, à plus forte raison quand une carrière a été aussi heureuse que longue. Véritablement la mienne a été très agréable, et surtout la partie que j'ai passée avec vous.

« Je vais parcourir votre lettre pour ne rien oublier, et vous répondrai article par article, excepté à vos louanges, dont je ne retiendrai que les marques d'amitié et ma reconnaissance. J'ai toujours aimé la bonne compagnie, et je lui ai dû tout le bonheur dont j'ai joui. C'est un heureux hasard qui m'a poussé vers elle, et dans la carrière que j'ai parcourue je pouvais bien être jeté en sens contraire. Tout a concouru à me faire réussir, et j'ai peu de choses à regretter. Les bontés particulières de feu M. le prince de Conti sont l'époque la plus flatteuse de ma longue vie, et j'en conserverai le précieux souvenir jusqu'à mon dernier moment.

« Je finis ma lettre pour qu'elle parte vingt-quatre heures plus tôt ; j'aurais encore à répondre à quelques articles, ce sera pour la première. »

A partir de ce moment, Dufort de Cheverny ne parle plus de Jélyotte que pour annoncer sa mort, qu'il apprend seulement six semaines après l'événement et qu'il annonce en peu de mots, à la date du 30 octobre 1797 : « ....Le même jour, dit-il, je reçus la nouvelle de la mort de Jélyotte ; il s'est éteint à l'âge de quatre-vingt-quatre ans, au milieu d'une famille qui l'aimait ; nous perdîmes en lui un véritable ami. »

Jélyotte était mort le 11 septembre, au château d'Estos, ainsi qu'il résulte de l'acte de décès dressé dès le lendemain et dont voici la transcription scrupuleusement exacte (1) :

Ce jourd'huy **12** 7bre **1797** (vieux estille), an cinquième de la République [et le 26 du mois de fructidor], par devant moy Bernard Maury, agent municipal de la commune Destos, élu pour constater les actes de naiceances, mariages et

---

(1) Je reproduis le texte de cet acte tel qu'il a été publié par *le Patriote des Pyrénées* du 14 mars **1901.** On y remarquera que le nom de Jélyotte est écrit *Juliote*, sans doute par une faute du scribe, et qu'il est dit âgé de quatre-vingt-cinq ans accomplis, quoiqu'il n'en eût que quatre-vingt-quatre.

décès, sont comparus en la maison commune le citoyen Jean-Pierre Mauco, [assisté] de Jean Gassiou et de Pierre Bordenave de Cardesse, son domestique, tous de la même commune Destos, lesquels mont déclaré que le citoyen Pierre Juliote natif de la commune de Lasseube son paren est mort hier au soir vers cincq heures dans le domicile du citoyen Maucô, agé de quatre vingts cincq ans accomplis, et pour m'assurer du dit Descès, je me suis sur le cham transporté dans son domicile et je dressay le présent acte en présence du citoyen Jean-Pierre Maucò, de Jean Gassiou et de Pierre Bordenave qui ont signé avec moy.

Fait en la maison le dit jour, mois et an que dessus.

(Interligné à la sixième ligne, je veux dire assisté.) Constat les mots (le ving six du mois de fructidor) interlignés.

Signé : Maury agent municipal, Maucò, Bordenave, Gassiou.

Ainsi finit, au fond de sa province, à l'autre bout de la France, dans la retraite paisible et familiale qu'il s'était choisie au milieu du doux pays qui l'avait vu naître, loin de ce Paris dont il avait été la joie et qui pendant vingt ans l'avait acclamé avec une sorte de frénésie, le premier en date des grands ténors dont notre Opéra puisse conserver le glorieux souvenir, celui qui fut tour à tour Dardanus, Zélindor, Zoroastre, Titon, Pygmalion, Daphnis, — Jélyotte enfin, le chanteur favori du public, le fidèle interprète de Rameau, le partenaire et l'illustre compagnon de ces deux autres grands artistes, Chassé et Marie Fel, avec lesquels il formait un trio vraiment exceptionnel. Tellement exceptionnel qu'il fallut attendre cent ans, juste un siècle, pour en trouver presque l'analogue avec Nourrit, Levasseur et Cornélie Falcon. Pourquoi ne songerait-on pas à consacrer, par un hommage légitime, la mémoire de trois nobles artistes qui ont illustré la scène lyrique française et dont elle a le droit de s'enorgueillir? Pourquoi l'administration des beaux-arts, qui pourrait être plus mal inspirée, ne ferait-elle pas exécuter, d'après les documents certains qu'on possède (j'en ai donné la preuve dans les illustrations de ce travail) les bustes de ces trois chanteurs, qui représentent une époque glorieuse de l'histoire de notre Opéra, l'époque de Rameau, et qu'on pourrait placer, en les groupant, dans le foyer de ce théâtre. Ils y feraient, je suppose, assez bonne figure, et prouveraient, quoi qu'en ait dit J.-J. Rousseau, que l'art du chant n'était pas, dès cette époque, aussi complètement inconnu en France qu'on s'est plu sottement à le répéter d'après lui.

La carrière publique de Jélyotte ne dépassa pas vingt-deux ans, puisque, engagé à l'Opéra en 1733, il quitta ce théâtre dès 1755. Il la prolongea de dix années par la continuation de son service à la cour jusqu'en 1765, et pendant quelque temps encore il continua aussi de se faire entendre chez certains grands personnages, en particulier chez le prince de Conti, dont les soirées au Temple, demeurées fameuses, étaient toujours agrémentées de musique et auraient paru incomplètes sous ce rapport sans la présence de Jélyotte, virtuose en titre, si l'on peut dire, et véritable familier de la maison. Lui-même nous a fait connaître, dans sa lettre à Dufort de Cheverny, son intimité avec le prince, et nous avons à ce sujet un document précieux, qui se rapporte non seulement à la vie de Jélyotte, mais aussi à celle de Mozart, et dont pourtant il semble que nul, en France du moins, n'ait parlé en ce qui concerne celui-ci. Ce document, c'est un joli petit tableau de Barthélemy Ollivier, peintre ordinaire du prince, tableau qui, un an après la mort de celui-ci, en 1777, fut exposé au Salon sous ce titre : « Le thé à l'anglaise, dans le salon des quatre glaces, au Temple, avec toute la cour du prince de Conti. »

On sait que Louis-François de Bourbon, prince de Conti, qui pensa un instant devenir roi de Pologne et qui commença sa carrière par un homicide involontaire (1), tenait de son père le goût des lettres, auquel il joignait celui des arts. Après avoir renoncé, fort jeune, à l'état militaire, où il avait fait preuve de tant de talent et de valeur, il s'était jusqu'à un certain point confiné dans son hôtel du Temple, où il tenait une sorte de cour. Trop jeune, comme on l'a dit, pour avoir pu fréquenter la société que les Vendôme réunissaient jadis dans cet hôtel, pour y avoir connu Fontenelle, Saint-Aulaire, Chaulieu, La Fare et tant d'autres, il fit en sorte de la reconstituer dans le même lieu, en se faisant l'hôte des gens de lettres, des artistes, voire

(1) Né en 1717, mort en 1776, le prince, qui avait pour précepteur le P. du Cerceau, le fameux jésuite, était à peine âgé de treize ans lorsqu'un jour, se trouvant auprès de celui-ci et jouant avec un fusil de chasse qui, par malheur, était chargé, il fit involontairement partir la détente, et la charge alla frapper en pleine poitrine le P. du Cerceau, qui s'affaissa et mourut sur le coup.

le P^ce de Beauvau — le Che.^r de la Laurency — Mozart enfant — Geliotte — le P^ce de Conty — Mr Trudaine — Mlle Bagarotti — la M^le de

JÉLYOTTE ET MOZART ENFANT DANS UNE SOIRÉE CHEZ L

DE CONTI, d'après le tableau d'Olivier au Musée du Louvre.

des parlementaires et des philosophes. Son salon, comme on le pense, était très recherché, et les honneurs en étaient faits avec beaucoup de grâce par son.... amie, la belle comtesse de Boufflers — qui, malgré son désir, ne put jamais parvenir à être autre chose que son amie. Grand amateur de musique, le prince, comme j'ai déjà eu l'occasion de le dire, avait un excellent orchestre que dirigeait Claude Trial, le frère du chanteur, directeur de l'Opéra, qui écrivit pour ses concerts diverses cantates. Mais ce qu'à ma connaissance n'a dit aucun biographe français de Mozart, c'est que, lors de son second séjour à Paris avec son père et sa sœur, en 1766, au retour du voyage en Angleterre et en Hollande, l'enfant prodige se fit entendre à l'une des brillantes soirées du prince de Conti. Nous en avons pour témoignage le très curieux et très joli tableau de Barthélemy Ollivier que je signalais tout à l'heure, et dont deux des principaux personnages sont le petit Mozart et Jélyotte (1).

Ce tableau, qui est aujourd'hui au Louvre (salle XVI, n° 665), fut retrouvé en 1857 dans le château du duc de Rohan, et à cette époque les frères Escudier, chargés en commun de la critique musicale du journal *le Pays*, en donnèrent, dans un de leurs feuilletons (7 juillet 1857), la description très détaillée que voici :

.... Mozart joue du clavecin, et Jélyotte, acteur de l'Opéra, l'accompagne avec une guitare (2). Le prince de Beauveau, en surtout de cramoisi et décoré du cordon bleu, est assis derrière le jeune musicien et lit d'un œil distrait un papier qu'il tient dans la main gauche : le chevalier de Laurency, gentilhomme attaché à M. le prince de Conti, en habit de velours noir, est debout derrière le fauteuil sur lequel est assis Mozart : le prince de Conti cause avec M. de Trudaine, le père de celui pour qui le peintre David a fait le fameux tableau de *la Mort de Socrate*, et Mlle Bagarotty, devant un groupe formé de la

---

(1) Selon Wilder, la famille Mozart serait arrivée à Paris le 20 mai 1765, et en serait repartie le 9 juillet suivant. Il y a là évidemment une faute typographique, et c'est 1766 qu'il faut lire, car en 1765 les Mozart étaient en Angleterre. Le catalogue Köchel des œuvres de Mozart, si absolument précis, indique bien un *Kyrie* à quatre voix écrit par l'enfant « à Paris le 12 juin 1766 ». Il n'y a donc pas d'erreur possible, et cela nous donne la date de la présence de Mozart chez le prince de Conti, en même temps que celle du tableau qui le représente.

(2) Il est plus supposable que Jélyotte chante, et que Mozart l'accompagne, quoi qu'il tienne sa guitare, sans doute par habitude.

maréchale de Mirepoix, de Mme de Viervelle, de la maréchale de Luxembourg, de Mlle de Boufflers, depuis duchesse de Lauzun, de M. le prince d'Hénin, fait le thé et prête en même temps une oreille attentive à la belle exécution de Mozart. Dans un autre groupe on voit M. Dupont de Velse, frère de M. d'Argental, Mme la comtesse d'Egmont la mère, Mme la comtesse d'Egmont la jeune, née Mlle de Richelieu, et M. le président Hénault, assis au coin de la cheminée. Le dernier groupe montre Mme la comtesse de Boufflers, debout devant une table luxueusement servie, à côté de M. le comte de Chabot, depuis duc de Rohan, qui cause avec M. le comte de Jarnac, pendant que le maréchal de Beauveau verse un flacon de vin dans le verre de M. le bailli de Chabriant, qui est en face de M. de Meyrand, le fameux géomètre.

C'est sans doute peu de temps après l'époque où fut peint ce tableau fort intéressant que Jélyotte prit le parti de quitter Paris pour aller se retirer dans son pays, au milieu des siens. Mais puisque j'en suis sur ce sujet, et que j'ai reproduit au commencement de cette étude deux portraits de Jélyotte qui ne l'avaient jamais été, que je sache : celui de Tocqué, en Apollon, la lyre à la main, et celui de Cochin, en costume de ville, j'en veux signaler un troisième, qui n'est pas moins curieux en son genre et qui est dû au plus jeune et au dernier des quatre Coypel, Charles-Antoine. Celui-ci, qui fait partie de la collection Lacaze, au Louvre, est particulièrement original en ce qu'il représente Jélyotte.... en femme. Dans quel costume? peut-être celui d'un des ouvrages joués à la cour et qui ne le fut pas à l'Opéra, car je n'ai pas trouvé trace d'un rôle travesti dans lequel il aurait paru à ce théâtre. Toujours est-il que le tableau de Coypel nous le présente de trois quarts, tourné à droite, vêtu d'un corsage rouge décolleté, un ruban vert autour du cou, la main gauche posée sur la poitrine, qui est piquée de mouches, ainsi que le visage, tandis que des fleurs sont placées sur les cheveux poudrés. Jélyotte, qui rit, paraît s'amuser beaucoup de cet accoutrement bizarre.

Je ne saurais me dispenser de signaler aussi un tableau que certains attribuent à Carle Vanloo, qui se trouve au musée de l'Opéra et qui a figuré dans la section des beaux-arts à l'Exposition universelle de 1900. On a supposé que le personnage qu'il représente n'est autre que Jélyotte et la supposition est admissible, bien que les traits du visage ne semblent se rapporter que médiocrement aux portraits que nous connaissons d'autre part.

Portrait de Jélyotte sous un travesti féminin, d'après le tableau de Charles-Antoine Coypel au musée du Louvre.

Cependant, comme il s'agit évidemment ici d'un chanteur, il se pourrait bien que ce fût le nôtre. Il est figuré en une sorte d'Apollon, comme dans le tableau de Tocqué; vu de face et largement drapé de rouge, il a la main posée sur une lyre, tandis que dans celui-ci il tient la lyre pour s'accompagner. En somme, et jusqu'à preuve du contraire, il me paraît qu'on peut tenir ce portrait intéressant pour celui de Jélyotte (1).

---

(1) Je me suis efforcé, dans les jolies illustrations qui accompagnent ce travail, de donner une iconographie complète de Jélyotte, et j'ai reproduit, avec les trois portraits de Tocqué, de Cochin et de Coypel, l'estampe le représentant dans son costume du Plaisir de l'opéra de Mouret, *les Grâces*, et celle qui le montre chez le prince de Conti, auprès de Mozart enfant, toutes pièces qui n'avaient jamais été publiées. Il paraît exister deux autres portraits du grand chanteur qui sont sans doute précieux, et qu'il m'était malheureusement impossible de me procurer. Ce sont deux miniatures qui ont figuré à l'Exposition des arts rétrospectifs ouverte à Pau en 1891, et dont on trouve la mention dans le Catalogue de cette Exposition, sous les deux numéros suivants : — « 627. Tabatière écaille, avec portrait de M. de Jéliotte » et « 628. Tabatière noire, avec portrait de M. de Jéliotte ». On trouvera plus loin, pour compléter la « figuration » de Jélyotte, la reproduction de la jolie statue du célèbre chanteur due à M. Paul Ducuing, qui a poussé très loin la recherche des documents pouvant le conduire à la ressemblance et à la certitude.

X

Je voudrais maintenant, pour compléter ce qu'il est utile de savoir sur Jélyotte, réunir ici quelques documents, quelques renseignements qui n'ont pu trouver place dans ce récit et qui pourtant ne sont pas sans intérêt.

Nous savons, par les contemporains, que Jélyotte a composé la musique d'un certain nombre de chansons qu'il aimait à chanter lui-même en s'accompagnant de sa guitare. La Borde dit, dans la notice trop succincte qu'il lui a consacrée : « Nous avons de lui un grand nombre de chansons charmantes et qui le paraissent toujours, même chantées par d'autres que par lui. » Que sont devenues ces chansons? Il ne les a pas publiées, je pense, car les recherches que j'ai faites à ce sujet sont demeurées sans résultat; mais sans doute il en donnait des copies, puisqu'il arrivait que d'autres que lui les chantaient. De ces copies, en est-il resté quelques-unes dans son pays? C'est possible, et c'est peut-être ainsi que Pascal Lamazou a pu donner sous le nom de Jélyotte trois chansons qui sont comprises dans le recueil de *50 Chants Pyrénéens* publié par lui il y a quelque trente ans (1). Ces trois chansons sont les suivantes : *Deüs trèyts d'uo brunetto* (p. 38), *Annetto* (p. 48), et *Hilleto de-là l'ayguesto*, à une ou deux voix (p. 62). Les deux dernières, écrites sur des paroles béarnaises du poète

(1) *50 Chants Pyrénéens*, recueillis, chantés et publiés par Pascal Lamazou (Paris, Lamazou, 1874, in-4°).

Despourrins, son compatriote, sont comprises aussi dans un autre recueil de *Chants Pyrénéens*, publié chez M. Cachan, éditeur, à Pau. L'une d'elles, celle intitulée *Annetto*, est un chant d'amour, très court, d'une grande simplicité, et qui exhale un sentiment touchant de mélancolie. La voici (1) :

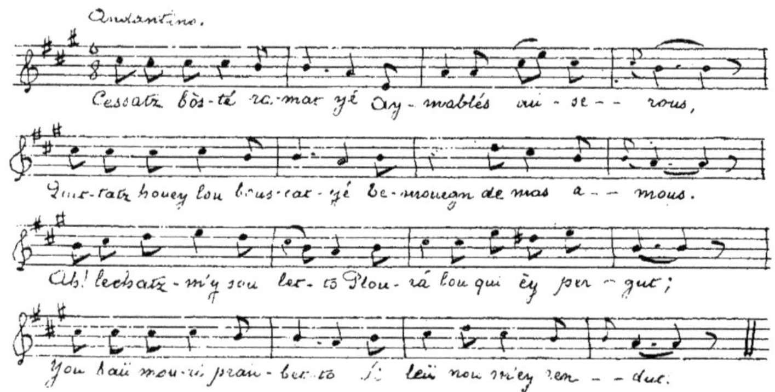

En réalité, de Jélyotte considéré comme compositeur il ne nous reste, avec la partition de *Zélisca* qui se trouve à la Bibliothèque nationale, que les trois chansons que je viens de signaler, si elles sont authentiques. De tout ce qu'il a écrit il ne paraît rien rester, et nous ne connaissons ni les premiers récitatifs qu'il avait composés pour *le Devin du village* de Jean-Jacques Rousseau (2), ni les motets qu'il chantait soit chez la reine, soit chez Mme de Pompadour.

La seule trace que je retrouve d'une autre chanson de Jélyotte (son titre seulement), écrite encore sur des vers de Despourrins, est dans une curieuse poésie béarnaise de Navarrot consacrée à sa louange, intéressante d'ailleurs à cet égard, et

---

(1) Cette chanson comporte trois couplets. Voici la traduction des paroles du premier : Cessez votre ramage, — Aimables oiseaux ; — Quittez aujourd'hui le bocage — Témoin de mes amours. — Ah ! laissez-moi seule — Y pleurer celui que j'ai perdu ; — Je vais mourir malheureuse — Si bientôt il ne m'est rendu.

(2) Conjointement avec Francœur. Rousseau ne put faire autrement que de la déclarer lui-même. (Voy. *Jean-Jacques Rousseau musicien*, par Arthur Pougin, p. 62.)

dont un écrivain contemporain, V. Lespy, a donné cette traduction dans les *Illustrations du Béarn* :

Tous vous savez où est la maison de Navailles,
Au village d'Estos, à quatre pas d'ici.
Il y a bien soixante ans il y mourait un voisin,
Non pas un Empereur fameux en cent batailles,
Ni un prince affublé de crachats, de cordons;
Un Roi pourtant, alors le Roi des chanteurs.
Il était roi à la cour, à la ville, au théâtre,
Tout Paris de sa voix était alors idolâtre ;
C'était un roi au cœur tendre, et la fleur des bergers,
Et Marmontel lui donna le surnom d'*aimable* ;
Rousseau, tout inquiet et acariâtre qu'il était,
L'aimait par-dessous tout et l'a beaucoup vanté,
Et Louis quinze enfin, ce roi ennuyé,
Lorsque de la Pompadour il était un peu débarrassé,
Appelait à sa cour son chéri Jéliote,
Pour se faire ravigoter par quelque chansonnette,
Un couplet béarnais, quelque joli refrain,
Tel que celui de la *Marion* de notre Despourrins (1).

Touts que sabet oun ey la maysou dé Nabailles,
Aü bilatye d'Estos, à qüate pâs d'aci;
Qu'ey y a plà chichante ans qu'ey mouribe û bési,
Nous pas nat Empéreur, famous en cent batailles,
Ni nat prince afublat dé crachats, dé courdous;
U Rey pourtan, labets lou Rey deus Cantadous.
Qu'ère rey à la cour, à la bille, aü théâtre,
Tout Paris dé sa bouts labets qu'ère idoulâtre;
Qu'ère rey aü cò tendre, y la flou deüs pastous,
Y Marmontel qu'oü dé subernoum d'amistous;
Rousseau, tout inquiet et malacarous qui ère,
Qué l'amyabe coum tout, y qué l'a bantat hère;
Y Louis Quinze enfin, aquet rey débèyat
Qüan dé la Pompadour ère drin desbagat,
Qu'apèrabe à sa cour soun chérit Jeliote,
Tas hà rebiscoula per quaüque cansounotte,
Bét couplet biarnés, quaüque béroy réfri,
Coum de la dé Marion *dé nouste Despourri.*

J'aurais fort à faire si je voulais reproduire ici tous les vers — français — qui, au cours de sa carrière, furent adressés à Jélyotte, et dont son talent faisait les frais. On en pourrait former

(1) Voici le texte original de la poésie de Navarrot.

aisément un volume. J'ajoute que ce volume n'offrirait qu'un médiocre intérêt, car la valeur est mince de toute cette prétendue poésie, et le caractère général en est la platitude. En ce temps de prose rimée et de vers de mirliton, une foule de gens croyaient ne pouvoir exprimer leur admiration que dans la langue des dieux — ou des demi-dieux — et le plus souvent elle leur était rebelle (1).

On s'était peu ou point occupé de Jélyotte jusqu'à ce jour, ce qui peut paraître assez extraordinaire. Tandis qu'à défaut d'études sérieuses, du moins les notes et les notices abondent sur certaines cantatrices célèbres : Mlle Pélissier, Mlle Lemaure, Sophie Arnould, Mlle Levasseur, Mme Saint-Huberty, on ne s'était pas encore avisé qu'au dix-huitième siècle avait existé un chanteur de premier ordre, dont le talent, ainsi que la personne, était de nature à exciter un véritable intérêt. Seul, un romancier, Mary Lafon, publia naguère dans *le Musée des Familles* (N^os d'Octobre et Novembre 1859) une notice sous ce titre : « *Le chanteur des Pyrénées*, histoire de Jélyotte, le roi de l'Opéra. » Mais justement, l'écrivain n'a pas voulu oublier qu'il était romancier, et à part quelques rares détails historiques, sa notice est simplement une œuvre d'imagination, où il raconte des faits inventés à plaisir. Et c'est tout ce qu'on connait sur notre chanteur. (2)

Il est arrivé pourtant que Jélyotte a été mis à la scène, mais discrètement, j'allais presque dire subrepticement, devant un simple public d'amis, et que c'est justement un de ses successeurs sur ce théâtre de l'Opéra qu'il avait illustré, le grand chanteur Duprez, qui s'est chargé de le présenter à ce public. Je veux parler d'un petit opéra intitulé *Jélyotte* ou *un Passe-*

---

(1) Voici, comme exemple, un échantillon des jolis madrigaux adressés à Jélyotte :

Le fameux chantre de la Thrace
Ne chantoit pas si bien que toi ;
Tu sçais ranger tous les cœurs sous ta loi
Par ta voix sonore et ta grâce.

(*Tableau des Théâtres* pour 1748.)

(2) Je retrouve cependant, dans *la France musicale* (N^os des 15 et 29 août et 5 septembre 1869), une courte notice publiée sous ce simple titre : *Jélyotte*, par M. Jules Carlez.

temps de duchesse, dont Duprez avait écrit la musique sur un livret de son frère Edouard, et qu'il fit représenter sur le petit théâtre de chant qu'il dirigeait alors rue Turgot. Je ne sache pas que ce petit ouvrage ait été joué plus d'une fois, et autrement qu'en cette circonstance. Voici, en tout cas, comment la *Revue et Gazette musicale* rendait compte de son exécution dans son numéro du 9 Avril 1854 :

Pour la seconde et dernière fois de la saison, Duprez ouvrait vendredi la jolie salle qu'il a fait construire dans son hôtel de la rue Turgot, et qu'il destine à son école spéciale de chant. C'était non seulement d'un concert, mais d'une représentation théâtrale qu'il s'agissait. On donnait *Jélyotte* ou *un Passe-temps de duchesse*, que le programme annonçait comme une opérette en un acte avec récits, et en effet nous avons entendu un petit opéra, chanté par Duprez, sa charmante fille, Roger, Mocker, artistes s'il en fut, M. Rauch et Mlle Mira, que le programme qualifiait d'*élèves*. Inutile de dire que Duprez est aussi l'auteur de la partition de cet ouvrage, fort gai de situations et de style, dans lequel on a beaucoup applaudi des morceaux d'une rare élégance et d'excellente intention, chantés avec un talent admirable. Roger s'est surtout distingué dans le rôle de Jélyotte, en venant au secours d'un perruquier qui lui a volé son nom, mais qui n'a pu lui prendre sa voix, et en achevant pour lui un air d'*Armide*, beaucoup au-dessus de ses moyens. Mlle Caroline Duprez, dans le rôle de la duchesse, brillait de toute sa grâce et de toute sa voix ; Mlle Mira la suivait d'aussi près que possible dans celui de la soubrette, et il était fort plaisant de voir Duprez, l'illustre Arnold, le célèbre Raoul, le grand Eléazar, prenant l'encolure et le ton du financier des *Prétendus*, comme s'il n'eût fait autre chose de sa vie. A la fin de la pièce tous les artistes ont été rappelés (1).

Enfin, après un siècle et demi, un hommage éclatant a été rendu à Jélyotte, non pas à Paris, qui depuis longtemps a oublié son nom et perdu son souvenir, non pas dans son village natal, trop humble et trop modeste pour concevoir une telle pensée,

---

(1) Pour ne parler que de la France, on a d'assez nombreux exemples de chanteurs ou compositeurs célèbres ainsi transportés à la scène. Clairval a fourni le principal personnage d'un opéra-comique d'Adolphe Adam, *la Marquise;* Sophie Arnould a donné naissance à deux ou trois vaudevilles ; Madame Dugazon a été mise en comédie et en opéra-comique. C'est aussi en opéras-comiques qu'on a présenté Lully (*Lully et Quinault*, de Nicolo, *les Petits Violons du roi*, de Deffès), D'Alayrac (*Les trois Nicolas*, de Clapisson), Philidor (*Battez Philidor*, de M. Dutacq) ; D'Auvergne a fourni le sujet d'un vaudeville (*Un soufflet n'est jamais perdu*) ; de même Monsigny (*Rose et Colas* ou *une Pièce de Sedaine*). On en pourrait citer d'autres.

mais non loin de là et dans la contrée qui fut son berceau, c'est-à-dire en cette jolie ville de Pau, aimable et souriante comme lui, qui le considérait avec raison comme son compatriote, et qui s'est embellie encore en lui consacrant un monument. Un jeune sculpteur béarnais, M. Paul Ducuing, avait eu l'heureuse idée de faire une statue de Jélyotte, qui avait paru à l'un de nos Salons. La ville de Pau forma le projet d'acquérir cette statue, sollicita à ce sujet le concours de l'Etat, qui lui fut accordé, et une fois en possession de l'œuvre se mit en mesure d'entourer son inauguration de tout l'éclat qu'elle pouvait comporter. De grandes fêtes furent organisées, qui ne durèrent pas moins d'une dizaine de jours, du 14 au 24 Mars 1901, comprenant des concerts, des spectacles de gala avec le concours d'artistes de l'Opéra, de la Comédie-Française et de l'Opéra-Comique, des banquets, des bals, des réjouissances populaires, que sais-je? A ces fêtes, auxquelles le gouvernement se fit représenter officiellement, on convoqua non seulement la presse locale et régionale, mais la presse parisienne, par cette invitation gracieuse :

> *L'Administration du Palais d'Hiver de Pau serait heureuse de voir le Journal " Ménestrel " représenté aux Fêtes données à Pau, du 14 au 24 Mars, à l'occasion de l'inauguration de la Statue de Jéliotte.*
>
> *Elle a l'honneur de prier Monsieur le Directeur de bien vouloir y assister ou, en cas d'empêchement, de s'y faire représenter par un délégué.*
>
> R. S. V. P.

C'est le dimanche 17 Mars 1901 qu'eut lieu, au parc Beaumont, en présence d'une foule empressée accourue de tous les points du département et de départements voisins, l'inauguration officielle de la statue de Jélyotte. Le sculpteur l'a représenté debout, une jambe légèrement tendue, le corps doucement incliné, dans un costume coquet et qui semble un peu d'apparat. Le visage est souriant, le col entouré d'une souple collerette, la tête coiffée d'une perruque à frisettes. Avec la culotte courte et presque collante, il est vêtu d'un gentil pourpoint à crevés, couvert d'un court mantelet flottant, et porte l'épée au côté. A ses pieds se trouve un théorbe. On le voit prêt à chanter, et tandis que le bras droit est un peu élevé, il tient dans la main gauche un papier de musique sur lequel se fixe son regard. La pose est gracieuse, et l'ensemble plein d'élégance, avec la souplesse et la légèreté qui conviennent au sujet (1).

Il va sans dire que, selon la coutume, au pied de la statue plusieurs discours ont été prononcés, que je ne saurais reproduire et qui ne nous apprendraient rien de nouveau, si ce n'est certaines erreurs commises par certains orateurs (2). Mais ensuite Mme Segond-Weber, de la Comédie-Française, lut avec un rare talent, et de sa voix si musicalement timbrée, une *Ode à Jélyotte* due à un jeune poète béarnais, M. Georges Bidoche, que je crois devoir au contraire transcrire ici, parce qu'elle est bien venue et qu'elle constitue un petit document intéressant :

ODE A JELIOTE

De la rive lointaine et du golfe inconnu
Vers lesquels tous les jours s'en vont nos destinées,
Un enfant du Béarn ce soir est revenu
Coiffé de vieux lauriers et de roses fanées.

Ce sont ceux qu'autrefois la gloire lui donna,
Et qu'il cueillit, dit-on, au temps de sa jeunesse ;
Ce sont bien les bouquets glorieux qu'effeuilla
Sur son front de vingt ans sa première maîtresse.

Est-ce là quelque doux poète dont je vois
Sous le beau ciel de Pau s'élancer la statue ?
Quelque chantre inspiré qui, le théorbe aux doigts,
Chante encor quand sa voix depuis longtemps s'est tue ?

O poète, ô chanteur, que disait ta chanson,
Et vers quelle beauté montait son harmonie,
Quel dieu te la soufflait, et de quel pur frisson
Renaissait-elle en toi lorsqu'elle était finie ?

(1) Le premier modèle en plâtre de la statue est placé au musée de Pau.

(2) L'un d'eux s'est égaré jusqu'à dire de Jélyotte : « Il fut le confident de Rameau, il fut l'ami de Lully, » — lequel Lully était mort vingt-six ans avant la naissance du chanteur.

Statue de Jélyotte, par M. Paul Ducuing.

O voix, beauté fragile et qu'emporte le vent,
O chant, doux sons venus d'un ciel sur quelque brise,
Qui passez et toujours fuyez vous poursuivant,
Caresse qui nous frôle et que nul n'a surprise.

Qui dira les regrets que vous avez laissés
A toute âme qui fut un peu votre captive?
De quels tristes désirs avez-vous donc blessés
Ceux que n'a point frôlés votre aile fugitive?

Les poètes n'ont pas de tristesse à mourir,
Et l'on redit leurs vers autour de leur statue.
Pourquoi la voix, ce son divin, doit-il périr?...
Ah! quel était le chant que rien ne perpétue?

Mais cette nuit, auprès de ce musicien,
Une ombre est revenue errer sous les grands arbres;
Et c'était, rapportant les fleurs d'un soir ancien,
La Muse au pas discret, gardienne des marbres:

Ou bien était ce encor, bienheureux souvenir,
Soupirant après lui l'âme de quelque amante
Qui de leur pauvre exil ne peut plus revenir,
Et murmurant son nom tendrement se lamente:

« Jéliote, — ainsi dit ce fantôme adoré —
» Rappelle-toi le temps où tes jeunes années,
» Où ton beau front, déjà par la Muse effleuré,
» Rêvaient insouciants au pied des Pyrénées...

» Où ton cœur fut bercé par le murmure aimé
» Que font les gaves aux chansons impérieuses,
» Dans ce pays tout bleu, sonore et parfumé,
» Où tu sentis l'appel de voix mystérieuses...

» Si déjà tu rêvais ici de ce bonheur
» Que ton chant égrena sur ses notes légères,
» A quelque reine alors tu dus donner ton cœur
» Au pays où les rois épousaient des bergères!

» Car elle vint bientôt te prendre par la main,
» La reine à qui tu fis la cour au clair de lune;
» Elle te dit: Suis-moi, tu seras roi demain!
» Et toi, tu la suivis, et c'était la Fortune!

» Lors, tu fus à vingt ans le roi de l'Opéra...
» Et comme s'envolaient vers tes lèvres charmantes
» Nos cœurs tumultueux, la gloire te para
» Plus que les fleurs, et les baisers, et les amantes.

» Tandis que tu chantais, une étrange beauté
» Mettait tant de lumière à ton front que nous, femmes,
» De nos petites mains n'avons jamais jeté
» Assez d'amour au beau ravisseur de nos âmes.

» Car si tu fus heureux, c'était bien le bonheur
» Dont ta voix nous rendait la troublante harmonie ;
» Car c'était comme si résonnait dans ton cœur
» L'écho mystérieux de quelque doux génie.

» Jéliote, ô les soirs divins, quand ta chanson
» Frôleuse nous faisait vibrer comme des harpes !
» Quand nous eussions voulu te faire une prison
» Avec la soie et le parfum de nos écharpes !

» Nous t'avons tant aimé qu'on ne saura jamais
» De tous nos pauvres cœurs l'enivrante folie...
» Mais la gloire t'offrit encor d'autres attraits,
» Plus beaux que tous les cœurs de femmes qu'on oublie...

» Tu voulus nous laisser un peu de cette voix
» Qui fit longtemps rêver princesses et marquises,
» Et tu fis, les chantant toi-même chez nos rois,
» Un opéra charmant et des chansons exquises.

» Quand tu mourus, très vieux, tes lauriers toujours verts
» Suspendaient à ton front leur couronne orgueilleuse,
» Lorsque ta voix s'en fut, immortelle, à travers
» Le monde où rayonnait ta gloire merveilleuse !

» Et voilà qu'après plus d'un long siècle d'oubli
» Ton nom chéri revient chanter au bord du gave,
» Ton nom, dont son murmure est à jamais rempli,
» Et que sur ses cailloux, amant jaloux, il grave.

» C'est qu'ici quelque chose est resté de plus fort
» Que la gloire et l'amour et que les soirs de fête ;
» C'est un écho qui flotte encor, un chant qui sort
» D'une bouche sonore et va vers quelque « Annette »...

» C'est ici que revit ton fantôme adoré,
» Ici que dort la voix du chanteur le plus rare;
» Et quelque rossignol par ta vue inspiré
» Viendra parfois du ciel chanter sur ta guitare !

» Et nous, puisqu'en ce coin de ton pays bruit
» Encore ta chanson qu'un doux écho chuchotte,
» C'est ici que notre ombre amoureuse, la nuit,
» Reviendra murmurer le nom de Jéliote... »

Et quand l'aurore vint enfin irradier
Le front du beau chanteur de ses apothéoses,
Le vent seul caressait son immortel laurier
Que de pieuses mains avaient couvert de roses...

Et maintenant, si elle erre doucement aux Champs-Elysées, en compagnie de tous les artistes illustres de tous les temps, comme jusqu'ici les poètes se sont plu à nous les montrer, l'ombre de Jélyotte doit être aujourd'hui satisfaite. Sous la forme du bronze et par les soins de ses compatriotes, le grand chanteur a son image vivante, souriante et parlante qui s'élève sous les ombrages frais d'un des plus beaux parcs de la contrée ensoleillée qui lui a donné naissance ; et voici que sa vie est retracée, jusqu'en ses moindres détails, dans les pages où je me suis efforcé de faire connaître à la fois son talent et son caractère, de prouver que si l'un était digne d'admiration, l'autre ne méritait pas moins d'attirer l'estime et la sympathie, de montrer enfin comment le fils du petit commerçant de Lasseube, le gentil élève du couvent de Betharram et de la cathédrale de Toulouse devint, grâce à son intelligence et à son travail, l'une des gloires artistiques de ce dix-huitième siècle si dépravé sans doute, mais si plein de grâce et d'élégance, si épris de tous les genres de beautés, si foncièrement et si profondément artiste sous tous les rapports, et dont les faveurs n'allaient qu'à ceux qui en étaient dignes et qui les justifiaient par une valeur réelle, personnelle et indiscutable. Si imparfaite qu'elle puisse être, Jélyotte a maintenant son histoire, et c'est celle du premier en date des vrais ténors de notre Opéra, du prédécesseur de tous ces chanteurs fameux qui s'appelèrent Legros, Lainez, Nourrit, Duprez, Roger, dont les succès, si éclatants qu'ils aient été, ne dépassèrent jamais ceux qu'avant eux avait obtenus l'aimable enfant du Béarn si joliment dépeint, en quelques lignes, dans le portrait tout plein de grâce que nous en a laissé son ami Marmontel.

FIN

TABLE

TABLE DES GRAVURES

IMPRIMERIE CHAIX, RUE BERGÈRE, 20, PARIS. — 21252-11-04. — (Encre Lorilleux).

DU MÊME AUTEUR :

Supplément et Complément à la BIOGRAPHIE UNIVERSELLE DES MUSICIENS de Fétis (2 vol. grand in-8°). — Firmin-Didot, éditeur.

DICTIONNAIRE HISTORIQUE ET PITTORESQUE DU THÉATRE *et des Arts qui s'y rattachent* (1 vol. grand in-8°, avec 400 gravures). — Firmin-Didot, éditeur.

ADOLPHE ADAM, *sa vie, sa carrière, ses Mémoires artistiques* (1 vol. in-18 jésus, avec portrait et autographe). — Charpentier, éditeur.

BELLINI, *sa vie, ses œuvres* (1 vol. in-18 jésus, avec portrait et autographes). — Hachette, éditeur.

BOIELDIEU, *sa vie, ses œuvres, son caractère, sa correspondance* (1 vol. in-18 jésus, avec portrait et autographe). — Charpentier, éditeur.

LA JEUNESSE DE Mme DESBORDES-VALMORE (1 vol. in-18 jésus). — Calmann-Lévy, éditeur.

ALBERT GRISAR, *étude artistique* (1 vol. in-18 jésus, avec portrait et autographes). — Hachette, éditeur.

MÉHUL, *sa vie, son génie, son caractère* (1 vol. in-8°, avec portrait). — Fischbacher, éditeur.

RAMEAU, *essai sur sa vie et ses œuvres* (1 vol. in-16). — Decaux, éditeur.

ROSSINI, *notes, impressions, souvenirs, commentaires* (1 vol. in-8°). — Claudin, éditeur.

JEAN-JACQUES ROUSSEAU MUSICIEN (1 vol. in-8°, avec trois gravures et un portrait). — Fischbacher, éditeur.

VERDI, *histoire anecdotique de sa vie et de ses œuvres* (1 vol. in-18 jésus, avec portrait). — Calmann-Lévy, éditeur.

VIOTTI ET L'ÉCOLE MODERNE DE VIOLON (1 vol. in-8°). — Schott, éditeur.

ESSAI HISTORIQUE SUR LA MUSIQUE EN RUSSIE (1 vol. in-18 jésus). — Fischbacher, éditeur.

LES VRAIS CRÉATEURS DE L'OPÉRA FRANÇAIS. *Perrin et Cambert* (1 vol. in-18 jésus). — Charavay, éditeur.

L'OPÉRA-COMIQUE PENDANT LA RÉVOLUTION, *de 1788 à 1801* (1 vol. in-18 jésus). — Savine, éditeur.

LA COMÉDIE-FRANÇAISE ET LA RÉVOLUTION, *scènes, récits et notices* (1 vol. in-18 jésus). — Gaultier, Magnier, éditeurs.

ACTEURS ET ACTRICES D'AUTREFOIS, *histoire anecdotique des théâtres à Paris depuis 300 ans* (1 vol. in-8°, avec 109 gravures). — Juven, éditeur.

FIGURES D'OPÉRA-COMIQUE : *Elleviou, Mme Dugazon, la famille Gavaudan* (1 vol. in-8°, avec trois portraits). — Tresse, éditeur.

LE THÉATRE A L'EXPOSITION UNIVERSELLE DE 1889 (1 vol. in-8°). — Fischbacher, éditeur.

MOLIÈRE ET L'OPÉRA-COMIQUE (brochure in-8°). — Baur, éditeur.

www.ingramcontent.com/pod-product-compliance
Ingram Content Group UK Ltd.
Pitfield, Milton Keynes, MK11 3LW, UK
UKHW021829190726
13853UKWH00003B/1267